编审小组

组　　长：尚玉英

副组长：殷　欧　吴星宝　钟晓敏　申卫华　刘　敏　杨　朝　张国华　桑　琦　徐文杰　李　泓

编　　辑：卢　正　汤蕴懿　朱雪琴　陈嘉欢　汪　杨

成　　员：阎　蓓　薛　锋　王群英　温　泉　王敬云　姚　健　杨　曜　杨　松　钱司玮

2018
上海服务贸易发展报告

上海市商务委员会

上海社会科学院出版社
SHANGHAI ACADEMY OF SOCIAL SCIENCES PRESS

目　　录

第一部分　总报告

第二部分　专题报告

第三部分　政策文件

第四部分　数据表组

附录　2004—2017 年蓝皮书目录

A Report on Trade in Services Development of Shanghai, 2018

Contents

Part Ⅳ Data

Appendix Contents of Report from Year 2004 to 2017

第一部分

总 报 告

2017 年上海服务贸易发展总报告

上海市商务委员会

2017 年是实施"十三五"规划的重要一年和推进供给侧结构性改革的深化之年。我国服务出口、进口规模分别位列世界第五和第二,进入黄金发展期。上海在开展服务贸易创新发展试点的背景下,在管理体制、促进机制、政策体系和监管模式方面先行先试,围绕"五个中心"建设打造核心功能,聚焦"一带一路"建设拓展全球市场,服务贸易进出口额继续保持全国第一。

一、2017 年全球经济贸易发展情况

2017 年,世界经济增速较 2016 年高出 0.7 个百分点,达到 3.8%,为 2012 年以来增长最快的一年。至少 120 个经济体经济增长出现好转,自 2008 年全球金融危机以来首次呈现全球经济增速与全球贸易增速同步好转局面。

2017 年,伴随世界经济复苏,全球贸易量价齐升——2017 年全球贸易量增长 4.7 个百分点,六年来首次超过 3.0% 的年度增长,领先当年世界经济增速 0.9 个百分点。全球贸易复苏呈现加速态势,更多受新兴市场带动,传统发达国家贸易需求回升缓慢。就增长动因来看,旺盛的个人消费和企业投资是全球贸易增长的主要动力,原油等商品价格上涨是助推因素。

(一)全球货物贸易恢复较快增长

2017 年,全球货物进口额同比增长 10.7%,达到 18.02 万亿美元;货物出口额同比增长 10.6%,达到 17.73 万亿美元。

中国、美国、德国位列货物贸易前三甲,三者商品出口总额接近 5.3 万亿美元;其中,中国以 4.10 万亿美元的进出口额超过美国的 3.96 万亿美元,时隔 2 年重回首位。中国在智能手机出口领域的优势逐渐扩大;而美国工业机械等生产设备进口大幅增长;第 4 名则为面向亚洲的半导体制造设备出口的日本。

表1 2017 年全球货物出口额前十名

排名	国家/地区	货物出口额 (万亿美元)	对全球增长 贡献(%)	占全球比重 (%)	同比增速 (%)
	全　球	17.73	100.0	100.0	10.6
1	中　国	2.26	9.7	12.8	7.9
2	美　国	1.55	5.6	8.7	6.6
3	德　国	1.45	6.7	8.2	8.5
4	日　本	0.70	3.1	3.9	8.3

续　表

排名	国家/地区	货物出口额 （万亿美元）	对全球增长 贡献（%）	占全球比重 （%）	同比增速 （%）
5	荷　兰	0.65	4.7	3.7	14.1
6	韩　国	0.57	4.6	3.2	15.8
7	中国香港	0.55	2.0	3.1	6.5
8	法　国	0.54	2.0	3.0	6.7
9	意大利	0.51	2.6	2.9	9.6
10	英　国	0.51	2.6	2.9	8.6

数据来源：WTO 国际贸易统计数据库。

表 2　2017 年全球货物进口额前十名

排名	国家/地区	货物进口额 （万亿美元）	对全球增长 贡献（%）	占全球比重 （%）	同比增速 （%）
	全　球	18.02	100.0	100.0	10.7
1	美　国	2.41	9.2	13.4	7.1
2	中　国	1.84	14.6	10.2	16.0
3	德　国	1.17	6.4	6.5	10.5
4	日　本	0.67	3.7	3.7	10.6
5	英　国	0.64	0.4	3.6	1.2
6	法　国	0.62	3.0	3.5	9.2
7	中国香港	0.59	2.5	3.3	7.8
8	荷　兰	0.57	4.0	3.2	13.7
9	韩　国	0.48	4.2	2.7	17.8
10	意大利	0.45	2.6	2.5	11.2

数据来源：WTO 国际贸易统计数据库。

（二）全球服务贸易区域集聚更加明显

2017 年全球服务贸易进出口总额增幅达到 8%。其中，服务进口额同比增长 6.0%，达到 5.04 万亿美元；服务出口额同比增长 7.5%，达到 5.25 万亿美元，其中全球运输服务出口额增长 9%，旅行和其他商业服务增幅为 8%，知识产权使用费用增长 10%。

2017 年，美国、英国和德国是三大服务贸易出口国，三国出口额分别为 0.76 万亿美元、0.33 万亿美元和 0.30 万亿美元，服务出口额占全球比重分别为 14.5%、6.2% 和 5.7%。美国、中国和德国是三大服务贸易进口国，三国进口额分别为 0.52 万亿美元、0.46 万亿美元和 0.32 万亿美元，服务进口额占全球比重分别为 10.2%、9.2% 和 6.4%。

2017 年全球服务贸易进出口总额排名前二十的国家中，欧洲占据十二席（德国、英国、法国、荷兰、爱尔兰、比利时、意大利、瑞士、西班牙、卢森堡、俄罗斯、瑞典），超过半数；亚洲占据六席（中国、日本、印度、新加坡、韩国、阿联酋），美洲两席（美国、加拿大）。发达国家主导全球服务贸易格局的态势并未改变。美国服务贸易进出口均排名第一，服务贸易顺差 2 427.65 亿美元，是全球服务贸易第一强国。中国和印度作为排名靠前的两大新兴经济体，中国服务贸易进口额排第二，出口额排第五，服务贸易逆差超过 2 000 亿美元；印度服务贸易进口额排第十，出口额排第八，服务贸易顺差达 300 亿美元，印度服务贸易的发展潜能不容小觑。

表 3   2017 年全球服务贸易总额前十名

排名	国家/地区	服务贸易进出口总额（亿美元）	服务贸易出口额（亿美元）	服务贸易进口额（亿美元）	服务贸易差额（亿美元）
1	美 国	13 189.85	7 808.75	5 281.10	2 427.65
2	中 国	6 956.79	2 280.90	4 675.89	−2 394.99
3	德 国	6 277.05	3 040.58	3 236.47	−195.89
4	英 国	5 656.33	3 506.87	2 149.46	1 357.41
5	法 国	4 899.46	2 494.74	2 404.72	90.02
6	荷 兰	4 291.31	2 183.10	2 108.21	74.89
7	爱尔兰	3 853.79	1 864.91	1 988.88	−123.97
8	日 本	3 756.60	1 847.71	1 908.89	−61.18
9	印 度	3 379.94	1 839.80	1 540.14	299.56
10	新加坡	3 354.75	1 646.80	1 707.95	−61.15

数据来源：WTO 国际贸易统计数据库。

表 4   2017 年全球服务贸易出口额前十名

排名	国家/地区	服务出口额（万亿美元）	对全球增长贡献（%）	占全球比重（%）	同比增速（%）
	全 球	52 465.1	100.0	100.0	7.5
1	美 国	7 617.2	7.7	14.5	3.8
2	英 国	3 250.2	−0.8	6.2	−0.9
3	德 国	2 998.3	6.4	5.7	8.5
4	法 国	2 642.6	8.1	5.0	12.6
5	中 国	2 263.9	4.9	4.3	8.9
6	荷 兰	2 040.3	4.6	3.9	8.9
7	爱尔兰	1 860.8	8.3	3.5	19.7
8	印 度	1 833.6	6.0	3.5	13.7
9	日 本	1 800.1	3.1	3.4	6.6
10	新加坡	1 562.0	1.9	3.0	4.6

数据来源：WTO 国际贸易统计数据库。

表5　2017年全球服务贸易进口额前十名

排名	国家/地区	服务进口额（亿美元）	对全球增长贡献（%）	占全球比重（%）	同比增速（%）
	全　球	50 139.8	100.0	100.0	6.0
1	美　国	5 160.2	11.5	10.2	6.8
2	中　国	4 641.3	5.2	9.2	3.3
3	德　国	3 217.4	6.4	6.4	6.1
4	法　国	2 446.4	3.2	4.9	4.0
5	英　国	2 019.4	−0.1	4.0	−0.2
6	爱尔兰	1 988.4	−2.5	3.9	−3.4
7	荷　兰	1 978.5	4.8	3.9	7.6
8	日　本	1 888.6	2.2	3.7	3.5
9	新加坡	1 637.6	2.9	3.2	5.4
10	印　度	1 533.8	7.2	3.0	15.5

数据来源：WTO国际贸易统计数据库。

（三）未来发展趋势预测

随着周期性因素和内生增长力增强，金融环境改善，市场需求复苏，2018年全球贸易继续保持较强增长态势，且服务贸易整体态势优于货物贸易，成为拉动世界贸易回复增长的重要引擎。

但全球贸易的不确定性在增大。一方面，全球多边贸易体制的推进受阻，包括因美国政府"美国优先"单边主义和保护主义、"逆全球化"的贸易投资政策、发达国家加息、减税等紧缩货币政策调整影响以及由此导致的汇市、股市动荡，势必使全球贸易摩擦升级的预计难以消解，波及商业信心和投资决策，进而引发人们对经济增长前景的担忧。如果保护主义持续加剧、政治和贸易紧张升级，恐将破坏刚刚复苏的全球经济增长势头。

就世界服务贸易发展态势而言，随着全球服务贸易结构进一步优化，在传统服务贸易增长态势实现微增长的背景下，高科技和新型服务贸易发展迅速——服务贸易价值链正逐渐向高端知识密集型、技术密集型服务贸易延伸，知识与技术密集型服务贸易逐渐占据主导地位，成为推动全球服务贸易增长的主要动力。与此同时，随着互联网技术、信息技术、大数据处理分析技术、云计算技术及人工智能技术的勃兴与更新，使得数字贸易和技术服务贸易逐渐成为全球服务贸易的新增长点；由于数字化极大降低了服务贸易交易成本，扩大了交易领域，为全球服务贸易快速增长拓展了更大空间。更为重要的是，在数字经济的推动下，服务和贸易的深度融合，使整个产业结构发生了重要变化。数字经济全球化以及商业模式创新，对现有贸易格局和贸易规则产生了强烈和深远的影响。

表 6　2016—2019 年世界贸易增长趋势

（单位：%）

年　　份	2016	2017	2018	2019
世界货物贸易量	1.8	4.7	4.4	4.0
出口：发达国家	1.1	3.5	3.8	3.1
发展中国家和新兴经济体	2.3	5.7	5.4	5.1
亚洲地区	2.3	6.7	5.7	5.0
进口：发达国家	2.0	3.1	4.1	3.3
发展中国家和新兴经济体	1.9	7.2	4.8	4.4
亚洲地区	3.5	9.6	5.9	4.7

注：2018 年和 2019 年为预测值。
资料来源：WTO，《贸易快讯》，2018 年 4 月。

二、2017 年我国服务贸易总体情况

目前，中国已是全球 120 多个国家和地区的第一大贸易伙伴，与 250 多个国家和地区有服务贸易往来，服务贸易已成为中国对外贸易发展的新动力和对外开放深化的新引擎——2017 年，中国服务业增加值占 GDP 的比重为 51.6%，对经济增长的贡献率为 58.8%；在 2017 年中国对外贸易总额（货物与服务进出口总额）中，服务贸易占比为 14.5%。2017 年，中国服务进出口总额达 46 991.1 亿元人民币，较 2016 年提升 6.8 个百分点。其中，服务出口额为 15 406.8 亿元，增长 10.6 个百分点；服务进口额为 31 584.3 亿元，增长 5.1 个百分点；服务贸易逆差也较 2016 年有所下降，降幅为 5.3%，为 16 177.4 亿元。

（一）服务出口增速创新高，进口规模远高于出口

2017 年，中国服务出口增长 5.5%，创 7 年来新高。在运输、建筑、金融服务、知识产权使用费、维护和维修服务等领域，出口同比增长均实现两位数增长。其中，知识产权使用费出口增长 3.2 倍，建筑服务出口增长 91.4%。

中国服务进口增速虽有所放缓，但服务进口规模仍为出口额的 2 倍左右。其中，旅行服务依然是主要进口来源，进口规模占服务进口总额的 54.5%。留学服务进口 4 481.8 亿元，占服务进口总额的 14.2%。计算机和信息服务、视听及相关产品许可费服务进口快速增长，增速分别达 58.2% 和 54.5%。海运服务、电信服务、研发成果使用费、个人文化和娱乐服务进口增速均在 20% 以上。服务贸易逆差规模仍保持较高水平，相当于服务贸易总额的 34.4%。

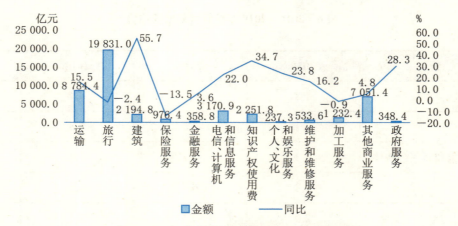

图1　2017年中国分行业服务进出口额及增速

资料来源：商务部服务贸易司。

（二）传统服务贸易规模缩减，新兴服务贸易快速增长

旅行、运输、建筑三大传统服务行业进出口总额为30 810.2亿元，占服务贸易总额的65.6%，比2016年下降1.1个百分点。旅行服务贸易额为19 831亿元，较上年回落2.4个百分点，在服务贸易总额中占比为42.2%。得益于货物贸易恢复增长，运输服务进出口额增长15.5%，规模达8 784.4亿元。建筑服务进出口规模创历史新高，达2 194.8亿元，增速为55.7%，其中出口增速高达91.4%。

新兴服务进出口均实现了两位数的增长。其中，电信、计算机和信息服务进出口增长22%，个人、文化和娱乐服务增长23.8%，维护和维修服务增长16.2%，知识产权使用费服务进出口额增长34.7%。知识产权使用费进口额为出口额的6倍，逆差规模扩大至1 608.5亿元，比上年增长6%。中国的知识产权使用费进口主要集中在专利、商标、版权三个领域，前三大进口来源地是美国、日本、德国，进口额分别为71.4亿美元、48.1亿美元、41.7亿美元。

（三）"一带一路"势头良好，重点领域亮点纷呈

2017年，中国与"一带一路"沿线国家和地区实现服务贸易总额6 603.4亿元，同比增长18.4%，占服务贸易总额的14.1%。其中，服务出口2 086.5亿元，增长6.2%，占服务出口总额的13.5%；服务进口4 516.9亿元，增长25.1%，占服务进口总额的14.3%；逆差2 430.4亿元，较2016年提升784.9亿元，占服务贸易逆差总额的比重也攀升5个百分点，上升为15.0%。中国正成为"一带一路"沿线国家和地区服务贸易的重要市场。

中国与"一带一路"沿线国家和地区服务贸易合作仍以传统的旅行、运输、建筑三大类为主，2017年占比为75.5%——中国已经成为沿线国家和地区的最大客源国，每年吸引中国游客超过2 500万；在对外承包工程和重大对外援助项目的带动下，中国与"一带一路"沿线国家和地区建筑服务贸易合作成效突出；此外，中国与"一带一路"沿线国家和地区在中医药服务、服务外包等高附加值的新兴领域合作也取得了显著成绩。

（四）服务贸易发展区域布局持续改善，试点地区引领作用明显

2017年，中国东部沿海11个省市服务进出口总额达到39 986.8亿元，占全国的比重高达85.9%。

其中上海、北京和广东服务进出口额分别为 10 200.5 亿元、9 677.5 亿元和 8 316 亿元,居全国前三位。得益于服务贸易发展新模式与新思路,中西部地区服务进出口总额同比增长 8%,高于全国增速 1.2 个百分点,达到 6 575.7 亿元,其中出口增速达 23.5%。

随着服务贸易创新试点工作持续推进深化,试点地区创新引领效力不断提升——2017 年,15 个服务贸易创新试点地区服务进出口合计 24 405.5 亿元,进出口、出口和进口分别同比增长 8%、11.1% 和 7.4%,均高于全国平均水平。

（五）服务外包发展创新高,承接离岸外包增长较快

截至 2017 年底,中国服务外包企业的业务范围已遍及五大洲 200 多个国家和地区,服务外包执行额超亿元的国家和地区达到 130 个。中国企业全年承接服务外包合同额 12 182.4 亿元人民币,执行额 8 501.6 亿元,同比分别增长 26.8% 和 20.1%,均创历史新高。其中,研发、设计、维修维护服务等生产性服务外包执行额 2 902.6 亿元,同比增长 24%。

伴随着商务服务、研发服务、运营和维护服务、信息技术服务等领域的离岸服务外包的较快增长,中国离岸服务外包涨势依旧——2017 年,中国承接离岸服务外包执行金额 796.7 亿美元,同比提升 13.2 个百分点。其中,信息技术外包(ITO)执行金额 364.2 亿美元,增长 10.2 个百分点;业务流程外包(BPO)执行金额 129.3 亿美元,增长 10.9 个百分点;知识流程外包(KPO)执行金额 303.3 亿美元,增长 18 个百分点。

三、2017 年上海服务贸易发展情况

在各地区、各部门和广大服务贸易企业的共同努力下,2017 年上海服务贸易延续了稳定增长的发展势头。主要呈现以下特点:

（一）贸易总量持续稳定增长

根据外管局上海市分局统计数据,2017 年上海服务贸易进出口额达到 1 954.7 亿美元,继续保持排名全国第一。其中,服务出口 524.3 亿美元,同比增长 5.1%。服务贸易占对外贸易的比重约为 29.1%,比去年同期提升 12 个百分点,比全国平均水平高出了 15 个百分点。

（二）贸易结构进一步优化

传统服务部门服务贸易所占比重下降,新兴服务部门服务领域保持上升势头。2017 年,在上海服务贸易结构中,运输、旅游等传统服务出口占比从三年前的 30.1% 下降至 2017 年的 24.4%,新兴服务部门的进出口贸易比重上升至 30.3%。计算机和信息服务、文化和娱乐服务以及特许使用费和许可费等成为新兴服务部门的主要增长点。

离岸服务外包和技术贸易为全球创新城市提供支撑。2017 年上海服务外包合同金额 95.72 亿美元,同比增长 4.01%;离岸执行金额 70.22 亿美元,同比增长 4.4%,位列全国第二。在"互联网＋"、大数据、人工智能等国家战略推动下,服务外包企业广泛应用新一代信息技术,加快与传统产业的跨界融合,内部管理外包服务、技术服务外包以及研发服务外包均有明显增长,涨幅分别为 92.86%、80.42% 和 40.95%,也有望逐步形成相互渗透、协同发展的产业新生态。

表7　2017年上海服务贸易进出口按类别统计数据

（金额单位：亿美元）

类　别	进出口			出　口		进　口		贸易差额
	金额	同比(%)	占比(%)	金额	同比(%)	金额	同比(%)	金额
总　　额	1 954.7	−3.2	100.0	524.3	5.1	1 430.4	−5.9	−906.1
运输服务	283.6	11.8	14.5	114.0	15.1	169.6	9.6	−55.6
海运	193.0	9.3	9.9	73.8	8.2	119.2	10.0	−45.3
空运	86.2	19.4	4.4	37.2	32.9	49.0	10.8	−11.8
旅行	1 038.6	−10.1	53.1	19.7	13.3	1 019.0	−10.4	−999.3
旅游	976.7	−8.7	50.0	17.9	16.4	958.8	−9.1	−940.9
建筑服务	11.0	5.5	0.6	7.2	28.0	3.8	−20.7	3.4
保险和养老金服务	13.6	−33.9	0.7	6.5	−22.6	7.1	−41.8	−0.6
金融服务	1.5	−10.2	0.1	0.4	22.9	1.1	−19.3	−0.6
电信、计算机和信息服务	109.7	7.0	5.6	75.9	3.4	33.8	16.2	42.1
电信服务	4.1	31.6	0.2	2.4	33.0	1.7	29.8	0.7
计算机服务	98.9	5.8	5.1	69.9	2.4	29.0	15.1	40.8
信息服务	6.7	12.5	0.3	3.6	7.1	3.1	19.5	0.5
专业管理和咨询服务	254.9	7.2	13.0	189.7	5.3	65.2	13.1	124.5
法律服务	7.7	7.8	0.4	5.8	9.5	1.9	2.9	4.0
会计服务	6.6	2.9	0.3	5.0	−5.1	1.6	40.3	3.4
管理咨询和公共关系服务	153.0	4.3	7.8	115.1	3.2	37.9	8.0	77.1
广告服务	28.6	1.4	1.5	20.9	−6.2	7.6	30.3	13.3
展会服务	4.4	2.0	0.2	2.1	−2.8	2.3	6.7	−0.2
技术服务	79.1	2.0	4.0	46.2	−2.6	32.9	9.4	13.2
文化和娱乐服务	8.5	15.0	0.4	3.3	−5.0	5.2	32.8	−1.9
视听和相关服务	3.5	21.9	0.2	0.5	−28.6	2.9	39.3	−2.4
知识产权使用费	70.9	14.2	3.6	1.0	−6.3	69.8	14.6	−68.8
研发成果使用费	26.7	14.7	1.4	0.7	−14.7	26.0	15.8	−25.3
其他服务	83.3	−7.6	4.3	60.4	−3.7	22.9	−16.6	37.5
加工服务	10.8	−1.4	0.6	10.6	−0.9	0.2	−26.8	10.5
维护和维修服务	13.7	−19.3	0.7	10.7	−26.2	3.1	19.4	7.6

数据来源：外管局上海市分局。

表8　2017 年上海离岸服务外包按类别统计数据

（金额单位：万美元）

合同类别	合同数	同比（%）	协议金额	同比（%）	执行金额	同比（%）
总计	5 946	−7.76	957 191.48	4.01	702 162.16	4.40
信息技术外包(ITO)	3 501	−3.71	436 386.64	−2.10	364 248.63	0.29
软件研发外包	2 618	−0.72	285 160.35	−0.30	230 624.5	−6.21
信息技术服务外包	264	−3.65	110 798.3	−8.44	102 408.82	23.38
运营和维护服务	619	−14.62	37 427.99	−0.72	29 998.11	0.92
业务流程外包(BPO)	1 121	3.89	254 143.17	−11.01	174 659.33	−3.91
内部管理外包服务	211	30.25	44 274.49	92.86	35 197.72	20.62
业务运营外包服务	722	−9.75	153 744.86	−20.38	91 642.13	−5.19
供应链外包服务	188	72.48	55 860.32	−18.25	47 611.33	−13.93
知识流程外包(KPO)	1 324	−23.51	266 661.67	41.11	163 254.2	27.96
商务服务外包	89	−39.86	8 735.4	1.73	3 927.03	6.38
技术服务外包	180	−7.22	17 510.61	80.42	9 724.01	91.06
研发服务外包	1 055	−24.05	240 382.75	40.95	149 481	33.20

数据来源：外管局上海市分局。

（三）服务贸易商业存在能级提升

2017 年外国附属机构在上海的投资规模继续大幅增长，经营效益显著提升，特别是服务业机构增长较快。在各项数据中，企业数量 36 123 家，同比增长 6.4%；投资总额 8 907.43 亿美元，同比增长 57.5%；注册资本 2 640.88 亿美元，同比增长 3.3%，从业人数 144.67 万人，同比增长 5.9%。就经营情况看，2017 年在沪外国附属机构实现营业收入 41 536.34 亿元，同比增长 1.9%；利润总额 2 843.51 亿元，同比增长 29.0%。

表9　2017 年上海外国附属机构总体情况

	2015 年	2016 年	2017 年	2017 年与上年同比（%）
企业家数（个）	28 079	33 935	36 123	6.4
投资总额（亿美元）	2 696.96	5 656.14	8 907.43	57.5
销售（营业）收入（亿元）	32 418.85	34 083.40	41 536.34	21.9
利润总额（亿元）	1 883.39	2 204.27	2 843.51	29.0
纳税总额（亿元）	2 013.32	2 469.09	2 972.86	20.4
企业所得税（亿元）	461.62	515.33	686.69	33.3
年末从业人数-总计（万人）	141.29	136.59	144.67	5.9
注册资本（亿美元）	1 774.43	2 555.58	2 640.88	3.3

数据来源：上海市商务委员会、上海市统计局。

从来源地角度分析，2017 年在沪外国附属机构的国家和地区来源以东南亚和美国为主，其中，以来自中国香港、日本、中国台湾、美国、新加坡和韩国等国家和地区的企业为多。

从营业收入角度分析,2017 年在沪外国附属机构营业收入排名前十的国家和地区依次为中国香港、日本、新加坡、爱尔兰、韩国、美国、德国、荷兰、英国、英属维尔京群岛,上述国家和地区 2017 年企业实现营业收入 32 658.88 亿元,占营业总收入的比重为 87.1%。

从营业利润角度分析,2017 年在沪外国附属机构企业利润同比大幅增长 29.0%。按国家和地区排名,前十位依次为中国香港、日本、美国、新加坡、德国、毛里求斯、荷兰、英国、爱尔兰、英属维尔京群岛,上述国家和地区企业 2017 年实现营业利润 2 402.93 亿元,比去年同期增长 35.5%,占利润总额的比重为 88.1%。

从行业集中度角度分析,2017 年上海外国附属机构的行业集中度继续维持在较高水平——批发和零售业、租赁和商务服务业 2 个行业的企业数量占全部企业数量的 75.7%,营业收入、利润总额占比为 77.9%;信息传输、计算机服务和软件业的企业数量继续超过交通运输、仓储和邮政业,位居第三。

表 10　2017 年上海外国附属机构分行业经营情况

行　业	企业家数（个）	同比（%）	营业收入（亿元）	同比（%）	利润总额（亿元）	同比（%）	从业人数（人）	同比（%）
批发和零售业	17 756	5.1	24 383.84	23.5	903.05	48.8	544 723	4.2
租赁和商务服务业	10 048	7.9	8 687.53	38.7	935.75	35.8	346 258	10.2
交通运输、仓储和邮政业	1 618	2.0	3 237.97	11.7	141.70	34.0	112 227	1.9
金融业	143	4.4	1 098.48	16.2	96.00	30.1	32 855	8.9
信息传输、计算机服务和软件业	2 331	7.8	1 140.23	10.7	116.82	327.0	118 279	0.5
房地产业	999	4.9	1 631.39	14.2	539.28	16.8	53 110	1.1
科学研究、技术服务和地质勘查业	1 654	22.9	568.03	22.2	8.75	−23.7	58 314	30.5
住宿和餐饮业	856	2.3	511.37	32.2	46.52	−0.09	145 499	27.0
居民服务和其他服务业	417	−13.8	217.43	13.2	57.99	65.7	25 909	−18.9
教育	33	94.1	17.50	−8.3	0.58	−148.6	2 566	−50.9
卫生、社会保障和社会福利业	41	24.2	21.67	20.1	−8.01	—	3 284	9.7
文化、体育和娱乐业	227	35.9	20.89	−26.7	2.07	—	3 696	50.4
总计	36 123	6.4	41 536.34	21.9	2 843.51	29.0	1 446 720	5.9

注:本表中金融业的数据为上海统计局提供。(说明:1.表中数据仅以调查样本为准,不代表上海所有金融企业。2.由于统计口径原因,2016 年的金融数据略有调整,本文涉及的 2016 年金融业数据,均为 2017 年调整以后的数据。)
数据来源:上海市商务委员会、上海市统计局。

（四）特色服务贸易全球优势初显

基于上海"五个中心"的城市定位,上海在邮轮旅游、医药研发、技术贸易中医药服务、文化贸易和数字贸易等特色服务领域积极打造"上海方案",整合可复制的"上海经验"。

在邮轮旅游领域,上海通过设立"中国邮轮旅游发展实验区"来全面推动邮轮经济发展——推动邮轮延误综合保险覆盖范围,开展邮轮融资租赁、邮轮保险、邮轮船供等模式创新,推行"自主通关、智能分类、风险选查"的智能化旅检通关模式,打造高效便捷的邮轮通关体系,设立国际邮轮港专用性保税仓库,缩短通关时间、提升通关能力。随着邮轮旅游便利度的不断提升,市场规模持续增长,2017年上海港靠泊邮轮 512 艘次,邮轮旅客吞吐量近 300 万人次。

在医药研发、技术贸易领域,上海借由切实有效的创新措施推动上海自贸试验区生物医药研发业务发展——通过优化研发用材料通关的管理流程,营造良好的跨境生物医药研发合作环境;将技术贸易、服务外包等事项纳入国际贸易"单一窗口",实现部门数据共享和定期交换;下放技术贸易和软件外包备案管理权限,进一步释放技术贸易活力;简化审批手续,节省通关时间;完善全球维修业务监管试点工作,新增一批试点企业参照保税加工监管模式,开展高技术、高附加值、无污染的境内外检测维修业务。而这些措施成效明显,2017 年实现技术进出口额 117.37 亿美元,同比增长 18.8%;有 6 家企业纳入集成电路产业链保税监管试点,累计备案进口金额 4.2 亿美元,出口金额 8.9 亿美元。

在中医药服务领域,上海通过搭建我国首个跨境服务平台,破解传统中医服务技术经验个体化、难复制、难以产业化发展等难题——"海上中医"国际医疗健康服务平台落户汉堡和迪拜,它通过整合现代中医客观化信息采集技术,实现国际中医药服务贸易交付的国际化、标准化及即时性,完成移动端个人客户、企业客户、医生无障碍零距离沟通,创新中医健康服务模式,已经成为我国中医药跨境服务的大平台。

在文化贸易领域,根据上海海关初步统计数据,2017 年上海文化产品实现进出口 335.94 亿元,同比增长 5.58%;其中,出口 147.18 亿元,增长 7.25%,进口 188.77 亿元,增长 4.31%。在进出口产品结构上,核心文化产品贸易增长较快。上海积极响应"一带一路"倡议,积极发挥节点城市的门户枢纽作用,打造"引进来"与"走出去"并举的良性发展格局——依托国家对外文化贸易基地(上海)等平台,开展"上海文化海外行"活动,创新"抱团出海""借船出海"和"自主创办"等海外营销模式,支持百余家企业参加 40 余个境外知名展会、10 余个"一带一路"沿线文化展会,并举办文化授权交易会等自办展览论坛活动;文化贸易语言服务基地在伦敦设立海外办事处,全球最大艺术品保税服务中心在上海自贸试验区基本建成;文化贸易规模保持增长势头,2017 年实现文化产品和服务进出口 377.4 亿元,同比增长约 5%。

表 11   2017 年上海文化产品按类别统计数据

(金额单位:亿元)

类　　别	进出口		出　　口		进　　口	
	金额	同比(%)	金额	同比(%)	金额	同比(%)
总额	335.94	5.58	147.18	7.25	188.77	4.31
核心层	31.00	−9.55	9.05	−30.73	21.95	3.49
出版物	31.00	−9.55	9.05	−30.73	21.95	3.49
图书、报纸、期刊	9.42	−1.78	3.23	−18.03	6.19	9.56
音像制品及电子出版物	3.97	64.22	0.27	8.53	3.70	70.49
其他出版物	17.61	−20.91	5.55	−37.44	12.05	−9.94
相关层	304.95	7.41	138.13	11.25	166.82	4.42
工艺美术品及收藏品	66.06	−4.61	29.85	−14.72	36.21	5.73
工艺美术品	65.58	−2.12	29.62	−14.26	35.95	10.81
收藏品	0.49	−78.46	0.23	−49.91	0.26	−85.58

类　别	进出口		出　口		进　口	
	金额	同比(%)	金额	同比(%)	金额	同比(%)
文化用品	105.69	11.47	67.13	9.06	38.55	15.91
文具	1.44	8.22	1.39	9.00	0.06	−8.14
乐器	21.78	3.19	7.61	−8.76	14.17	11.00
玩具	70.10	11.99	49.76	7.37	20.34	25.18
游艺器材及娱乐用品	12.36	26.42	8.38	49.68	3.99	−4.70
文化专用设备	133.20	11.15	41.15	49.06	92.05	−0.20
印刷专用设备	28.74	8.12	12.85	18.62	15.90	0.90
广播电视电影专用设备	104.46	12.01	28.30	68.71	76.16	−0.43

数据来源：上海海关。

在数字贸易领域，随着全球数字贸易规模不断扩张和建设"数字中国"的不断推进，上海数字贸易进入快速发展期，2017年，上海共实现数字贸易出口85亿美元，占全市服务出口额的16.2％，上海在数字化内容和服务方面都已具备了一定的规模优势。尤其在网络游戏方面，上海的发展速度领跑全国。统计数据显示，2017年上海数字化内容出口额达到25.2亿美元，主要涉及上海较有特色的文化娱乐产业，包括图书、音乐和影视内容；数字化服务出口额达到60亿美元，以服务外包和技术贸易为主。

四、2017年上海服务贸易工作推进情况

2017年，在商务部、市委、市政府的关心指导下，在市服务贸易联席会议各成员单位的共同努力下，上海服务贸易发展工作取得新成效、迈上新台阶，圆满完成了各项任务，重点推进了以下七方面的工作。

（一）构建服务贸易管理新体制

完善服务贸易联席会议机制，召开市联席会议办公室会议和各区服务贸易工作会议，统筹协调推进全市试点工作的开展。不断加强市区联动发展，全面下放技术贸易与软件外包合同备案管理权限至全市各区，初步形成效率和监管并重的新型政府服务模式。据统计，2017年本市登记技术进出口金额117.4亿美元，同比增长18.8％。逐步建立重点联系企业制度，发布《上海市服务贸易促进指导目录》和《上海市促进服务外包产业重点发展领域指导目录》，目前各领域服务贸易重点企业覆盖运输、旅游、计算机和信息、工程承包和建筑、专业服务、文化服务、医疗、体育、服务外包等70％的服务贸易领域。

（二）探索服务贸易开放新举措

开展《中国（上海）自由贸易试验区跨境服务贸易特别管理措施（负面清单）》研究编制工作。对我

国现行法律、行政法规、部门规章、上海市地方性法规及上海市政府规章进行梳理,以此为基础研究与国际服务贸易通行规则接轨的开放新模式。金融业对外开放取得实效,上海市发布《上海自贸试验区金融服务业对外开放负面清单指引(2017 年版)》。截至 2017 年 9 月末,吸引境外金融机构在自贸试验区内设立 20 家外资法人银行和 80 家分行。实施专业服务跟随出海战略,鼓励专业服务机构通过联营、新设等方式推动上海专业服务"走出去",为本土企业"走出去"提供服务,搭建专业服务贸易桥头堡。

(三)培育服务贸易新型市场主体

示范基地和示范项目不断集聚。2017 年,申报了新一批市级服务贸易示范基地和示范项目,包括"慧谷白猫园区"等 5 个基地和"银行卡跨行跨境交易信息处理服务项目"等 7 个项目入围,在全市起到了示范引领作用。平台类企业功能不断拓展。积极鼓励药明康德、智同医药和汇智软件等企业建设创新药物代谢分析平台、新型药物制剂研发和中试平台以及基于云环境的信息化基础资源及应用等一批公共服务平台发展。中小企业发展活力不断激发。涌现出专注于互联网教育业务的睿泰集团,专注于大数据市场营销的美库尔、贝塔斯曼,以及各具特色的中小型医药研发企业等一批业态模式创新的中小企业。

(四)优化服务贸易营商新环境

完善全球维修业务监管试点工作。新增一批试点企业参照保税加工监管模式,开展高技术、高附加值、无污染的境内外检测维修业务,提升整合国际国内资源的能力。推进国际贸易"单一窗口"建设。将技术贸易和服务外包纳入国际贸易"单一窗口"管理,完善服务贸易"一站式"便利化管理模式。优化邮轮船供物品通关流程。针对保税船供探索"保税船供"+"分流查验"+"门到门查验"等便利举措,设立国际邮轮港专用性保税仓库。提升自然人移动便利化水平。会同市公安局出入境管理局等部门制定 2017 年度"上海科技创新职业清单",列入其中的 100 余家重点服务贸易企业,可根据公安部的相关规定,为聘雇并担保的外籍行业高级专业人才申请签证和居留便利,如办理加注"人才"的 5 年期工作类居留许可等。优化生物医药特殊物品准入许可流程。以风险评估的方式代替原有的前置审批,高风险特殊物品的评估时限已从平均 30 个工作日缩短为 20 个工作日,一般特殊物品的审批时限从 20 个工作日压缩为 3—5 个工作日,入境特殊物品通关时限缩至 3.5 个工作日;张江跨境科创监管服务中心也已启动运行,整体通关时间从原来的 2—3 天缩短至 6—10 小时。

(五)激发服务贸易增长新动力

加大财政资金支持力度,2017 年培育和支持各类服务贸易公共服务平台 23 个,支持各类重点国际性展会 7 个。扩大税收优惠政策覆盖面,出台推广技术先进型服务企业所得税优惠政策的相关文件(沪财税〔2016〕103 号),认定技术先进型服务企业 295 家。2017 年,办理跨境应税服务零税率备案的企业总户数达到 652 家,同比增长 17%。引导政策性金融机构持续支持,中国进出口银行上海分行继续支持"服务贸易贷款业务",支持"一带一路"沿线国际航空服务等项目,支持上海服务"走出去"开展跨境合作。拓展出口信用保险适用领域,鼓励出口信用保险在服务贸易各领域的应用,目前已覆盖软件外包、工程咨询、修船服务、物流服务等多个服务贸易领域,覆盖率达 41%。

（六）构筑服务贸易运行监测新体系

通过开展服务贸易运行监测与促进体系建设研究,完善基于国际收支(BOP)和外国附属机构(FATS)共同组成的服务贸易运行指标体系架构。探索重点领域和新兴领域的同步监测指标,初步开展了本市服务贸易国际竞争力评价指数和预警指数研究,逐步实现服务贸易统计数据的查询、分析、监测和共享,力图建立上海服务贸易统计监测运行新体系。根据商务部下发的服务贸易重点监测企业名录,各区积极推进重点企业信息报送工作,浦东新区、静安区、黄浦区、宝山区、徐汇区上报企业数量位居全市前列,推进重点企业动态监测统计试点。建立部门间信息共享机制,将服务贸易企业相关数据在上海市公共信用信息服务平台上进行共享,并根据《上海市贸易外经和旅游综合统计报表制度》要求定期报送统计数据。通过开展服务外包企业信用评价体系建设,支持上海服务外包交易促进中心以服务商的要素及流程为核心,打造服务外包企业信用评价体系(OCCE),已有近百家企业通过该信用体系信息认证,打造完善信用体系。

（七）打造服务贸易人才培育新高地

依托各类专业培训机构,实施定向服务贸易人才培育,开展服务贸易各领域“通用技能＋专业技能”培训,上海软件对外贸易联盟组织企业为高校提供9个月的专业辅导。推进人才培养“十百千”行动——邀请十位创新企业家进校园、支持百家企业释放人才需求和千人招聘会,从供需两侧加以引导,缓解企业人才短缺和大学生就业难之间的矛盾,目前已成功释放数千个岗位到人才市场。创新企业家进校园活动共举办15场,进一步加强校企交流和合作。2017年本市服务外包企业吸纳就业人员41.09万人,其中87.6％为大学生,为解决大学生就业及培训专业化人才做出了贡献。

五、2018年上海服务贸易推进工作的主要考虑

2018年是全面贯彻落实党的十九大精神的开局之年,是我国改革开放40周年,是“十三五”规划抓落实的关键一年,做好本市服务贸易工作意义重大。根据国务院深化服务贸易创新发展试点总体方案,试点期限将延长至2020年。2018年,我们将深入贯彻落实深化服务贸易创新试点的政策文件,以举办中国国际进口博览会为契机,以深化自贸试验区改革创新为引领,以服务“一带一路”建设为依托,着力推动上海服务贸易实现高质量发展。

（一）深化服务贸易体制机制创新,加快与国际服务贸易制度接轨

探索服务贸易促进、服务和监管体系制度创新,研究建立与国际贸易规则相衔接,更高效便捷、更有利于服务贸易要素跨境便利流动的服务贸易管理体制。加快推进跨境服务贸易负面清单发布工作,探索推动上海自贸试验区内服务贸易相关领域的对外开放,形成开放和便利相融合的服务贸易发展格局。完善市区联动工作机制,在全面下放技术贸易和软件出口合同登记审核权限基础上,进一步加强制度化建设,配套实施登记抽查、业务培训、考核评估等措施,构建效率与监管并重的新型政府服务模式。健全事中事后监管机制,加强同相关行业主管部门、行业协会、公共服务平台的交流互动,形

成协同监管格局;试点建立服务贸易企业信用评价体系,加强行业自律;推动部门信息共享和数据交换。加快形成政府、协会、企业协同配合的服务贸易促进体系,完善服务贸易重点企业联系机制,广泛开展多种形式的服务贸易促进活动。

(二) 对标服务贸易核心竞争力,优化服务贸易结构

根据"传统领域——运输、旅游,特色领域——文化、中医药服务,优势领域——技术贸易、服务外包,潜力领域——人力资源、咨询、会计法律"的发展定位,进一步发挥市场在服务贸易领域资源配置中的决定性作用,同时加强对服务贸易重点领域的宏观指导,力争做强一批运输、旅游等优势领域的龙头企业;做大一批文化、中医药服务等特色领域的中小企业;做新一批技术贸易、服务外包等优势领域的出口型企业;做活一批人力资源、咨询服务、会计法律等潜力领域的高附加值企业。鼓励依托云计算、大数据、移动互联网等新技术,推进服务贸易交付模式创新,全面提高服务的可贸易性,推动传统服务贸易领域的转型升级。鼓励发展数字贸易、互联网金融等服务贸易新领域,提升高技术含量、高知识含量和高附加值服务在服务贸易领域所占比重。

(三) 结合地区产业优势,增强双向开发力度

制定关于扩大服务业领域对外开放、鼓励和引导服务业企业"走出去"等双向开放政策以支持各领域企业开展跨国经营,支持企业深度开拓国际市场。充分发挥上海自贸试验区制度创新优势,稳步推进金融、教育、文化、医疗、育幼养老、建筑设计、会计审计、商贸物流等行业对外开放。进一步提高本市服务业利用外资的质量和水平,鼓励引进全球服务业跨国企业,大力推动商业存在模式发展。

(四) 深化服务贸易业态模式创新,推动"上海服务"高端化

拓展"一带一路"海外市场。探索建立全球服务贸易促进联盟,构建平台联动、资源流动、市场推动和区域互动的"一带一路"服务贸易跨境合作网络;以"上海服务贸易海外行"活动为主体,编制"一带一路"服务贸易重点领域国别指南,以及上海服务贸易推介宣传册;依托进口博览会等平台,重点推进同"一带一路"沿线市场的跨境服务贸易交流合作。

聚焦服务贸易发展新业态。加快推进服务贸易新领域、新模式和新业态,培育"数字版权交易中心",提升服务外包数字化业务占比,提升数字贸易集聚度;推进文化贸易海外营销战略,筹建"文化贸易海外促进中心",建立文化"走出去"海外桥头堡;完善"海上中医"国际健康服务网络,筹建瑞士、意大利和奥地利等中医药服务贸易海外分中心。

加强重点区域分类引导。建设一批服务贸易特色示范区、示范基地和示范项目,形成错位发展新格局;加快国家文化出口基地(徐汇)建设,集聚文化服务出口骨干企业;完善邮轮旅游配套服务体系,依托中国邮轮旅游发展实验区(上海),创新邮轮船供等相关领域的便利化举措,打造邮轮配套服务集聚区。

(五) 发挥投资对服务贸易的支撑带动作用,加大财税金融支持力度

就财政政策而言,用好国家服务贸易创新发展试点资金,支持服务贸易重点领域和关键环节,支持服务贸易示范基地、示范项目和海外中心等公共服务平台;就税收政策而言,须落实有关跨境应税

服务使用增值税零税率和免税政策;就金融政策而言,加大金融支持力度,充分发挥政策性金融机构对服务贸易发展的支持作用,鼓励金融机构对服务贸易发展的支持作用,鼓励金融机构创新适合服务贸易特点的金融产品和服务。搭建中小微服务出口企业政策性出口信用保险统保平台,支持企业利用灵活交易方式扩大服务进出口。

(六)建立和完善现有便利化政策,优化服务贸易营商环境

建立和完善与服务贸易发展特点相适应的口岸通关模式。推进对会展、拍卖、快递等服务企业所需通关的国际展品、艺术品、电子商务快件等特殊物品的监管模式创新;探索符合跨境电子商务、服务外包等新型服务模式发展的监管方式;探索在上海自贸试验区对数量少、风险等级低且用于研发等非商业用途的生物医药样本通关降低通关查验比例;促进服务贸易专业人才引进,为外籍高端人才办理在沪居留手续提供便利。

(七)创新健全统计体系,把握研判上海服务贸易发展新路径

建立和完善本市国际服务贸易统计监测、运行和分析体系。健全由国际收支统计和外国服务机构统计共同构成的服务贸易统计指标体系,提高上海服务贸易统计数据的准确性和实效性。通过政府购买服务的形式,委托第三方专业组织建立服务贸易统计联系机制,做好重点企业数据直报工作。创新服务贸易统计方法,在部分领域开展统计试点。探索建立对各区服务贸易的综合统计。发布《2019 上海服务贸易发展报告》。

第二部分

专题报告

上海市技术贸易运行分析报告

当前全球经济复苏乏力,贸易保护主义抬头,中国作为第一出口大国,同时也是国际贸易保护主义的首要目标国,针对中国的贸易保护进一步加强,使得本就复苏乏力的全球经济雪上加霜,遏制了全球经济的健康复苏。

2017年11月,在美国特朗普总统访华期间,两国企业共签署合作项目34个,金额达到2 535亿美元。这既创造了中美经贸合作的纪录,也刷新了世界经贸合作史上的新纪录,合作涵盖了能源、化工、环保、文化等诸多领域。双方签署的商业合同和双向投资协议充分展示了两国在经贸领域的广阔合作空间。

技术贸易作为国际贸易中重要的组成部分,将对国际贸易合作产生深远的影响,目前中国正在加大知识产权保护力度,不断完善促进科技成果转化的政策环境,发展技术交易市场,深化国际科技合作,大力实施"一带一路"建设,将为推动科技创新、技术交易与成果转化提供更加良好的市场环境。上海作为中国最大的经济中心城市,已成为全球科技创新、产业发展与贸易交流的重要枢纽,为加快建设全球科技创新中心奠定了良好基础。因此,在当前复杂的全球贸易背景下,上海市如何全面掌握技术贸易的运行情况,发挥技术贸易优势,为技术贸易健康发展营造良好环境,将对上海构筑服务国家"一带一路"建设桥头堡和建设具有全球影响力的科创中心起到关键性的作用。

一、技术贸易背景

(一)技术贸易的含义

1. 基本概念

目前,国内外对有关技术贸易的定义有着不同的理解。国际上,虽然有关技术贸易的概念可从WTO"国际服务贸易分类表"、联合国经济与社会理事会《为促进包容性和可持续贸易和投资而转让技术》(Technology Transfer for Inclusive and Sustainable Trade and Investment)等文件中延伸出来,但在正式的文件中,依然多用"国际技术转让"(Technology Transfer)的概念。"国际技术转让"一词于1964年在第一届联合国贸易发展会议的一份呼吁支援发展中国家的报告中首次提出,联合国1985年《国际技术转让行动守则(草案)》中,称"技术转让是指关于制造产品、应用生产方法或提供服务的系统知识的转让,但不包括货物的单纯买卖或租赁"。从联合国相关文件可以看出,"国际技术转让"有商业性、非商业性两种。

科技部及科技系统多使用"技术市场"的概念,认为技术市场是市场体系的重要组成部分,包括狭义和广义两个概念。狭义的技术市场是指技术成果作为商品进行交换的场所,广义的技术市场是指技术成果交换关系的总和。而跨越国境的技术市场就是国际技术贸易。科技系统主要根据技术合同的认定与登记来统计技术市场。

商务部及商务系统的技术贸易,主要指技术进出口。根据《中华人民共和国技术进出口管理条例》(2001年12月10日中华人民共和国国务院令第331号公布,根据2011年1月8日《国务院关于废止和修改部分行政法规的决定》修订)和《技术进出口合同登记管理办法》(商务部令2009年第3

号），技术进出口"是指中华人民共和国境外向中华人民共和国境内，或者从中华人民共和国境内向中华人民共和国境外，通过贸易、投资或者经济技术合作的方式转移技术的行为"，包括专利权转让、专利申请权转让、专利实施许可、技术秘密转让、技术服务和其他方式的技术转移。

海关的技术贸易，多指高新技术产品贸易，是物化的技术贸易，总体属于货物贸易的范畴，对"纯技术"的贸易基本不涉及。

综上，国际技术贸易是指不同国家的企业、经济组织或个人之间，按照一般商业条件，向对方出售或从对方购买软件技术使用权的一种国际贸易行为。它由技术出口和技术引进这两方面组成。简言之，国际技术贸易是一种国际间的以纯技术的使用权为主要交易标的物的商业行为。国际技术贸易的主要内容有：各种工业产权，如专利、商标；各种专有技术或技术诀窍；提供工程设计，工厂的设备安装、操作和使用；与技术转让有关的机器、设备和原料的交易等。总之，技术贸易既包括技术知识的买卖，也包括与技术转让密切相关的机器设备等货物的买卖。

2. 种类形式

国际技术贸易可以分为三类，即单纯的技术转让、引进技术与引进设备相结合、引进技术与引进外资相结合。国际技术贸易的主要形式有转让与许可、咨询、合作生产、国际工程承包、国际直接投资、设备买卖相结合等。

转让与许可——国际技术贸易的主要形式包含工业产权与非工业产权的转让与许可。其中工业产权的转让与许可实指与工业产权相关的国际技术贸易，主要对象是受法律保护的专利、商标（不包括单纯的商标转让与许可）和计算机软件著作权等的转让与许可；而非工业产权的转让与许可指与非工业产权相关的国际技术贸易，主要对象是专有技术的转让与许可。

咨询——包括技术服务与技术咨询。技术服务是指技术知识人接受委托为委托人解决特定的技术问题。比较常见的技术服务的内容包括：员工培训、技术的指导和现场设备的安装和调试等。技术咨询则是指技术知识人接受委托为委托人提供解决决策。常见的技术咨询服务包括：有关技术运用的可行性论证、相关技术的调查、相关技术成果的分析和评估等。

合作生产——即通过双方的合作，利用各自拥有的技术共同完成有关的生产项目或共同开发有关的生产计划。发展中国家通过这种形式在引进外资的同时，也引进了经济发展所需的有关技术和技术设备。

国际工程承包——通常通过国际招投标方式由中标人为招标人承建相关的工程项目。由于国际工程承包涉及咨询、勘探、评估、技术设备的提供、人员的培训、设备的调试、试生产等技术性服务，国际工程承包已经成为国际技术贸易的重要形式。

国际直接投资——是投资方通过兼并、收购或建立新企业的方式，直接在东道国设厂生产。在当前国际经济全球化日趋深化的背景下，国际直接投资已经成为国际性跨国公司实现全球化经营的重要战略内容。国际直接投资的投资方通常以现金资本的方式作为主要形式，以技术和技术设备作价作为投资的方式日趋增多。

设备买卖相结合——技术的引进方除了运用许可贸易方式引进软件技术之外，还通过购买有关产品生产的成套设备、流水线等硬件技术提升企业的技术水平和生产能力，这种所谓的硬件技术的转让通常是发展中国家在经济发展初期较为常见的方式。

（二）技术贸易的现状与特点

1. 全球国际技术贸易发展现状及特点

新兴服务将成为未来服务贸易新的增长点。联合国贸易和发展会议数据显示，2005 年至 2015

年,国际服务贸易出口结构出现了三个变化:一是在服务贸易四大类统计中,运输、旅游两项传统服务的出口比重下降,由 2000 年的占比超过一半下降到 2015 年的 43.7%,而包括计算机与信息服务等新兴服务在内的其他服务在出口中占比提高,由 2005 年的 48.97% 提高到 2015 年的 53.19%,占服务贸易出口的一半以上。二是在其他服务出口中,其他商业服务、计算机与信息服务的占比明显提高。2015 年,其他商业服务占比最高,由 2005 年的 19.36% 增至 2015 年的 21.25%;其次是电信、计算机和信息服务,占比由 7.78% 增至 9.79%;再次是金融服务,占比由 8.07% 增至 8.63%。三是计算机与信息服务、通信服务、技术服务等新兴服务增速较快,正在成为未来国际服务贸易新的增长点。

美国等发达国家领先地位将持续,但新兴国家也在加紧追赶。虽然从总体来看,新兴国家的研发投入占 GDP 比例还远远低于发达国家,但是增长速度却很快。"互联网+"相关技术的发展促进技术贸易的发展。互联网相关技术对传统产业的改变主要体现在存储、计算、互联三个方面。信息技术通过办公自动化软件改变了企业内部的沟通方式,通过资产管理系统、生产执行系统、财务管理系统等软件改变了企业内部管理方式,通过供应链管理系统改变了与供应商的沟通方式,通过电子商务改变了销售模式。同时,通过云计算和大数据大大提升了数据的加工处理能力。作为知识经济中最活跃、最具有引领世界技术创新发展方向的互联网产业,将继续保持较高的发展速度,未来将从人与人的互联、人与机器的互联,进一步向机器与机器的互联的物联网技术发展。同时,大数据将进一步提升数据处理能力,而云计算则会大大节约企业的计算和存储成本。因此在互联网领域的竞争实力将直接影响着一个国家知识经济的整体实力,同时也影响着在技术贸易中的主动权和话语权。

2. 中国国际技术贸易发展现状及特点

技术投入不断增加,技术贸易发展迅速。一批技术密集型的企业迅速成长起来,有的企业研发投入已经占到销售收入的 10% 以上,在全球都居于领先地位;有的企业专利技术 90% 以上为发明专利,覆盖了新兴技术的各个领域。近 10 年来,我国知识产权使用费和许可费出口年均增长率高达 19.2%。

信息技术和高端制造技术贸易增长迅猛,结构明显优化。2006 年至 2016 年,中国装备制造业技术出口从 3.9 亿美元增长到 57.6 亿美元,增长近 15 倍;信息传输、计算机服务和软件业技术出口从 0.2 亿美元增长到 63.6 亿美元,增长 300 多倍,占比从 2.6% 提高到 27.1%。技术贸易发展结构明显优化。

技术贸易发展前景广阔。随着人工智能、大数据、物联网、云计算、区块链等新技术手段不断涌现,2005 年至 2015 年,全球知识产权使用费和通信、计算机及信息服务出口增长了 106.5%,年均增长 6.8%,明显高于服务出口和货物出口增速。2016 年,中国与技术相关的服务贸易额达 875.4 亿美元,占新兴服务贸易比重超过三分之一。

技术贸易加快推动供给侧结构性改革,促创新、稳增长、调结构、惠民生的作用更加突出。技术贸易促进了新兴产业的发展和新兴业态的出现,提高了经济活力。通过技术引进后消化吸收再创新,节能环保产业、新一代信息技术、高端装备制造业等战略性新兴产业实现跨越式发展,一批关键技术研发取得突破,中国在通信设备、高铁、航空、船舶、水电站等高端装备制造领域已经进入国际先进行列。

二、上海技术贸易发展现状

(一)总体现状

近年来,上海市技术贸易发展总体平稳。技术进口合同登记金额从 2002 年的约 37 亿美元增长到 2016 年 42.79 亿美元。技术出口合同登记金额从 2005 年的 8 830.8 万美元增长到 2016 年上海技术贸易出口规模近 56 亿美元,十年增长近 70 倍。

(二)技术贸易重点行业领域发展情况

表1和表2分别是2015年和2016年技术合同成交额排名前三位的技术领域统计。近两年,在技术合同所涉及的技术领域中,成交额排名前三位的一直分别是"电子信息技术""先进制造技术""生物医药和医疗器械技术"。同时,电子信息技术领域虽然合同数量有所下降,但总成交额明显增长,2016年技术合同成交额突破400亿元,可见,我市该领域的技术越来越受到大项目的欢迎。而先进制造技术成交额则呈现出下降趋势,生物医药和医疗器械技术趋于平稳。

表1 2015年1—12月技术合同成交额排名前三位的技术领域统计

领域类别	合同数(项)	占总数百分比	合同数同比增长	合同成交额(亿元)	占总额百分比	成交额同比增长
电子信息技术	7 711	34.3%	−7.5%	329.16	46.5%	9.8%
先进制造技术	1 727	7.7%	15.3%	166.62	23.5%	92.1%
生物医药和医疗器械技术	3 836	17.0%	−1.7%	100.19	14.2%	16.1%

表2 2016年1—12月技术合同成交额排名前三位的技术领域统计

领域类别	合同数(项)	占总数百分比	合同数同比增长	合同成交额(亿元)	占总额百分比	成交额同比增长
电子信息技术	6 741	31.8%	−12.6%	463.11	56.3%	40.7%
先进制造技术	1 775	8.4%	2.8%	110.93	13.5%	−33.4%
生物医药和医疗器械技术	4 103	19.4%	7.0%	98.49	12.0%	−1.7%

1. 软件和信息服务业

2016年,上海软件和信息服务业以建设全球跨界创新中心、启动中国制造2025、发展"互联网＋"为契机,实现营业收入6 904.35亿元,比上年同期增长14.1%,产业发展整体平稳,呈稳中趋缓态势,实现了"十三五"开局目标。

产业集聚形成规模效应。目前上海具有一定规模的信息服务产业基地逾50个,规划用地面积47平方公里,建筑面积1 270万平方米。其中经认定的市级信息服务产业基地有41个,全市信息服务产业基地聚集了本市70%以上的软件和信息服务企业,60%以上的经营收入来自信息服务基地。信息服务产业基地单位土地产出水平达到130亿元/平方公里。

业态发展带动区域经济。浦东、长宁、徐汇位列前三强,占本市软件和信息技术服务业收入比重超过60%。其中浦东2016年收入突破2 000亿元;有11个区的软件和信息技术服务收入超过百亿。从增速来看,除个别市中城区出现负增长,其他区均保持增长态势,其中闵行、黄浦、普陀、青浦、金山、虹口、宝山和长宁等区的增速均超过20%。

软件产业效益水平稳步提升。2016年上海市软件产业规模稳步扩大,实现营业收入4 074.16亿元,比上年同期增长14.2%,发展步入稳定期。2016年上海软件出口额达到36.86亿美元,出口方式以信息技术外包(ITO)为主。目前上海在不少细分领域拥有领军企业,入选2016年中国软件百强榜的企业有7家,但是由于云计算、移动互联网、大数据等新兴领域短期内还不能支撑产业增长,和BAT等互联网生态企业相比,一是企业规模仍比较小,缺乏千亿量级的企业。二是企业整合上下游资源的能力比较弱,无法形成产业链。

2. 装备制造业

一是门类齐全、配套完善、规模较大。基本形成以汽车、钢铁、石化、成套设备、通信电子设备、家用电器、生物医药等为支柱工业,包括航空、军工、船舶、电子信息产品、轻工、冶金、纺织、服装等在内的门类齐全的装备制造工业体系。

二是骨干企业众多、国内市场占有率高。上海电气集团股份有限公司是中国最大的装备制造业大集团之一,产品覆盖电站及输配电产业、机电一体化产业、交通运输设备产业、环境保护产业。其中火力发电设备、电梯、冷冻空调、印刷包装机械等一大批产品在国内市场占有率排第一。

三是产业集聚效应已初步凸显。区域上主要集中在外环线以外远郊地区,2015 年浦东新区、闵行区和崇明县(现崇明区)高端装备制造业总产值位列三甲。上海成为全国最大的机器人产业集聚区。

四是国际市场开拓稳步推进。上海电气、上海汽车等企业积极开拓国际市场,纷纷在东南亚、南亚、中东等地区设立实体化公司;上海中远船务公司以高质量的海上浮式生产储油船详细设计、生产设计以及现场技术服务进入巴西海工装备市场。

3. 生物医药业

生物医药产业是我国战略性新兴产业之一。十八届五中全会提出推进健康中国建设,生物产业有可能成为我国高技术领域的支柱产业。长三角地区生物医药产业创新能力和国际交流水平较高。该地区拥有最多的跨国生物医药企业,在研发与产业化、外包服务、国际交流等方面具有较大优势,已逐步形成以上海为中心的生物医药产业集群。上海早在"十五"规划中就提出重点培育生物医药、新材料、环境保护、现代物流四大新兴产业,并且要求生物医药工业与电子信息产业两个高科技板块实现超常规发展。2014 年 1 月,上海市发布新一轮《上海市生物医药产业发展行动计划(2014—2017 年)》,主要目标是推动上海成为亚太地区生物医药的"三个中心",即高端产品制造中心、商业中心、创新研发中心。生物制药也是浦东新区重点发展的科技产业,集中在张江高科技园区、金桥出口加工区和外高桥保税区。其中张江集聚了大量的生物医药企业,成为重点建设的"药谷"。

上海把生物医药技术列为重点发展的科研项目之一,先后发布《上海市生物医药产业发展行动计划(2009—2012 年)》《上海市生物医药产业发展行动计划(2014—2017 年)》。计划要求实现产业经济总量 3 500 亿元,一家龙头企业销售额超过 1 000 亿元,年销售额突破 10 亿元的企业达到 18 家。医药工业"十二五"发展规划强调提升产业的集约化水平,发展优势企业,扩大企业生产规模,实现生物医药出口额增长率达 20%,鼓励企业加强国际合作,在海外设立研发基地,增强企业的国际竞争力,将上海打造成为亚太地区研发到生产、销售的一条龙服务。

截至 2016 年底,上海有 502 家生物医药企业。其中以中小企业居多,数量比整个美国的生物医药企业还多。但是,在经济总量上,上海生物医药产业的产值却远远低于硅谷、丹麦-瑞典等世界知名生物医药产区。例如,2012 年,葛兰素史克公司全球销售收入为 264 亿英镑,约合人民币 2 769.51 亿元,而同期上海药品生产企业的工业销售产值为 723.49 亿元。

上海核心产品出口占全国 29.45%,近年来上海核心产品出口份额呈现小幅下降,2014 年为 31.49%,2015 年和 2016 年年均下滑 0.5 个百分点。

上海生物医药创新体系不断完善,形成了由 10 多所高校、30 多家专业研究机构、30 多个研发中心(含外资)、30 多家新药临床研究基地、200 多家研发型企业组成的生物医药创新网络。

(三)技术贸易进出口

1. 技术进口

(1)上海市(2014—2016 年)技术进口概况

从 2014—2016 年三年时间里,上海市的技术进口总体呈增长趋势。2014 年及 2015 年两年合同金额之所以下降,主要原因是与上海市前些年的产业发展和升级、重大市政项目、重要产业项目的结束有关。同时从表中可以看出技术引进的设备费占比逐渐减少,说明我市引进技术的方式不再是单一的全部引进,并且随着上海市的产业升级和结构调整,已经减少了依赖于设备进口的相关技术引进,而更关注于纯粹的技术。

表3 2014—2016年上海市技术进口概况

(单位:万美元)

年份	合同数(项)	合同金额	技术费	设备费	合同金额同比增减(%)
2014	2 121	504 536.9	500 536	4 205.79	—19.72
2015	1 788	374 082.8	366 828.5	7 253.82	—25.86
2016	1 668	427 934.7	418 116.4	9 254.6	14.22

(2)上海市(2014—2016年)技术进口主要方式的构成情况

表4 2014—2016年上海市技术进口主要方式的构成情况

(单位:万美元)

年份	专利技术的转让或许可		专有技术的转让或许可		技术咨询、技术服务	
	合同金额	占比(%)	合同金额	占比(%)	合同金额	占比(%)
2014	19 136.56	3.79	254 000.6	50.34	184 636.4	36.6
2015	21 721.78	5.81	198 597.4	53.09	118 233.1	31.61
2016	27 975.3	6.54	231 016.1	53.98	130 039.4	30.39

目前,从技术贸易的统计口径来看,技术进口有专利技术的转让或许可、专有技术的转让或许可、技术咨询、技术服务以及计算机软件的出口、商标许可等。上海市技术进口方式主要以专利技术的许可或转让、专有技术的许可或转让、技术咨询和技术服务这三类为主,这三类引进方式占总额的比重在90%左右。从表中可以看出近三年来,专有技术的转让或许可一直是技术进口的主要方式,占比平均在50%左右,且呈增长趋势。而在2014年之前一直稳居占比第一的技术咨询、技术服务从2014年开始,占比逐渐下降,平均在30%左右,低于专有技术的转让或许可。而专利技术的进口体量依旧最小,但有稳步增长的趋势。从表中可以看出,上海市技术进口主要方式已经有所改变,真正涉及核心知识产权的专利专有技术的引进已经突破了登记总额的50%。

(3)上海市(2014—2016年)技术进口主要主体的构成情况

表5 2014—2016年上海市技术进口主要主体的构成情况

(单位:万美元)

年份	外商投资企业		国有企业		民营企业	
	合同金额	占比(%)	合同金额	占比(%)	合同金额	占比(%)
2014	379 842.1	75.29	57 821.18	11.46	7 470.36	1.48
2015	300 045	80.21	21 969.47	5.87	5 150.21	1.38
2016	336 890.5	78.72	39 136.4	9.15	9 409.89	2.2

在商务部的统计口径中,技术进口主体分为外商投资企业、国有企业、民营企业、集体企业和其他几个

类别。这里主要列出了我市外商投资企业、国有企业和民营企业三个主要主体的技术进口情况。一直以来，外商投资企业都是上海技术进口的主要群体，平均占进口总额的78%左右，且持续稳步增长。而随着上海市一些国有企业的重大引进项目的结束，国有企业的技术进口占比有所回落。虽然民营企业的技术贸易活跃度远远低于外企和国企，但其占比一直保持持续增长，可见我市民营企业技术贸易正一步步加强。

（4）上海市（2014—2016年）技术进口主要来源国/地区的构成情况

表6　2014—2016年上海市技术进口主要来源国/地区的构成情况

（单位：万美元）

年份	国家/地区	合同数(项)	合同金额	技术费	设备费	合同金额同比增减(%)
2014	德　国	354	157 513.41	156 421.97	1 292.52	30.40
	美　国	533	128 020.34	127 948.39	71.95	−36.28
	日　本	343	66 658.86	65 546.12	1 116.51	−26.46
	荷　兰	32	16 430.64	16 430.64	0	−5.38
	法　国	60	14 750.29	14 658.52	91.78	−22.12
	中国香港	241	14 459.6	14 459.6	0	6.94
	捷克共和国	20	13 498.54	13 498.54	0	−14.60
	瑞　士	10	13 137.05	13 137.05	0	−20.07
	英　国	52	12 539.2	12 539.2	0	−4.18
	瑞　典	16	9 454.13	9 454.13	0	−56.59
年份	国家/地区	合同数(项)	合同金额	技术费	设备费	合同金额同比增减(%)
2015	美　国	434	100 086.59	99 928.3	158.3	−21.82
	德　国	308	95 240.15	93 399.3	1 840.32	−39.54
	日　本	294	59 017.99	57 507.88	1 510.11	−11.46
	荷　兰	26	17 406.14	17 406.14	0	5.94
	瑞　士	18	16 405.11	16 175.38	229.73	24.88
	中国香港	239	11 499.5	11 499.5	0	−20.47
	英　国	48	10 318.52	10 318.52	0	−17.71
	法　国	26	7 123.65	7 123.65	0	−51.71
	英属维尔京群岛	7	6 279.22	6 279.22	0	−24.43
	韩　国	30	5 048.09	4 269.51	778.58	−26.83
年份	国家/地区	合同数(项)	合同金额	技术费	设备费	合同金额同比增减(%)
2016	德　国	252	100 983.72	97 303.91	3 615.23	6.03
	美　国	405	84 738.39	84 657.17	81.22	−15.33
	日　本	327	65 979.48	62 203.04	3 771.13	11.80
	瑞　士	23	37 016.86	37 016.86	0	125.64
	英　国	45	21 803.91	21 803.91	0	111.31
	捷克共和国	10	17 036.07	17 036.07	0	472.17
	荷　兰	38	12 566.31	12 555.11	11.2	−27.81
	法　国	33	9 834.96	9 672.91	162.05	38.06
	瑞　典	12	9 189.92	9 189.91	0	123.93
	中国香港	148	8 411.55	8 411.55	0	−26.85

　　2014—2016 年期间,德国与美国争相交替成为上海市技术贸易中最大的技术提供国,德国的技术提供常常带有设备费,而美国则较少涉及。日本近三年来一直位于第三位,趋势平稳。从技术提供国第四位开始,进口合同金额明显比前三位金额相差较多,瑞士从 2014 年的 13 137.05 万美元增长到 2016 年的 37 016.86 万美元,足足增长了 2.8 倍之多,从而稳居前五。英国从 2014 年的第九位一步步上升至 2015 年的第七位再到 2016 年的第五位,合同金额首次突破 20 000 万美元,增长速度较快。捷克共和国除 2015 年未居前列,其余两年均入列,合同金额较稳定。而荷兰及中国香港近三年来均呈现下降趋势。从技术进口主要来源国/地区的构成情况可以看出上海对哪些国家/地区存在技术依赖,在未来的高层对话和框架谈判中,都应该争取这些国家/地区对我国的技术出口管制。

　　2. 技术出口

　　(1) 上海市(2014—2016 年)技术出口概况

表 7　2014—2016 年上海市技术出口概况

(单位:万美元)

年份	合同数(项)	合同金额	技术费	设备费	合同金额同比增减(%)
2014	904	543 563.4	543 462.1	101.28	−18.04
2015	744	750 950.9	750 946.7	4.15	38.15
2016	1 066	561 137.9	551 862.6	9 161.56	−25.28

　　近三年来,上海市技术出口总体趋势稳定,尤其是 2015 年,上海在全国技术贸易总体下降的形势下,实现了平稳增长,在全国技术贸易中的占比进一步上升,合同金额更是突破了 70 亿美元。这主要也与上海的产业能级提升及产业结构优化有着很大影响。同时,上海的技术出口在设备费上有着明显增长,从 2014 年的 101.28 万美元急速增长到了 9 161.56 万美元,反映出上海的技术出口方式发生了改变,设备费的增加显示出了国外企业对我市技术的依赖程度。

　　(2) 上海市(2014—2016 年)技术出口主要方式的构成情况

表 8　2014—2016 年上海市技术出口主要方式的构成情况

(单位:万美元)

年份	专利技术的转让或许可		专有技术的转让或许可		技术咨询、技术服务	
	合同金额	占比(%)	合同金额	占比(%)	合同金额	占比(%)
2014	1 943.3	0.36	58 273.09	10.72	300 009.1	55.19
2015	1 866.29	0.25	139 106.5	18.52	375 784.8	50.04
2016	3 728.54	0.66	62 185.79	11.08	427 157.8	76.12

　　与技术进口一样,技术出口有专利技术的转让或许可、专有技术的转让或许可、技术咨询、技术服务以及计算机软件的出口、商标许可等。上海市技术出口方式主要以专利技术的许可或转让、专有技术的许可或转让、技术咨询和技术服务这三类为主,这三类出口方式占总额的比重在 73% 左右,对比 2014 年之前的占比 98%,近三年来,这三类出口方式占比有幅度地下降,其也说明我市技术出口方式越来越多样化。虽然占比有所下降,技术咨询和技术服务依然是技术出口的主要方式。其次,专利技术的转让或许可出口占比依然微乎其微,近三年来均未超过 1%。

（3）上海市（2014—2016 年）技术出口主要主体的构成情况

表9　2014—2016 年上海市技术出口主要主体的构成情况

（单位：万美元）

年份	外商投资企业		国有企业		民营企业	
	合同金额	占比（%）	合同金额	占比（%）	合同金额	占比（%）
2014	519 339.7	95.54	3 449.74	0.63	9 146.85	1.68
2015	696 254.8	92.72	2 164.64	0.29	34 668.63	4.62
2016	470 326.4	83.82	6 737.84	1.2	43 526.73	8.08

在商务部的统计口径中，技术出口主体分为外商投资企业、国有企业、民营企业、集体企业和其他几个类别，这里主要列出了上海外商投资企业、国有企业和民营企业三个主要主体的技术出口情况。目前，上海市技术出口的绝对主力军依然是外商投资企业，占比平均在 90% 左右，其中大部分的技术出口是跨国公司为国外其他公司提供研发等技术服务，但是很明显看出，外商投资企业的占比正逐年下降，而我市国有企业和民营企业的技术出口合同登记金额呈增长趋势，其中民营企业增长较快，且 2015 年和 2016 年合同金额均超过 3 亿美元，未来依然有很大的发展空间。

（4）上海市（2014—2016 年）技术主要出口国/地区的构成情况

表10　2014—2016 年上海市技术主要出口国/地区的构成情况

（单位：万美元）

年份	国家/地区	合同数（项）	合同金额	技术费	设备费	合同金额同比增减（%）
2014	美　国	211	218 330.4	218 314.4	15.99	−21.14
	德　国	70	47 853.51	47 853.51	0	88.16
	中国香港	100	40 742.14	40 742.14	0	6.1
	法　国	31	35 217.99	35 217.99	0	−0.75
	日　本	255	34 788.84	34 788.84	0	−8.4
	爱尔兰	9	28 455.61	28 455.61	0	−28.1
	新加坡	21	26 236.63	26 236.63	0	−56.41
	瑞　士	21	22 453.01	22 453.01	0	−44.92
	百慕大群岛	2	21 993.63	21 993.63	0	10.34
	瑞　典	5	17 132.19	17 132.19	0	−10.83
年份	国家/地区	合同数（项）	合同金额	技术费	设备费	合同金额同比增减（%）
2015	美　国	195	423 116	423 111.9	4.15	93.8
	中国香港	85	48 580.8	48 580.8	0	19.24
	法　国	26	41 039.85	41 039.85	0	16.53
	日　本	210	40 636.75	40 636.75	0	16.81
	新加坡	23	36 720.53	36 720.53	0	39.96
	德　国	45	30 105.21	30 105.21	0	−37.09
	瑞　典	11	28 296.09	28 296.09	0	65.16
	百慕大群岛	1	20 951.59	20 951.59	0	−4.74
	瑞　士	17	18 985.62	18 985.62	0	−15.44
	加拿大	5	6 976.58	6 976.58	0	755.11

续 表

年份	国家/地区	合同数(项)	合同金额	技术费	设备费	合同金额同比增减(%)
2016	美　国	284	173 162.7	173 162.7	0	−59.07
	中国香港	92	53 455.06	51 542.06	1 913	10.03
	日　本	225	44 129.47	44 129.47	0	8.59
	法　国	22	36 356.9	36 356.9	0	−11.41
	新加坡	37	36 315.66	36 315.66	0	−1.1
	爱尔兰	13	32 108.18	32 107.22	0	382.5
	德　国	84	29 334.5	29 221.76	0	−2.56
	瑞　士	20	21 124.95	21 124.95	0	11.27
	百慕大群岛	3	18 506.8	18 506.8	0	−11.67
	瑞　典	8	15 553.19	15 553.19	0	−45.03

近三年,美国依然稳居上海技术贸易出口国第一位,其中2015年合同金额更是突破了40亿美元,创有史以来合同金额之最;2014年和2016年两年出口金额较平稳,但仍与第二位出口国/地区拉开很大差距。与进口不同,进口较少的中国香港是上海市技术贸易出口较大的地区,且呈增长趋势,未来会有更大的出口合作,而进口大国德国却在上海市技术出口方面占比越来越少。由表中可以看出爱尔兰2016年以出口合同金额32 108万美元首次进入前十,并且超越德国、瑞士、瑞典等,说明我市与爱尔兰之间的技术贸易合作将会越来越深。

三、上海技术贸易运行分析

(一) 发展特点

1. 技术引进和出口的地区更加广泛

上海市引进技术和进口设备的国家和地区逐步扩大,进口市场主要以西方发达国家为主,在原有日本和香港地区的基础上,从欧盟、美国、德国的进口不断增加;技术出口市场,从最初的邻近的发展中国家和地区不断扩大,已发展到了美洲、非洲以及"一带一路"沿线国家及地区。

2. 技术引进及出口方式结构优化

技术进出口主要以专有技术许可或转让、专利技术许可或转让、技术咨询与技术服务3种方式为主。其中在技术引进方面,专有技术许可或转让的交易最为活跃,2016年占比超过50%,反映出本市优化了技术引进的方式,加强了对于涉及核心知识产权的引进。在技术出口方面,依然以技术咨询与技术服务为主,但这三种主要方式的总占比从原先的90%以上下降到了76%左右,说明本市在出口方式上也正在进行结构调整。

3. 技术贸易载体支撑作用进一步显现

技术贸易核心功能区建设取得重大突破,中国(上海)自由贸易试验区建立,区内在技术贸易领域的引领带动作用明显;虹桥商务区核心区建设基本完成,成为国际贸易中心建设新承载区。服务全国的贸易投资促进平台建设成效显著。国家会展中心(上海)全面建成,上海可供展览面积和展出总面积均居世界城市前列。国内第一个专为技术贸易设立的国家级、综合性展会中国（上海）国际技术进出口交易会永久落户，有效促进了我国与各国家和地区间的技术转移与创新合作。

4. 技术贸易环境全面优化

技术贸易发展法治环境不断优化，《上海市推进国际贸易中心建设条例》《中国（上海）自由贸易试验区条例》颁布实施，上海知识产权法院成立，跨部门打击侵犯知识产权和制售假冒伪劣商品的长效机制基本形成。国际贸易"单一窗口"上线运行，进出口环节收费清理取得积极成效，跨境人民币业务规模持续扩大，市场开放度、透明度进一步提高。

5. 外商投资引进溢出效果显著

外商投资企业是上海技术贸易的主力军，主要是跨国公司集团内部技术转移和技术援助，以及技术研发服务的输出。从技术进口来看，外商投资企业的技术贸易登记金额占总量的78%左右，而技术出口则在90%以上。民营企业占比逐步增加，出口方面更是突破了3亿美元，发展迅速。

6. 技术发展与产业升级需求带动作用明显

以"互联网＋"、云计算、大数据、物联网、人工智能为代表的新一代信息技术，以及生物医药和医疗器械技术等战略性新型产业和以装备制造为代表的先进制造业领域的技术进出口贸易快速增长，反映出本市产业升级需求进一步带动了技术贸易发展。

（二）制约因素

1. 国际贸易保护主义抬头

国际经贸格局和规则体系深刻调整，上海国际技术贸易面临经济全球化的新趋势。世界经济在深度调整中曲折复苏，全球贸易持续低迷，贸易保护主义强化。国际贸易投资规则体系加快重构，多边贸易体制受到区域性高标准自由贸易体制挑战，全球经济发展相应出现了一些新的趋势。部分国家采取的贸易保护措施，除常见的"双反"调查外，还频繁动用隐蔽性更强的手段打压外国产品，特别是中国的产品和技术，同时鼓励当地消费者购买本国产品，鼓励本国制造业在本国投资等。此外，贸易技术壁垒在技术贸易中的地位日益突出，其负面作用进一步显现，技术壁垒已占非关税壁垒的30%，其次在动态层面，技术性壁垒呈现不断增长的趋势，有关数据表明近年来技术性壁垒通报的数量以年均7%的速度递增。

2. 技术贸易市场需要进一步健全

健全的技术市场可形成有效的市场调节和激励约束机制。十八大充分肯定了市场在资源配置中的支配地位，而技术市场的发展对评价科技成果、引导科技相关资源配置也起到了支配作用。技术市场为投资者选技术、金融机构选项目、技术持有者选厂商、消费者选生活方式搭建了一个全新的舞台，技术市场发展的成熟度也直接影响了技术到产业转移的"最后一公里"。不健全的技术市场直接影响到企业的技术研发与市场技术需求信息间的通畅，从而影响企业技术贸易竞争力的形成。在技术转移过程中，技术交易服务体系扮演着十分重要的角色，是连接产学、促进科技成果转移转化的重要媒介。近年来，虽然本市技术交易服务机构在规模和数量上有所增加，但普遍还存在机构功能不完善、服务能力较弱等问题。国际技术转移中高端人才引进和培养工作重视不够。国际技术进出口是一个特殊的领域，对高端人才的要求较高，尤其是具有科技、法律、技术经营管理等专业知识背景的复合型人才。然而目前，我国尚未充分认识到复合型人才在技术转移工作中的重要性，国内既懂管理又懂技术的复合型技术经营人才非常稀缺，技术转移人才、复合型人才的引进、培养和待遇等方面的有效激励机制还有待加强。

3. 知识产权法律保护环境有待改善

近年来,我国陆续颁发了多部关于技术贸易的法律条例,也参加了多项关于技术贸易的国际公约组织,还与多个国家签署了知识产权领域的合作协议或相互谅解备忘录。但是,关于知识产权保护的法律法规仍不够全面,存在较多不足,部分法律法规内容已跟不上技术贸易的客观需要。由于技术进出口主体单位对国际技术贸易的活动规则知晓度不够,对知识产权保护及相关国际法律法规整体不够熟悉,对国际先进技术的跟踪和了解程度存在不足,故而导致技术进出口时屡屡吃亏,使企业与国家蒙受损失,并造成一定的国际技术贸易摩擦。

比如,上海高新技术产业高速发展,国际市场份额不断提升,遭受的包括知识产权在内的国外对我国发起的各种贸易调查不断增多。从上海第一大贸易伙伴美国来看,1986年至今,美国发起针对我国出口产品的知识产权"337调查"170起,上海企业涉案36起,占调查总数的21.2%,且这一数目呈逐年上升态势。在2016年美国启动的21起涉华"337调查"中,涉及上海调查案件5起,涉案产品主要集中在集成电路、电子设备等领域,知识产权各类贸易调查对国内产业影响不可小觑。

4. 技术开发与创新能力不足

大多数企业技术创新机制不健全,科研和生产不能有效结合,在技术引进中过分重视对技术、设备等的引进,忽视了对技术的消化和吸收,也很少在引进技术的同时进行改进、研发与创新,常常导致引进的现成设备或技术过时后又要继续引进,从而也造成了进口与出口逆差大。其次,企业的技术水平有限、对研发投入不足也是导致消化吸收再创新或出口能力低下的原因。虽然国家对于鼓励类技术的进口实行进口贴息的鼓励方式,但要形成一定规模并带动发展,还需很大努力。

四、上海技术贸易发展建议

（一）发展环境

1. 发挥上海区位优势,强化区域联动

首先,上海优越的基础已经使得上海成了技术贸易的高地,可以让上海发挥信息集散地的作用,以上海为中心点、长三角为辐射地,为全国其他省市做好信息对接、交易配套等服务,从而达到服务全国的效果。

其次,随着上海商务成本、人力成本的不断提高,越来越多的制造业和加工厂开始迁出上海,因此政府应多方面考虑,从而加强区域联动。对于企业而言,他们需要的是生产要素、产业和技术链条和配套服务之间的高度整合和高效流动;对于政府部门而言,需要的是管理信息的高效传递,合作管理方式的不断创新。

2. 加强自贸区辐射,发挥"双自联动"优势

张江等创新示范园区成果显著,技术创新转化为技术出口动力强等。2014年,浦东国际技术贸易规模约42亿美元,占全市的40%。其中,进口额约13亿美元,技术出口额约29亿美元;专利技术的许可或转让、专有技术的许可或转让、技术咨询和技术服务这3类技术贸易,占总额的比重在85%以上。

以"双自联动"为契机,充分发挥张江高科技园区国家级自主创新示范区、自贸试验区"双自联动"优势,通过信息互通、风险共担、利益共享的协同机制,以及科技成果、技术交易、创新产品的平台载体实现联动发展。

3. 营造良好的技术贸易知识产权环境,鼓励技术创新

实行严格的知识产权保护制度,尝试惩罚性赔偿措施,加大对侵权行为的惩治力度。综合运用审

查授权、行政执法、司法保护、仲裁调解等多种渠道,形成知识产权保护的合力。加快知识产权保护中心的建设,实现快速审查、快速确权、快速维权的协调联动,提高保护的效果。对国内企业和国外企业的知识产权一视同仁、同等保护,对国有企业和民营企业的知识产权一视同仁、同等保护,对大企业和小微企业的知识产权一视同仁、同等保护,对单位和个人的知识产权一视同仁、同等保护,营造更好的创新环境,鼓励技术创新。

4. 加强技术贸易服务建设,形成产业链配套服务体系

通过集聚技术贸易相关配套服务资源,如技术信息提供机构、风投和金融机构、专业人才培训机构、法律机构等,为技术贸易提供包含但不限于技术信息服务、金融服务、人才服务、法律服务、知识产权服务等,从而形成产业链,促进技术贸易发展。技术信息提供机构可充分发挥信息枢纽的作用,在技术贸易、技术交流、技术服务、知识产权、数据统计分析等方面将信息有效提供给需要者,从而避免信息遗漏或更新不及时。风投机构可与技术成果之间进行有效对接,也可为科研院所、企业和独立发明人等拥有的优质项目寻找融资和对接机会,有效解决企业及团队在技术开发上的资金问题等。

(二)资金保障

1. 发挥资金支撑作用,集聚技术贸易人才

通过对技术贸易高精尖人才的资金补助、住房保障、服务支撑等多方面的共同举措,引进一批具有国际视野、掌握国际资源、精通国际技术、熟悉国际规则的技术贸易领域国际化领军人才。构建技术贸易人才库,将具备法律知识、信息技术、经营管理的技术贸易人才统一纳入人才库,对人才信息进行整理归纳,对接人才需求,充分发挥人才库在积聚技术贸易高层次管理人才、创新型科技人才以及专业型服务人才上的作用。

2. 发挥公共政策激励效果,鼓励企业研发投入

制定激励企业投资于研发的公共政策,加强企业尤其是高技术企业和大中型企业建立和完善技术研发中心,形成比较健全的技术开发体系,在主导产品的关键技术和集成技术上尽快形成自主开发能力;充分利用各方面的有效资源,对重点领域、重点项目的技术引进工作进行联合行动,开展消化吸收与创新工作。扩大对外开放,坚持国际合作,寻求在世界范围内配置科技资源;鼓励企业与科研机构合办工程研究中心、工程技术研究中心;推动建设以企业为主、政府扶持、大学与科研院所参加的产学研协同研发体系,广泛建立技术创新战略联盟等,共同开展投标、引进技术消化吸收和自主创新等工作,通过税收优惠和加大国家财政投入的手段,鼓励企业加大引进技术消化吸收和自主创新投入力度,促使企业真正成为技术创新的主体。

进一步加大科技中介与技术经纪机构扶持、创新载体建设、企业孵化、产学研项目支持、科技创新平台与国家级技术进出口平台支持、进口贴息、免进口税、高新技术产业化、技术改造支持、科技贷款风险补贴、优秀科技企业奖励、上市培育、总部企业支持、配套资助等政策,并对这些政策进行有效沟通与整合,加强合力,提高企业对政策的知晓度。

3. 发挥市场机制作用,构建技术创新融资渠道

风险投资是促进企业技术创新并使技术创新成果尽快转化为商品的"催化剂",风险投资可以大大拓宽融资渠道。风险投资的发展应该以政府引导和鼓励为主,要努力争取国内外证券公司、跨国公司、企业集团及其投资机构共同参与,并且积极面向公众筹集资本。从而充分发挥市场机制的作用,放大政府投入与政府引导的杠杆效应,鼓励政府出小头、社会出大头的创投引导资金发展。政府资金必须明确退出机制与风险收益机制,一方面宽容失败,另一方面激励社会机构认真运营。

（三）平台建设

1. 发挥技术贸易发展促进机构的作用，形成技术贸易发展体系

技术贸易的发展离不开促进机构的支撑，一方面建立健全本市技术贸易发展促进机构并充分发挥其作用，如上海技术交易所，为市场提供技术买卖信息、项目对接、技术评估和咨询、投融资中介、活动策划、市场调研、管理培训等服务。又如上海国际技术进出口促进中心，通过其中国（上海）国际技术进出口交易服务平台，包含官方网站及移动载体 APP 于一体，覆盖技术贸易政策、技术供需项目、技术交易服务等内容，形成线上线下一体化的信息化工作平台，建立和完善技术贸易企业和项目数据库。另一方面与国外组织和机构建立广泛联系、互通信息，从而保证信息的准确性、时效性等。同时可以建立技术贸易合作机制，引导国内企业与跨国公司或发达国家技术先进企业建立战略合作关系，进行技术研究交流合作。

2. 充分利用"上交会"平台，继续探索创新的技术贸易途径

"上交会"是我国首个集技术展示和交易服务为一体的国家级、国际性、专业性的展会。坚持"国际性、引领性、互动性"的办展方向，积极探索优势资源共享，着力拓展国际资源合作网络，不断提高展会的国际化、专业化、市场化水平，是承载我国技术贸易发展的重要平台。自 2013 年第一届"上交会"成功举办以来，至今已经举办了五届。虽然其已集聚许多优势资源，但更应借助原有的基础，继续做大做强"上交会"，在展会内容、展会形式、合作对象、知识产权等方面进行更深更广的突破，力争成为上海科创中心建设的智力担当与技术支撑，更为 2040 上海迈向"卓越的全球城市"夯实基础。

3. 服务国家"一带一路"建设，推动"一带一路"技术贸易平台搭建

建设支撑国家自由贸易区和"一带一路"的重要枢纽城市。落实国家自由贸易区战略，全方位参与自由贸易区等各种区域贸易安排合作，深度服务参与国际规则制定，构建互利共赢的自由贸易区网络。构筑"一带一路"技术贸易投资网络，加快与沿线国家科技相关部门和重要经贸节点城市等签署经贸合作协议和备忘录，鼓励企业到沿线国家开展国际技术进出口合作，发掘"一带一路"技术贸易亮点，充分利用本土和沿线国家的品牌展会等平台扩大技术进出口规模，支持沿线国家在沪建立技术贸易平台。同时，以"一带一路"与亚太自贸区路线图为切入点对接国际市场，搭建"一带一路"领域专门的技术贸易交易平台，引入相关的配套服务机构，如风投机构、专业人才培训机构、法律机构等，从而为技术贸易的交易提供强有力的支撑，提高技术贸易成功率。

执笔：上海软件对外贸易联盟

上海数字贸易发展报告

随着信息技术的快速发展,全球产业结构、组织生产方式和产品内容等都发生了深刻变化,在这种趋势的推动下,逐渐产生了一种新的贸易形式,即数字贸易。由于数字贸易产生时间较短,因此目前世界上大多数国家的数字贸易还处于初期发展阶段。数字贸易依托互联网技术,贸易对象多为知识产权密集型的产品和服务,随着新技术的不断涌现,其形式不断增加。

随着互联网络的广泛应用,数字经济成为中国经济发展的重要驱动力之一,2016 年的 G20 领导人杭州峰会首次提出全球性的《二十国集团数字经济发展与合作倡议》,习近平总书记也多次强调,世界经济正加速向以网络信息技术产业为重要内容的经济活动转变。我们要把握这一历史契机,以信息化培育新动能,用新动能推动新发展。

一、上海数字贸易发展现状分析

近年来,在全球数字贸易规模不断扩张的背景下,上海数字贸易进入快速发展期。从数字贸易四个大类来看,上海在搜索引擎和社交媒体方面的竞争力较弱,但在数字化内容和其他类数字服务方面已具备一定的规模优势。此外,广告产业采用数字制作和交付的趋势十分明显,互联网投放的比重也越来越大,产业整体数字化程度较高。其他类数字服务主要包括各类技术类服务,如数字化的服务外包和技术贸易业务。上海数字贸易出口主要由上述两类业务组成。2017 年上半年,上海共实现数字贸易出口 39.6 亿美元,占全市服务出口额的 15.6%。其中,数字内容服务出口 12.6 亿美元,数字化服务外包和技术贸易出口额为 27 亿美元。

(一)上海数字文化贸易

以数字化形式储存的各种有价值的信息就是数字(内容)产品。具体来说,数字文化产品即以数字化形式储存的文化资源。包括数字音乐、数字视频、电子图书、网络动漫、手机出版物等。而对于电视媒体来讲,主要是指我们平时观看的各种数字化视频和数字化的音频等产品。总体来说,上海网络文学占全国市场的份额达 90%,网络游戏占全国市场份额超 30%,网络视听产业占全国市场份额的 25%。

1. 数字出版物

近年来,数字出版行业发展态势迅猛,传统出版企业纷纷向数字出版转型,数字出版成为行业发展的必然趋势。与传统纸质出版物相比,数字出版物具有自己鲜明的特征:无实物形态、网络化传递、高固定成本低边际成本、根据市场需求可以无限量供给,等等。从成本性态分析来看,数字出版物的产品成本基本均为固定成本,变动成本几乎为零,而传统出版物的变动成本如直接材料、直接人工、加工费,对于数字出版物而言都是固定成本。

2016 年上海数字出版继续保持高速增长,数字出版成上海新闻出版业第一大产业。据初步统计,2016 年上海新闻出版各行业总计实现营业收入约 1 962 亿元,同比增长 8.1%。其中,数字出版继续快速增长,实现营业收入约 883 亿元,同比增长 18%,首次超过印刷行业的 833 亿元,成为上海新闻出版第一大产业,占比超过 45%。

对外版权输出增速加快,音像制品、电子出版物、数字出版物的贸易逆差逐年增大,数字出版物出口占出版物出口比重进一步提高。2016 年,全国共输出版权 11 133 种,较 2015 年增长 6.3%,提高 4.6 个百分点;其中,输出出版物版权 9 811 种,增长 10.7%,提高 9.2 个百分点,且较引进出版物版权增长速度高出 3.2 个百分点;电子出版物版权贸易实现大幅顺差,净输出 1 047 种,增长 192.5%,输出品种数量为引进品种数量的 5.8 倍。全国累计出口图书、报纸、期刊、音像制品、电子出版物和数字出版物 11 010.8 万美元,增长 5.0%,其中数字出版物出口 3 055.3 万美元,增长 29.1%,占全部出口金额的 27.7%,提高 5.1 个百分点。

在数字出版几大板块中,上海网络游戏发展速度领跑全国,在全国游戏产业中举足轻重。网络文学营收 23 亿元,增长 28%;网络游戏 564.6 亿元,增长 13.1%,占全国市场三分之一以上。自 2014 年上海在全国率先试点国产游戏属地审批以来,由于审批时间明显压缩,企业获益,对网络游戏企业在上海创业发展增加了吸引力。2016 年全国约有 3 800 款国产游戏获批,上海占 31%。

2. 数字游戏

上海网络游戏销售收入增长呈放缓趋势,移动游戏占比逐年增长。2016 年,上海网络游戏销售收入约为 564.6 亿元,同比增长 13.1%。上海游戏市场收入主要由客户端游戏、移动游戏和网页游戏构成,各自对总收入贡献程度也在发生变化。2016 年,移动游戏市场占有率已基本与客户端游戏持平,客户端游戏与网页游戏的市场占有率进一步下降,移动游戏占比从 2015 年的 21% 上升至 2016 年的 35%,客户端游戏和网页游戏占比则分别从 2015 年的 43% 和 36% 下降至 2016 年的 37.5% 和 26.5%。2016 年 6 月起,移动游戏纳入审批范围,截至 2016 年底,上海市新闻出版局共受理各类网络游戏申报 1 620 款,比 2015 年增加 250%,其中移动游戏 1 450 余款,占 90%。

表1　2015—2016 年上海网络游戏销售规模和产品结构数

	市场占有率		销售收入(亿元)	
	2015	2016	2015	2016
总　　计	100%	100%	499.3	564.6
客户端游戏	43%	37.5%	208.4	211.5
网页游戏	36%	26.5%	118.1	149.4
移动游戏	21%	35%	130.0	197.8

网络游戏出口贸易增长趋势明显。由于近年来网络游戏市场竞争越发激烈,开发海外市场成了保持收入增长的重要选择。2016 年,在上海游戏出版产业中,网络游戏海外销售收入约为 7.752 亿美元,同比增长率约为 11.6%。

VR 游戏成为游戏创业创新的新亮点。不少 VR 游戏团队应运而生,而大的游戏企业也开始布局研发 VR 游戏。2016 年经营收入近 510 亿元,比上年同期增长 15% 左右,占全国 1/4 份额。截至 2016 年底,上海有 16 家上市游戏企业,占全国上市游戏企业数 10.1%,仅次于北京和广东。新三板挂牌游戏企业 25 家,占全国 21.7%,仅次于北京。

移动游戏已经成为推动上海网络游戏增长的新驱动力,ARPU 值和付费率的提升发挥重要作用。从技术层面讲,手机端等移动游戏具备开发周期短、研发及运营成本低等特点。再者,移动游戏用户付费习惯逐渐养成,每用户平均收入(ARPU)值、付费率提升明显。随着游戏产业人口红利逐渐消退,游戏产业规模整体驱动力已经从人口基数转向精细化运营提升 ARPU 值和付费率。数据显示,2016 年移动游戏付费率达到 68.4%,较 2015 年大幅提升了 21.8 个百分点;从用户付费能力看,月均为游戏付费在 50 元以上的用户比例由 2014 年 31% 提升至 2016 年的 54.8%,付费能力提升明显。随着移动游戏玩家收入水平提高,付费意识提升,网络支付途径便捷化以及移动游戏重度化精品化有效提高用户黏性,移动游戏付费用户占比有望进一步提升。

行业自主研发的热情与能力进一步加强。2016 年,上海游戏产品中,自主研发游戏产品数量占比约为 92.3%。经上海市新闻出版局报送的自主研发游戏产品数量为 1 251 款,是 2015 年的 3 倍以上。2016 年,上海自主研发网络游戏销售收入约为 427.4 亿元,同比增长 10.6%。

"简政放权"、制度创新加快网络游戏产业的发展速度。一是出台移动游戏出版管理办法,为游戏出版机构及相关从业企业提供具体、可操作的移动游戏内容标准细则。二是逐步扩大国产网络游戏属地管理试点范围。三是做好游戏机游戏的审核管理工作。在保证游戏内容质量的前提下,缩短审核时间。四是进一步精简游戏申报材料,规范审查审批工作流程。五是继续加大监管力度,深入推进"净网""剑网"等专项治理行动,加大网络游戏防沉迷系统实施力度,规范市场秩序。对这些措施的坚持,尤其是游戏审批效率的提高,使得上海游戏在出版方面极具优势。2016 年,上海继续保持在游戏出版审批方面的优势,不仅借助这一优势服务了上海现有游戏企业,更是吸引了大批其他地区游戏企业前来上海。

3. 数字电视

所谓数字电视是将传统的模拟电视信号经过抽样、量化和编码转换成用二进制数代表的数字式信号,然后进行各种功能的处理、传输、存储和记录,也可以用电子计算机进行处理、监测和控制。数字电视系统是将活动图像、声音和数据,通过数字技术进行压缩、编码、传输、存储,并实时发送/广播或者经过记录媒体的传播,供观众接收/播放的视听系统。依据香农(Shannon)的信息论,数字电视涉及 3 个领域:信源部分(发送端)、信道部分(传输/存储过程)和信宿部分(接收端)。与传统模拟技术不同,数字电视从电视节目录制、播出到发射、接收,全部采用数字编码与数字传输技术,并采用数字信号进行编码和解码,代替传统模拟信号。

电视数字内容产品是文化产业的核心。信息的采集、合成和传播在技术条件下,日益和谐地集成于一个共同平台,所有与信息内容传播有关的文字、图片、声音、影像、动画等内容经全新的技术范式融合,都可以由一种媒介独立完成,从而使媒介的内涵正在从原先的"物质媒介"逐渐"软化"。"软化"后的媒介产业经过整合,最终形成综合了各种媒介形态、媒介传播内容、媒介内容生产与流通的内容产业。电视数字内容产业作为数字化时代催生的发展迅速的新兴产业,已引起各界的充分关注,无论学界业界,都无一例外地把内容产业当成媒介产业或文化产业的核心。

数字电视继承了传统电视的优点并具有明细的技术特点。一是先进的信源压缩编码技术(图像、声音、数据)。二是先进的数字传输/存储技术。三是先进的传送技术:对数据结构、语法和语义作出通用的规定,便于各类信息的国际交流,这就为数据广播和交互业务,以及数字电视网与计算机网、电信网三网融合,提供了广阔的应用前景。四是海量信息传输:通过有线、地面和卫星网络可以传输海量的信息,分别对应有线数字电视、地面无线数字电视和卫星数字电视。数字电视的节目数量,理论上可以达到 500 个频道以上。五是节目可复制性:因为数字电视节目都是采用数字技术制作的,是二进制的数字信息,节目复制完全不会出现节目质量变化,改变了传统电视模拟信号复制依次衰减的状况。数字电视系统可以按照其活动的图像比特率的大小,大致划分为标准清晰度数字电视(SDTV-Standard Definition TV)和高清晰度数字电视(HDTV-High Definition TV)。SDTV 和 HDTV 的数字电视业务应用于不同的领域和场合,以满足广大消费者多层次的需要。它们两者不是相互替代的关系,将长期共存。

4. 互联网络电视

2015 年,上海网络视听骨干企业营收 103.6 亿元。行业自制内容增加,自制网络剧总量比 2014 年增长 80%,部分自制网络剧和自制栏目分销到上星频道播出。百视通与东方明珠换股合并,成立"上海东方明珠新媒体股份有限公司",该公司发售互联网电视"风行电视",2015 年已出货超 40 万台,互联网电视用户总数 220 万户。微鲸科技发布互联网电视,全年共售出超过 15 万台微鲸互联网电视机,用户每日开机率 65%。东方明珠 IPTV 用户 2 250 万户。中国(上海)网络视听产业基地主楼区域交付使用,首批入驻企业进场装修,基地公共服务平台基本建设完毕,中国(上海)网络视听产业基地投入运营。

上海 IPTV 用户使用数逐年增加,网络媒体未来发展潜力巨大。交互式网络电视(IPTV)是一种集互联网、多媒体、通信等多种技术于一体,利用宽带资源为主要传输网络提供多媒体信息服务,以电视机、计算机等为显示终端的媒体服务,是互联网业务和传统电视业务融合后产生的新业务。IPTV 是利用计算机或机顶盒加电视完成接收视频点播节目、时移电视、视频广播及虚拟频道等功能。根据对 IPTV 的定义,可以知道它是获取广播电视媒体的重要渠道,同时也可以承担传输数字电视的任务。当今社会,电视节目已经完全不能满足消费者对媒体信息的需求,例如对英美剧、韩剧、日漫、国外综艺等的需求,而由于广播电视的限令,这些内容几乎不可能出现在电视上,而 IPTV 在带宽能够达到一定的标准情况下,无疑会成为非常好的补充乃至替代。根据近几年的统计数据,上海用户的平均下载速度从 2014 年的 5.28 Mb/s 到 2016 年的 14.03 Mb/s,IPTV 用户的使用数也从原来的 200 万户增加到 230 万户;并且从 2016 年开始,在运营商的营业厅办理宽带业务,基本上都免费赠送了 IPTV 盒子,交一份费用,享受多项服务。

上海数字电视用户数逐年上升,但增量逐年减少。2014、2015、2016 这三年的数字电视使用用户数分别为 604 万户、662 万户和 682 万户,但增量则分别为 58 万户和 20 万户。造成这一现象的原因:一是用户的流失。一方面来自电信运营商的围堵,一方面来自网络电视的冲击,这抢走了大量年轻的用户。二是 IPTV 和网络电视不仅能看直播、回看、点播,而且视频资源更加丰富,用户可操作性更强。在宽带方面,广播电视差距就大了,比如网慢、卡顿。三是面对外部重压,有线电视内部出现混乱。首先设备采购问题突出,机顶盒故障、光机故障层出不穷。其次,部门之间缺乏有效沟通、互相推卸责任,很多职位在其职不谋其事。营销基本在营业厅营销,偶尔出去摆点,而电信移动基本采用小区摆点、上门推销、电话营销的方式。对于用户抛弃有线电视的原因,有业内人士指出,存在互动点播内容不新颖,更新速度慢,宽带出口不稳定,路由跳数多,CDN 缓存、直连少,内网流量跑不起来,城域网缺少实时监控等诸多需要注意的问题。

下一代广播电视网(NGB)大幅拓宽广播电视媒体的增值空间。下一代广播电视网是指电信网、互联网和有线电视网三网融合,有线无线相结合、全程全网的广播电视网络。既可以为用户提供高清晰电视、数字音频节目、高速数据接入和语音等三网融合业务,也可为科教、文化、商务等行业搭建信息服务平台,使信息服务更加快捷方便。还具有强大的监管能力,解决了垃圾信息、不良信息的困扰,为网络的可控可管提供了有效解决方案。NGB 的网络核心传输带宽将超过 1 000 Gb/s、保证每户接入带宽超过 60 Mb/s,比现有平均网速快近百倍,具有可信的服务保障和可管可控网络。NGB 的特点首先表现在融合的互动性。NGB 未来的发展趋势是双向宽带,因此,NGB 的业务体现的是广播式数字电视,实现互动业务完美的融合。其次是全媒体性。全媒体性是能够综合呈现视频、音频、图片、文字等多种媒体的形式。实际上,NGB 将使所有的电视机成为生活的虚拟终端。

上海 NGB 用户逐年上升,同样为网络媒体发展提供了巨大的市场资源。2014 年上海 NGB 覆盖用户数为 600 万户,2015 年则为 680 万户,2016 年则达到了 744 万户。因而可以说,NGB 将会成为多媒体传输的重要渠道,传输数字电视是它的一项基本能力。与 IPTV 类似,NGB 的普及也受到家庭能接收的带宽的影响,例如前面提到的需要达到 60 Mb/s,但随着技术的发展,获取高带宽的成本也将越来越低,未来 NGB 的覆盖率将持续上升。

表2　分地区广播电视实际数字、互联网络电视收入

(单位:万元)

地　区	2014				2015			
	网络收入	有线广播电视收视费收入	付费数字电视收入	NGB业务收入	网络收入	有线广播电视收视费收入	付费数字电视收入	NGB业务收入
全　国	8 272 101	4 573 905	665 108	579 657	8 660 586	4 751 534	702 337	845 340
北　京	383 274	108 649	20 529	55 179	261 703	115 111	5 704	57 299
天　津	103 239	51 033	3 514	24 392	109 488	47 921	6 725	26 094
上　海	330 337	149 318	36 394	9 012	346 931	157 111	45 494	40 227
重　庆	208 944	106 574	19 858	30 544	249 676	125 457	19 964	44 958

注:其他网络收入没有在表格中列明。

　　上海广电部门的数字、互联网络电视收入额逐年增大,付费数字电视业务和 NGB 业务的发展速度大大快于其他直辖市及全国平均水平。从分地区广电部门的数字、互联网络电视的网络收入来看,2014 年四个直辖市的排名是北京、上海、重庆和天津,2015 年上海网络收入超过北京,排名第一。从有线广播电视业务、付费数字电视业务和 NGB 业务对网络收入增长的贡献度来看,全国的有线广播电视业务、付费数字电视业务和 NGB 业务的贡献度分别为 46%、10% 和 68%,而上海的有线广播电视业务、付费数字电视业务和 NGB 业务的贡献度分别为 47%、55% 和 188%,反映出上海付费数字电视业务和 NGB 业务的发展速度大大快于其他直辖市及全国平均水平。

5. 数字电影

　　3D 技术和巨幕电影是数字电影发展的强大动力。所谓数字电影,是指以数字技术和设备摄制、制作、存储的故事片、纪录片、美术片、专题片以及体育、文艺节目和广告等,通过卫星、光纤、磁盘、光盘等物理媒体传送,将符合技术要求的数字信号还原成影像与声音,放映在银幕上的影视作品。随着 3D 技术的成熟与巨幕电影系统给人们带来的优越的观影体验,越来越多的影院为了迎合消费者的需求,更新了影院设备,使得 3D、巨幕随处可见。举例来看,巨幕影院集团 IMAX 在 2016 年与大连万达集团旗下万达院线达成协议,未来六年将在万达院线新建 150 家 IMAX 影院,当新协议履行之后,万达旗下 IMAX 影院数量增加 70% 以上。

　　上海消费者对电影的市场需求非常巨大。数据显示,2016 年上海电影总票房为 30.37 亿元,占全国总票房的 6.64%,夺得 2016 年度城市票房冠军。在影院建设方面,上海共有影院 253 家、银幕数 1416 块、座位数 21.2 万个,已成为全国拥有影院数和银幕数最多的城市。全国 2016 年票房过亿元的国产影片有 43 部,由上海参与出品的有 12 部,占总数的 27.9%。

(二)软件信息服务业

　　2016 年,上海软件产业紧密围绕"四新"经济发展和目标,坚持鼓励龙头企业和培育新兴企业共同发展的原则,对接工信部软件名城和信息消费工作部署,着力推进产业发展,不断加快建设试点示范,拓展培育新兴产业和业态,加强产业基础建设,夯实核心领域优势,不断提升上海软件产业高地和

资源集聚的领先地位。

表3 上海软件产业发展的主要指标

	2016	2015	2014
软件产业经营收入(亿元)	4 074.16	3 526.16	3 001.36
同比增长	15.50%	17.50%	21.80%
信息服务全行业经营收入(亿元)	6 904.35	6 010.86	5 106.94
同比增长	14.10%	17.70%	18.30%
软件产业经营收入/软件服务全行业经营收入	59.01%	58.66%	58.77%
软件从业人员(万人)	50.2	44.9	42.8
出口金额(亿美元)	36.86	35.52	38.49
软件产业全行业实现利润总额(亿元)	623.35	532.45	408.2
同比增长	17.1%	30.40%	
平均营业利润率	15.3%	15.10%	13.60%
经营收入超亿元企业数(家)	444	409	349
经营收入超10亿元企业数(家)	58	44	38

上海软件产业能级取得新突破,营收跃上4 000亿元新台阶。随着全球范围内数字经济发展趋势愈发明显,全球软件与信息服务业处于产业恢复和快速发展时期,在这一背景下,上海软件产业能级逐年稳步提升,自2008年本市软件产业规模突破1 000亿元大关,2012年突破2 000亿元,2014年上海软件产业规模又突破3 000亿元大关,2016实现营业收入4074.16亿元,比2015年同期增长15.5%,上海软件产业能级跃上一个新的台阶。2016年实现利润总额623.35亿元,比2015年同期增长17.1%,平均营业利润率为15.3%。

上海软件出口实现增长,出口国家由美日为主向多元国家发展。2016年上海软件出口额达到36.86亿美元,比2015年同期增长3.77%,由2015年的负增长转为正增长。2016年中国软件出口市场达180多个国家和地区,居前10位的国家和地区分别为美国、中国香港、日本、韩国、新加坡、中国台湾、德国、英国、芬兰、瑞典。2016年我国向美日欧三大经济体的软件出口额170.4亿美元,占软件出口总额的二分之一。

软件主要出口方式仍是信息技术外包(ITO),但结构呈现不断优化。通过信息技术外包我国实现的软件出口金额330.5亿美元,占比96.6%;软件产品出口金额11.8亿美元,占比3.4%。2016年软件研发外包、信息技术服务外包、运营和维护服务三项出口金额分别为228亿美元、59亿美元和42.5亿美元,占信息技术外包总额比重分别为69%、17.9%和12.9%,逐步呈现出以软件研发外包为主,集成电路和电子电路设计、电子商务平台服务等不断丰富的多元化出口结构,IT解决方案等高附加值业务量逐步提升。2015年上海完成软件和信息技术服务业出口收入35.15亿美元,超出2014年软件和信息技术服务业出口收入4.58亿美元,与前年相比对外贸易依存度维持在7.2%左右,国外需求的带动力出现回稳迹象。其中,2015年上海软件和信息技术服务业外包服务出口收入为10.75亿美元,与2014年相比,出口收入增加1 767万美元。上海是国家认定的国家级软件产业基地、中国服务外包示范城市,同时上海也是国家首批认定的服务外包基地城市之一。多年以来,上海软件出口一直走在全国前列。

软件行业盈利能力稳中有升,人民币升值依然影响出口外包类软件企业利润。2016年软件业实现利润总额623.35亿元,比2015年同期增长17.1%,平均营业利润率为15.3%。利润率相较以往,保持稳中有升。值得关注的是:着眼长远发展,个别细分子行业或企业盈利能力需要提升。首先,随着我国经济发展进入"新常态",中国经济告别了30多年的高速增长,进入稳中求进、升级换档的状态。

作为服务于其他产业的现代服务业,特别是传统软件企业不可避免地受到了影响,需要进一步提升盈利能力;其次,新兴的软件信息技术服务企业,由于竞争加剧,企业在研发、市场推广、投资并购、人才争夺等方面不断加大投入,虽然营业收入增长较快,但利润水平出现下滑。这在游戏、旅游、房产信息服务等细分产业表现明显;第三,由于传统出口市场日本经济持续低迷,人民币汇率相对走高,出口外包类软件企业营业收入有一定增长,但利润水平出现下滑。

上海从事软件业企业数增幅明显,行业发展的主体阵容迅速扩大。与其他城市相比,上海软件企业数呈现趋势性上升态势。尽管2010年上海的软件企业数少于北京、广州和深圳,只有1 479家,但上海的软件企业增长速度与其他城市相比,明显比较迅猛,特别是2012年,随着《上海推进软件和信息服务业高新技术产业化行动方案(2009—2012年)》等政策效应的逐步显现,软件企业数出现加速增长,迅速壮大了上海软件业发展的主体阵容,到2015年上海的软件企业已达到3 030家,超过北京的软件企业数。

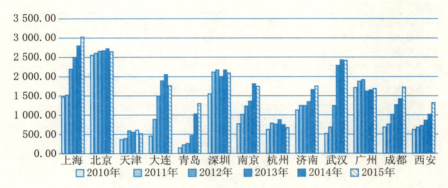

图1　2010—2015年各城市软件企业数

上海软件企业的单位规模较小,市场集中度不高,同业竞争相对激烈。从总量上来说,上海软件企业数量规模已达到国内相对领先水平,但是上海的软件企业业务收入总量尚未超过北京和深圳。值得一提的是,上海软件企业业务收入的同比增幅大于同期企业数的增幅,上海软件业单位企业业务收入(业务收入/企业数)出现上升趋势,但是与其他城市相比,上海软件业的单位企业业务收入水平不如北京、天津、杭州、南京和广州。

人力、土地和科技等要素投入成本的快速上升直接导致了利润的下降。从软件产业平均资产收益率(利润总额/资产总额)来看,上海基本处于全国平均水平,虽然没有像深圳和杭州的软件业一样表现出相对较高的资产收益率,但是好于前期产业基础相对较好的北京。而影响该指标的最直接因素是,利率总额增速趋缓。一般而言,若上海软件业的劳动生产率(业务收入/从业人员数)出现下滑,

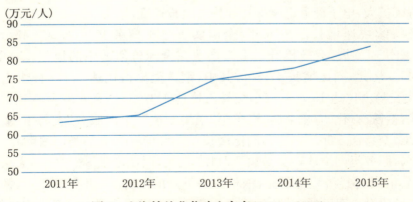

图2　上海软件业劳动生产率(2011—2015)

可能会导致利润出现下降,然而根据图2数据显示,上海软件业的劳动生产率呈现出上升趋势,反映出上海软件业仍然处在发展阶段,未来增长潜力巨大。我们可以判断,人力、土地和科技等要素投入成本的快速上升直接导致了利润的下降。

随着科技投资效应的逐步发酵,未来在行业发展中会表现出越来越强的竞争力。2015年上海软件和信息技术服务业 R&D 经费投入为453亿元,比前年增加了107.3亿元,增加率达到5.5%和44.2%。上海加强软件和信息技术服务业 R&D 经费投入是造成上海软件和信息技术服务业利润总额和资本收益率下降的重要原因之一。然而加大对 R&D 经费的投入是实现技术升级,加快产品创新,提升产品市场竞争力的重要抓手,是对未来产业发展的核心投资,即便在流量上会反映出行业生产效率和盈利能力的短期下滑,但是随着科技投资效应的逐步发酵,未来在行业发展中必定会表现出越来越强的竞争力。

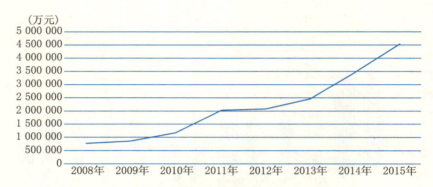

（万元）

图3　上海软件产业研发经费(2008—2015)

（三）电子商务

电子商务从制造业、商贸业、旅游业等重点领域开始,加速向各行各业渗透。互联网金融、跨境电子商务、社区服务电子商务等成为新的亮点,电子商务与咨询、广告、营销等新兴服务业加快创新协作,技术、物流、支付、认证、数据等电子商务支撑服务业不断完善,电子商务产业链体系逐渐形成。2016年,全市电子商务发展紧紧围绕"四个中心"和"科创中心"建设,落实国务院《关于大力发展电子商务培育经济动力的意见》《关于深入实施"互联网+流通"行动计划的意见》等文件精神,取得了较好的成效和进展。国家电子商务示范城市建设进一步深化,"互联网+流通"促进线上线下融合进一步深入,"互联网+"创新实践区建设范围进一步扩大,跨境电子商务发展持续推进,电商环境持续优化,开放与交流合作持续扩大,电子商务继续保持较快的增长速度。

上海电子商务持续快速增长。2016年,全市实现电子商务交易额 20 049.3亿元,同比增长21.9%。电子商务的快速发展,有效提升了上海产业在全球价值链中的地位。其中,B2B 占比高达72%,交易额 14 445.6亿元,同比增长17.3%,其中,钢铁交易占比达47%,石油化工类交易占比达31.7%,有色金属类交易占比达13.7%,汽车交易占比达1.37%,这意味着上海几大优势制造行业已跨入电子商务时代,钢铁、石化、有色金属、汽车等"上海制造""上海服务"交易市场已实现转型升级。网络购物(B2C/C2C)交易额 5 603.7亿元,同比增长35.4%(其中,商品类网络购物交易额 2 991.9亿元,同比增长32.9%,服务类网络购物交易额 2 611.8亿元,同比增长38.4%)。大宗商品贸易平台交易额超过1.3万亿元,在外部经济环境不振,钢材价格下降的形势下,仍实现了6.2%的增幅,目前,10家大宗商品现货市场建设方案已通过评审,其中6家已上线运营开展大宗商品现货保税交易,实现了交易标的、交易参与方和交易价格的国际化。

跨境电子商务融合创新发展。跨境电子商务平台全年实现了30.8％的增长,较2015年首季度增速翻番,上海跨境电商平台快速发展。电子口岸跨境电商公司平台交易笔数1 100万笔,交易金额超过24亿元,同比增长近7倍。2016年,上海市加强跨境电商与传统商贸业态交融创新发展,推进外高桥"前店后库"模式与日韩国别商业馆联动运营,推动百联集团、绿地集团、城市超市、经纬集团等各类型传统商业主体探索跨境电商实体店、社区店和O2O联动模式发展。推动上海跨境电商公共服务平台、信息服务的特易信息、交易服务的西域机电、物流服务的东航物流等10多家外贸和跨境电商综合服务提供商做大做强。

电子商务发展进一步推进电子口岸和国际航运中心综合信息共享平台建设。2016年,上海电子商务继续助力电子口岸建设,取得了积极成果。其中,基础平台承载的电子化单证约200余种,年单证处理量超过2.47亿个,同比下降8.5％;平台稳定性达99.99％。截至2016年底,电子支付平台处理海关关税支付1 806.9万笔,比2015年增加9％;支付金额1.3万亿元,比2015年增加7.4％;用户数约8.3万家,比2015年增加3.7％。2016年,国际航运中心综合信息共享平台通过项目终验收,各项功能运转良好,上线企业达8 000多家,处理超过3 000万笔交易,为"上海国际航运中心"建设提供支撑。2016年航运电子结算业务稳步增长,电子结算用户数量拓展至2 100多家,年在线交易票数52.31万票,交易金额达9.37亿元人民币。航运电子结算为航运物流企业优化结算流程,规避资金风险,提升口岸物流效率发挥了重要作用。国际航运中心门户网站栏目不断升级优化。

电子商务总部集聚与对外拓展不断强化。国内外电子商务总部在上海加速集聚,电商企业在丰富本地消费市场的同时,也加快了在全国的发展布局。麦德龙、家乐福等国内外传统商贸企业在自贸区设立全球或亚太电商及跨境电商总部,支付宝总部从浙江搬迁至上海浦东;万达电商于2015年5月在上海设立总部;顺丰在上海设立第二总部,建设"顺丰国际物流园"项目。1号店已在北京、上海、广州、武汉、成都等地建设六大运营中心,全国仓库总面积为30万平方米,在全国40个城市自建配送站点近200个,在北京、天津、上海、广州、深圳、东莞、苏州、昆山等8个城市已实现当日达,全国166个城市实现次日达。截至2015年第三季度,大众点评月活跃用户数超过2亿,覆盖全国25 00多个城市及全球200多个国家和地区的800座城市。除上海总部外,大众点评已经在北京、广州、深圳等250多座城市设立分支机构。上海还纳入"中国省与美国华盛顿州合作机制",开展"华盛顿州"中美互联网＋商务协同创新论坛,组织推动执行中美互联网＋商务协同发展合作机制,促进双边电商发展。

平台经济总体规模趋于平稳。2015年,上海平台经济交易规模达1.6万亿元,比2014年增长11.4％,增速高于全市商品销售总额。分类型看,大宗商品贸易平台23家,消费品和生活服务平台42家,专业配套服务平台35家,跨境电子商务平台3家。分规模看,上百亿级平台有16家,其中千亿级平台4家,百亿级平台交易额之和占全市平台总额的93.5％。上海已在汽车、钢铁、有色金属、石化、天然气、食品、医药、物流资源、生活服务等领域,培育了一批服务、辐射长三角及全国市场的功能性平台,如在大宗商品领域,有色金属、石化、钢铁行业现货贸易额已分别占全国的60％、20％和15％。

(四) 数字贸易产业布局

上海数字贸易的产业基础在于文化创意产业的数字化发展,贸易模式的核心内容是电子商务和互联网金融。据此针对上海128家文化创意产业园区进行梳理,选取128家文化创意产业园区中将发展方向放在数字出版、网络视听、数字影视等数字化发展的园区,结合全市41家软件信息产业园区,整理出上海数字贸易产业在各区的布局。

表4　上海数字贸易产业基地各区分布情况

所在区	序号	基地名称	所在区	序号	基地名称
浦东新区	1	浦东软件园	长宁区	44	上海虹桥临空经济园
	2	临港软件园		45	多媒体产业园
	3	陆家嘴软件园		46	慧谷白猫科技园
	4	金桥由度创新园		47	映巷创意工场
	5	莘泽智慧园		48	创邑河
	6	张江互联网金融园		49	聚为园
	7	宏慧·音悦湾		50	湖丝栈创意产业园
	8	上海张江文化创意产业园区	普陀区	51	上海天地软件园
	9	国家对外文化贸易基地（上海）		52	上海武宁科技园
	10	金领之都		53	华东师大科技园
黄浦区	11	科技京城		54	"谈家28"
	12	宏慧·盟智园		55	中华1912文化创意产业园
	13	8号桥		56	加减乘除创意园
	14	江南智造——上海8号桥创意产业园（二期）		57	E仓文化创意产业园
	15	江南智造——上海8号桥创意产业园（三期）	杨浦区	58	湾谷科技园
				59	复旦软件园
	16	江南智造——soho丽园		60	杨浦科技创业中心
	17	江南智造——智造局二期		61	上海教育服务园
	18	卓维700		62	创智天地——云计算创新基地
静安区	19	多媒体谷		63	东纺谷创意园
	20	市北高新		64	63号设计创意工厂
	21	龙软信息服务外包园	宝山区	65	上海宝山科技园（动漫衍生产业园）
	22	E构空间		66	上海长江软件园
	23	新华文化科技园		67	博济·智汇园
	24	汇智创意园		68	智力产业园
	25	静安现代产业园		69	M50半岛1919文化创意产业园
	26	传媒文化园	闵行区	70	紫竹高新区
	27	3乐空间		71	云部落TMT产业园
	28	创意仓库		72	863软件产业孵化基地
	29	大宁德比易园		73	中国（上海）网络视听产业基地
徐汇区	30	漕河泾开发区	嘉定区	74	3131电子商务创新园
	31	普天信息产业园		75	嘉定工业区互联网金融产业基地
	32	慧谷创业		76	上海南翔智地文化产业园
	33	上海贝岭科技园		77	东方慧谷——上海文化信息产业园
	34	越界创意园	虹口区	78	空间188
	35	浦原科技园		79	中国出版蓝桥创意产业园
	36	慧谷软件园		80	优族173文化创意产业园区
	37	D1国际创意空间		81	上海明珠创意产业园
	38	徐汇软件基地		82	上海智慧桥创意产业园
	39	越界·X2创意空间		83	国家音乐产业基地上海虹口园区
	40	上海影视文化产业园		84	半岛湾时尚文化创意产业园
崇明区	41	智慧岛数据产业园	青浦区	85	中国梦谷——上海西虹桥文化产业园
松江区	42	泰晤士文化创意产业园		86	尚之坊时尚文化创意园
	43	上海仓城影视文化创意产业园区			

从空间分布来看,上海数字贸易产业基地在中心城区比较密集,共有 51 家,中心城区外的分布相对稀疏。从上海数字贸易产业基地在各区的数量来看,浦东新区有 10 家,分别为浦东软件园、临港软件园、陆家嘴软件园、金桥由度创新园、莘泽智慧园、张江互联网金融园、宏慧·音悦湾、上海张江文化创意产业园区、国家对外文化贸易基地(上海)和金领之都;黄浦区有 7 家,分别为科技京城、宏慧·盟智园、8 号桥、江南智造——上海 8 号桥创意产业园、江南智造——soho 丽园、江南智造——智造局二期和卓维 700;静安区有 11 家,分别为多媒体谷、市北高新、龙软信息服务外包园、E 构空间、新华文化科技园、汇智创意园、静安现代产业园、传媒文化园、3 乐空间、创意仓库和大宁德比易园;徐汇区有 11 家,分别为漕河泾开发区、普天信息产业园、慧谷创业、上海贝岭科技园、越界创意园、浦原科技园、慧谷软件园、D1 国际创意空间、徐汇软件基地、越界·X2 创意空间和上海影视文化产业园;长宁区有 7 家,分别是上海虹桥临空经济园、多媒体产业园、慧谷白猫科技园、映巷创意工场、创邑河、聚为园和湖丝栈创意产业园;普陀区有 7 家,分别是上海天地软件园、上海武宁科技园、华东师大科技园、"谈家 28"、中华 1912 文化创意产业园、加减乘除创意园和 E 仓文化创意产业园;杨浦区有 7 家,分别是湾谷科技园、复旦软件园、杨浦科技创业中心、上海教育服务园、创智天地——云计算创新基地、东纺谷创意园和 63 号设计创意工厂;宝山区有 5 家,分别为上海宝山科技园、上海长江软件园、博济·智汇园、智力产业园和 M50 半岛 1919 文化创意产业园;闵行区有 4 家,分别是紫竹高新区、云部落 TMT 产业园、863 软件产业孵化基地和中国(上海)网络视听产业基地;嘉定区有 4 家,分别为 3131 电子商务创新园、嘉定工业区互联网金融产业基地、上海南翔智地文化产业园和东方慧谷——上海文化信息产业园;崇明区有 1 家,是智慧岛数据产业园。

二、上海数字贸易发展战略及政策建议

(一)上海数字贸易发展的主要问题

1. 数字贸易统计问题

(1)行业分类标准

数字贸易产品或服务的国际竞争力来源于从事数字贸易部门生产效率的提升,如何界定数字贸易的部门范畴是科学评估上海数字贸易产品或服务国际竞争力的关键问题。评估上海全面的、精确的、统一的经济活动统计对经济理论的探讨和整个国民经济问题的研究,对政府制定经济政策和进行国民经济的宏观管理都是十分必要的。国民经济管理的经济统计的基础就是产业分类的标准化,即进行标准产业分类。随着全球经济发展和社会分工的不断深化,为方便国际经济统计和比较而制定的国际标准产业分类体系(International Standard Industrial Classification,以下简称 ISIC)经历了不断修订和扩展的过程,成为世界各国制定经济产业分类的标准和规范。时至今日,ISIC 已发展至第 4 版本,分类结构及相关细节发生很大变化,主要体现了经济发展的结果。ISIC Rev.4 的新增门类 J(信息和通信)体现了信息通信行业的迅猛发展和其在经济活动中日益重要的地位。

数字贸易的部门范畴与"版权产业""文化创意产业"和"信息产业"关联性大,三者概念的随意使用和任意互换导致了对其分类尚未达成共识。

最新版国家经济行业分类(GB/T4754-2017)根据 ISIC Rev.4 的变化对信息传输、软件和信息技术服务业进行了细分,但是其数字内容服务范畴小于数字贸易部门范畴,其中游戏数字服务与互联网游戏服务,网络服务与数字出版存在重复统计的可能性。ISIC Rev.4 的变化主要集中于信息产业、服务业,这也是包括我国在内的世界各地区迅猛发展的行业,对这两个行业分类的改进是最迫切的,也是势在必行的。门类 J（信息和通信）包括信息和文化产品的生产和发行，为传送或发行这些产品、数据或信息提供的各种手段，数据处理、信息技术活动和其他信息服务活动。门类 J（信息和通信）共包括 6 个大类，分别为：58（出版活动）、59（电影、视频和电视节目生产、录音及音乐出版活动）、60（节目制作和广播活动）、61（电信）、62（计算机编程、咨询和相关活动）及 63（信息服务活动）。门类 J（信息和通信）包含了信息和通信技术服务业，但并不包括信息和通信技术制造业、信息和通信技术贸易，它们分别归类于门类 C（制造业）和门类 G（批发和零售业、汽车和摩托车的修理）。最新版的经济行业分类对于互联网技术给予了充分重视，细化了许多网络服务如网络游戏、网络音乐以及网络新闻等部门，但是这类部门与数字出版部门的范畴存在较大重复统计问题。

（2）数字贸易统计制度不完备

数字贸易作为数字内容产品和信息服务的跨国交易，现行的贸易统计制度无法准确统计其贸易额。经济活动的分析视角不仅需要行业视角（企业），而且需要贸易视角（商品）。企业体现了经济活动的行业视角。行业分类提供了有效的产业活动的分类方式。常见的行业分类体系如国际标准产业分类（ISIC）、我国的《国民经济行业分类（GB/T 4754-2017）》（以下简称 NIC）等。商品体现了经济活动的贸易视角。商品分类提供了有效的便于贸易组织和管理的产品分类方式。常见的商品分类体系如联合国国际贸易标准分类（SITC）、联合国中心产品分类目录（CPC），我国的《全国主要产品分类与代码第 1 部分：可运输产品》和《全国主要产品分类与代码第 2 部分：不可运输产品》、我国的海关进出口商品分类（以下简称 HS，可参见海关月报）。不难发现，常见的商品分类体系对服务贸易的统计是不适用的。由于技术上的困难，通常服务贸易数据是按照由联合国等六大国际组织共同出版的《国际服务贸易统计手册》进行统计，其中，国际收支服务贸易（Balance of Payments，BOP）统计按照国际货币基金组织的《国际收支手册》分类办法展开统计。事实上，自 2013 年以来，国际服务贸易数据基本根据《国际收支手册》（第六版）展开统计。

国际收支服务贸易统计科目无法精准把握数字贸易的发展动态。自 1997 年《国际收支手册》（第五版）的分类办法开始，服务业被分为运输、旅游、通信服务、建筑服务、保险服务、金融服务、计算机和信息服务、专有权利使用费和特许费、咨询、广告宣传、电影音像、其他商业服务，以及别处未提及的政府服务等 13 大类。然而，数字贸易的产品或服务更加细化，粗略的计算机和信息服务、电影音像等统计口径已无法准确反映数字出版、数字音乐、数字电视、数字电影、软件和信息服务等数字贸易主要产品和服务的进出口贸易水平。

2. 数字贸易中的版权问题

数字贸易的产品和服务涉及知识产权的所有种类，包括版权、商标、专利以及商业秘密，但其中联系最为紧密的当数版权了。数字贸易的部门范畴立足于知识和信息的生产、存储、使用、消费之上的产业，覆盖了文学、新闻、广播影视、娱乐、工艺美术、计算机软件、信息网络等多个产业领域。尽管数字贸易的部门范畴不完全等同于版权产业范畴，但是两者间的密切关系还是得到了人们的共同认可。互联网的出现和发展给数字贸易的发展开辟了新的广阔空间，同样给数字贸易的知识产权保护，特别是版权保护，提出了许多新的课题，主要涉及作品和录音制品的数字化、作品和录音制品在网络环境下的传播、对作品和录音制品的数字化、作品和录音制品的权利管理信息的保护、数据库的保护、网络环境中商业标记保护等，这些都是发展数字贸易必须解决的问题。因此，在知识经济条件下，数字贸易产业作为一个新兴产业，它的发展更需要紧密地依赖知识产权尤其是版权的保护。

许多数字出版业务都面临版权问题，而现阶段数字出版的版权保护机制的建立尚不完善。2016年初，艾瑞咨询公司发布的《2015 年中国网络文学版权保护白皮书》中披露了一组让人触目惊心的数据，只看正版小说的读者比例约为 25%，2014 年，侵权盗版使得网络文学正版付费收入损失超过 77

亿元,其中,在 PC(电脑端)的付费收入的损失为 43.2 亿元,移动端付费阅读收入损失为 34.5 亿元,衍生产品产值损失 21.8 亿元,总体行业损失近 100 亿元。潜藏在网络中的视频盗版问题依旧不容忽视,另外由于网络视频行业竞争加剧,正版视频认购价格不断攀升,暗藏的网络视频盗版问题势必成为该产业良好发展的一大阻碍。

版权交易相关法律制度的缺失,版权集体管理组织数量和职能极为有限。版权交易是数字贸易中重要的利益来源,且随着经济的发展,版权交易的数量正以惊人的速度逐年上升,范围也在不断扩大,与国外和地区的交易中版权出口的比例也有了很大的提升。但是相关的版权交易法律制度建设却远远赶不上交易本身的发展,2001 年《著作权法》修改虽然增加了著作权转让的有关规定,但就版权交易来看,尚有许多问题没有得到解决。到目前为止,我国的著作权集体管理机构只有五家,而与此相对应的对著作权集体管理的需求却不断增长。尤其随着数字图书馆的出现、网络转载摘编等使文字作品、美术作品、电影作品等也面临集体管理的需要;著作权中的诸多传播权项以及著作邻接权项也都面临集体管理的需要。在这种供求不平衡中,著作权集体管理组织难以很好地履行其应尽的职能。

版权贸易逆差明显,呈现结构失衡状态。版权引进主要是英语为主的欧美地区,以及日本、韩国和我国台湾地区,版权输出以港澳台地区、东南亚以及美国为主;除图书和电视节目版权输入与输出相差较小以外,电影、软件、录像与录音制品以及电子出版物输入与输出相差悬殊;电影、电视剧、动漫产品品牌不强,创意与出口能力弱,"文化折扣"现象严重;版权输出的内容和题材仍显单一,这与版权引进的题材丰富化、畅销化形成了对比。

3. 行业监管问题

行业发展面对多头监管,监管资源未得到有效利用。数字贸易的产业范畴面广量大、门类繁杂,涉及的监管部门比较多。政府实行的是多个部门分工协作、齐抓共管的监管体制。参与管理的主要有宣传、文化、广电、新闻出版、体育、工商、公安、物价、卫生、海关等 10 多个党政职能部门。这种多头分散的管理体制,虽然有利于调动相关部门的积极性,有利于形成分工协作、齐抓共管的工作局面,但也存在着明显的弊端。首先是各自为政,政策标准不同,各个部门由于承担的职能不同、观察的视角不同、认识的水准不同、判断的能力不同,对数字贸易产业的监督管理所制定和采取的政策措施,往往各有差异,有些甚至互相矛盾。

面对"四新"经济和数字贸易的迅速发展,传统的行业监管体制往往无法对接。技术发展带来信息的数字化、传输的高速率和大容量化、IP 化,促进了网络间的融合。未来随着大数据、云计算的逐渐成熟,涉及内容管理、用户数据保护、隐私问题的监管需求将更为突出。当前,数字贸易日趋重要,上海贸易增长方式转变的方向逐步清晰,在指导和协调贸易促进体系的建立方面,各级商务委发挥职能可谓责无旁贷,但面对数字贸易的产业范畴面广量大、门类繁杂,涉及的监管部门比较多,相关贸易统计制度尚未建立的现实情况下,要履行好负责对外经济贸易统计和运行情况的监测分析并提出政策建议的职能,难免会显得力不从心。此外,面对整个行业的剧烈变革,监管体系和监管方式也亟须改变。

(二) 上海数字贸易发展战略

随着互联网技术的不断升级,数字贸易所涉及的领域将进一步拓展,占全球贸易额的比重也将持续上升。为抓住这一发展机遇,加快建设数字贸易中心城市,形成数字贸易先发优势,上海应当结合已有的产业基础和优势,重点关注数字内容和其他类数字服务,通过实施服务外包数字化转型和打造数字版权交易中心两大战略,实现超越性发展。

　　服务外包数字化转型战略主要推进离岸服务外包企业转型升级,从低成本驱动的单向供应模式转向以交付内容为重点的跨境合作模式,进一步扩大其他类数字贸易的规模。首先,在《上海市服务贸易促进指导目录》和《上海服务外包产业重点发展领域指导目录》中增加数字贸易版块,加强宏观引导,培育100家具有较强国际竞争力的数字贸易重点企业。其次,编撰《上海数字贸易发展报告》,研究数字密集型企业创新案例,建立数字贸易企业数据库和项目库。第三,搭建数字贸易公共服务平台,打造一批数字化特征明显,兼具项目推进和技术支撑功能的公共平台。

　　数字版权交易中心战略则聚焦数字内容服务,围绕图书、音乐、影视等内容产业打造两类跨境版权交易中心。一类是以国家对外文化贸易基地为代表的公共型跨境版权交易中心,通过举办文化授权展等各类活动提供数字版权交流和交易平台,营造良好的数字贸易发展环境。另一类是支持有条件的企业如阅文集团、睿泰集团等打造专业型跨境版权交易中心,结合企业业务特点,搭建如教育类、影视类、动漫类等专业版权交易中心,形成各类数字内容的版权资源库,增强国际贸易中心的数字版权资源配置功能。

(三)推进上海数字贸易发展的政策建议

1. 设立上海自贸试验区数字保税区,提升数字贸易开放度

　　在上海自贸试验区内设立数字保税区,对跨境版权交易给予保税政策。数字保税区中的企业在出口本土数字版权或是引进境外数字版权时,可以免交增值税。如企业就相关版权和境内企业发生交易时,再征收增值税。根据商务部统计数据,2016年我国共实现知识产权进出口(去除研发成果使用费)约1 000亿元。由于保税政策只限于跨境版权交易,税收减免的额度应当低于60亿元。

　　在数字保税区内开展数字贸易开放试点。参照CEPA等高标准的服务贸易协议,允许数字保税区内符合条件的企业提供跨境数据库服务,探索企业向境外提供境内运营所产生的数据或是在境外存储相关数据的相关监管措施。同时,允许境外先进的数字服务商在数字保税区提供新型业态的数字服务,加强境内外合作并进行压力测试。

2. 增设数字贸易资金支持项目,提高产业集中度

　　扩大本市服务贸易专项资金规模,在其中设立数字贸易支持项目,对服务贸易企业提供跨境数字服务给予资金支持,特别是对研发、并购、知识产权交易等关键环节予以支持,帮助企业做大做强,提升国际竞争力。此外,在服务贸易平台资金中对设立各类数字版权交易中心给予支持,优化数字贸易发展环境。

3. 建立数字版权贸易和监控平台,规范版权代理行业

　　首先,版权贸易平台要为著作者、版权主体、代理商和潜在客户提供一个互动交流平台,使平台访问者了解交易方的授权产品、方式、价格和联系方式,使潜在顾客和版权所有者的版权交易更加规范化和便捷化。例如,天津数字版权交易所为客户和版权所有者搭建交易平台,推出更符合市场规律的版权运营、交易、计算和分成模式,这种交易机制可以方便权利人决定他们转让或许可版权作品的权利类型,也可以让用户快速确认权利人,从而取得可能的许可或投资交易。其次,通过交易会、年会、博览会和各种展会,搭建展示和交流平台,推动版权贸易新技术、新经验、新模式的深度交流。例如,法兰克福书展、东京书展、美国书展、中国数字出版博览会、中国国际动漫创意产业交易会、中国国际漫画节、中国数字出版年会、中国国际图书博览会等提供了各种版权交易大平台。再次,政府要提高版权贸易公共服务水平,完善版权交易机制。诸如数字化版权许可合同、著作权信息的查询系统、版权交易管理模型、版权价值评估、版权质押以及版权投融资制度建设等,促进版权产业的健康发展。

　　尽快出台版权代理行业管理条例,确保代理授权要维护权利人的合法权益,尤其是授权费用的收

取与分配要公开、合理、透明。不同于自主授权,代理授权中的代理人具有更加专业的知识和市场洞察力,代理人在代理版权纠纷、代理收取转让使用费、代理版权贸易洽谈、代理转让或许可使用合同以及提供法律服务等方面都具有专业的优势。权利人可以将自己的部分或者全部著作权委托给代理人,由使用者与这些代理机构签订授权合同,获得授权,代理人收取一定比例的代理费用。代理人是作者和使用者之间的桥梁,掌握着足够多的作者、作品和版权资源,采取商业运营的模式开发资源,维护著作权人的经济利益。政府应该规范代理行业,培养专门的代理人才和建构海量的信息交易平台。

4. 探索数字贸易统计体系,完善产业评价标准

研究境内外数字贸易相关的统计方法和模式,完善数字贸易的统计指标体系,支持各类商协会和促进机构建立数字贸易企业监测工作站,建设数字贸易专家智库,打造统计数据和企业案例相结合的数字贸易统计体系。

首先在最新版国家经济行业分类(GB/T4754-2017)的基础上,明确数字服务产业的分类,其次仿照《软件出口管理和统计办法》的出台方法,加快制定《数字贸易出口管理和统计办法》的进程。2001年10月25日,为落实《国务院关于印发鼓励软件产业和集成电路产业发展若干政策的通知》(国发〔2000〕18号),根据软件产品交易的特点,依据《中华人民共和国对外贸易法》,对外贸易经济合作部联合科委、信息产业主管部门、统计局、外汇管理局等五部门制定了《软件出口管理和统计办法》(以下简称《办法》),旨在建立国家有关管理部门间软件出口协调管理机制,为软件出口企业提供便利服务,落实国家对软件出口的鼓励政策,同时对软件出口进行统计和分析。其中,针对"网上传输方式"软件出口的管理,实行(一)通过网上传输的软件出口,软件出口企业收汇后持"软件出口合同登记证书"和生效的《软件出口合同》(正本)直接到外汇指定银行办理收汇手续。(二)银行在"软件出口合同登记管理中心"对《软件出口合同》登记的有效性、软件出口方式等核查无误后,予以办理结汇或入账手续,并出具"软件出口已收汇证明"。另外,软件出口统计包括:软件企业办理自营出口经营权统计、软件出口合同统计、海关通关方式的软件出口统计、网上传输方式的软件出口统计、软件出口收汇统计。外经贸部、信息产业部、海关总署、国家外汇管理局负责各自业务范围的统计工作,并将统计数据汇总到外经贸部(科技司)。外经贸部会同国家统计局对以上统计进行综合汇总和分析,并定期对外公布。通过目前软件产业的出口数据的完备度来看,这种管理和统计方法是行之有效的。因此,应当迅速展开在数字贸易的管理和统计问题上该方法的适用性研究,加快出台《数字贸易出口管理和统计办法》。

执笔:汤蕴懿 唐 涛 徐 赟 孙 刚 史入文

上海数字贸易企业案例

一、药明康德集团：拓展基因组学研究，引领全球精准医学发展

（一）企业简介

药明康德集团成立于 2000 年，运营总部位于中国上海，集团旗下公司包括一体化化学药研发生产平台——药明康德、一体化生物药制药能力和技术平台——药明生物及基因研发，以及应用服务平台——药明明码等企业。

药明康德集团通过高性价比、高效率的服务平台帮助全球客户缩短药物及医疗器械研发周期、降低研发成本，承载着来自全球 30 多个国家的 3 000 多家创新合作伙伴的数千个研发创新项目，致力于将最新和最好的医药和健康产品带给全球病患，实现"让天下没有难做的药，难治的病"的梦想。在全球共拥有超过 22 000 名员工，其中科研人员超过 18 000 名，资深海归人员超过 600 名。

（二）主要做法

一是实施跨境并购战略。药明康德集团于 2015 年收购精准医学大数据分析的领导者——冰岛的 NextCODE Health 公司，和原药明康德基因组学中心整合成立明码（上海）生物科技有限公司。通过实施并购战略，明码科技有能力迅速搭建一体化开放的平台，包括中国首家通过美国 CLIA 和 CAP 双重认证的实验室，以及全球唯一一经过三十万人全基因组数据验证并优化的 NextCODE 精准医学大数据分析及解读系统，支持云端及线下使用，提供全面的精准医学整体解决方案，助力全球合作伙伴加速药物研发、诊断试剂开发、降低人类出生缺陷、提高罕见病诊断和其他精准医学的临床应用。

二是合作建设服务平台。除通过并购获取核心数据和研发能力以外，2016 年，明码科技还积极和华为等顶尖软件企业开展合作，联合打造国内首个精准医学云平台——"明码云"平台。该医学云平台结合了华为公司业界领先的云计算能力及其遍布全国的网络基础设施，药明康德世界一流的医药研发能力，以及明码生物科技在分析、挖掘、共享基因组学及精准医学大数据方面端到端的丰富技术经验，为中国精准医学大数据建立一个可信赖本地化的云计算、云存储、云分享和交换的全国云服务网络平台。

三是搭建全球领先的健康医疗大数据共享平台，加速中国创新药研发。明码科技创新性地应用联盟式搜索引擎技术、LifeCODE.ai 区块链技术，以及拥有自主知识产权的全球领先的基因数据库和基因数据分析工具 GORdb，打造全球领先的健康医疗大数据共享平台，并提供个性化的服务。该平台解决了健康数据采集的合法性、安全性、有效性和可追溯性，在符合国家法律法规规定并保护用户隐私的同时，创造数据交互的价值，真正实现大健康数据的产权化和资产化。该平台打通各药企、科研院所和医疗机构之间的数据流通和共享，加快新药研发的速度和效率，构建健康数据和创新药研发领域的生态圈。

二、美库尔：深耕数据分析领域，在探索中不断创新与转型

（一）企业简介

美库尔商务信息咨询（上海）有限公司（以下简称"美库尔"）2010年8月成立于上海，现有员工137人。公司以其强大的大数据分析能力为基础，提供全面的客户关系管理方案，以实现市场营销投资的利益最大化。针对客户提出的通过各种个性化营销计划，美库尔尝试业务模式创新，研究提供量化可行的个性化解决方案。

（二）主要做法

一是准确的市场定位。聚焦数据分析的全球业务产品创新增强美库尔的业务竞争优势，明确的市场定位——服务于高端客户，在自身产品组合完善、能够为客户提供从数据营销服务到客户管理服务的全系列产品组合的优势下，使得美库尔在全球业务市场获得客户广泛的好评，建立了行业内的良好口碑，与许多企业都建立了良好且长期的合作关系。

二是合理的战略收购。战略收购和兼并作为美库尔自成立以来，不断完善自身能力的重要方式，在近些年不断加快吞并其他业务和技术互补的企业来弥补技术和业务上的不足，如2016年在欧洲收购 Pointmarc、Periscopix、DBG 和 Comet Global Consulting 等，强化其在欧洲市场的业务能力，提高欧洲市场的占有率，并对亚太市场提供了强有力的业务能力支撑。

三是丰富的人才储备。不断完善人才储备，扩大人才招纳，吸纳具备不同技术和管理背景的人才，来扩充公司业务队伍。自美库尔进入中国以来，已经先后培养出一批具备独当一面的业务骨干，成长为公司中层管理者。此外，还将从海外吸纳一部分人才服务企业。

四是广泛领域的战略合作。如大多数外企一样，美库尔进入中国市场后初期也面临水土不服、欧美成功模式无法照搬移植的情况，只能主动寻求在华地区的新发展模式。公司在美国的一套成功运营模式得益于美国政策法规的完善性以及公开数据获取程度高等一些特点，但是在中国目前法规不健全、公平竞争体制不完善的环境下，未来为了满足公司业务发展而寻求创新：首先，数据获取将建立在客户企业现有的客户存储数据基础上；其次，积极寻求国内数据共享的合作者以完成公司在华的成功创新与转型。

三、海隆软件：聚焦重点，实现转型升级

（一）企业简介

上海海隆软件有限公司（以下简称"海隆软件"）注册资金为3亿元，集团企业共有员工1 800余人，95%以上是计算机相关专业的技术人员，40%以上员工有在日本工作和研修的经历，是上海本土成长、以对日软件外包为特色、实现服务外包"转型升级"的典型企业，目前已由单一的软件外包服务企业转为基于互联网平台集信息服务和软件外包服务为一体的综合服务商。

（二）主要做法

一是注重聚焦。作为国内从事软件外包的"元老级"企业，海隆软件充分抓住日本市场软件整体需求量巨大、中日文化相似、空间距离接近等"先天优势"，通过实施"聚焦软件、聚焦日本市场和聚焦研发"的战略，不仅将云计算、大数据、区块链、人工智能等最新 IT 技术的研发与日本软件外包金融领域的业务需求相结合，而且加强了娱乐业 IT 技术如 VR、动漫等的研发投入，为公司形成人才、管理、市场和技术等方面的优势奠定了坚实基础。

二是注重定位。海隆软件从设立之初就以"定位高端"为发展目标，志存高远。通过进入具有高附加值的上游工程（例如设计、开发），并在相应的领域积累足够的行业知识和专业技能，提供高端服务，实现规模扩张、提高效益，得以在整个软件外包服务的价值链中处于不可替代的地位。为了能够在高端市场保持竞争力，海隆软件一般都是主动寻求创新。一方面，专研新科技、新技术，实现业务技术上的创新；另一方面，在企业经营模式上逐渐从单一的接包企业向发包企业转变。

三是注重培训。海隆软件坚持"人才制胜"的发展战略，力求将每一位员工培养成为专才，创造员工与企业的"双赢"局面。除了企业内部培训中心对新员工实施 5 个月的全脱产日语强化培训外，公司还对其进行软件工程、质量过程、测试和评审等方面的培训。2004 年起，海隆软件实施 CMM3 级过程改进的活动，共开发 6 大系列 22 门课程，建立了系统完善的必修培训体系。目前，最早进入公司的"一期培训生"已经逐渐成为各开发团队的主要骨干力量，实现了员工的职业发展与企业的整体发展紧密结合。此外，海隆软件通过兼并与收购，吸纳了大量优秀团队与员工，为企业储备了各个业务领域特别是勇于创新、善于开拓的专业人才。

四、上海博彦科技：融合创新，持续发展

（一）企业简介

博彦科技（上海）有限公司（以下简称"上海博彦科技"），成立于 2005 年 3 月，是国内首家以解决方案为主营业务、在中国境内上市的博彦科技集团华东地区区域性总部。

博彦科技在全球有 32 个交付中心，拥有超过 14 000 名员工，团队为 15 个垂直行业进行定制化方案和服务，是中国软件服务企业十大领军企业之一。

（二）主要做法

一是持续优化业务结构，提升公司价值。公司坚持聚焦于为高科技行业类大客户提供软件服务，组建了一支业务水平精湛的技术团队，并通过内生性增长和外延式扩张不断吸收优质技术团队和领先技术经验，提高公司核心竞争力。公司积极拓展布局，加大了在互联网金融、移动互联等领域的投入，通过并购获得了大数据挖掘和分析领域的先进应用技术，并拥有具有自主知识产权的产品。未来，公司还将在新零售解决方案、人工智能模块算法及行业应用等领域进行有益探索，多维度地寻找新技术与公司现有业务的结合点及未来发展的战略，持续提升公司整体价值。

二是加大研发力度，加快转型升级。公司梳理现有业务技术，在大数据、物联网和人工智能等领域探索具有市场竞争力的产品或解决方案；有机整合服务体系，利用标准化流程，并应用大数据等新

兴技术降低客户服务成本；完善公司研发体系，提升研发效率，加强核心竞争力。公司将继续研判技术发展趋势，立足战略定位，在现有人才、技术基础上，结合市场需求进一步加大大数据、物联网、新零售解决方案和人工智能模块技术等领域的研发投入，增强自主创新力和核心竞争力。

三是积极开拓市场，完善销售体系。对于国内市场，公司持续优化传统业务结构，在原有积累基础上，加强完善销售体系，拓宽销售通路；针对北美和日本等海外市场，公司在巩固已有业务优势的同时，紧跟市场需求，不断发掘与客户合作的广度和深度；同时，公司响应"一带一路"倡议，积极探索沿线国家开展业务的可能性和市场空间，为现有的产品及解决方案打开更广阔的国际市场。

四是创办企业孵化器，突显专业度。依托多年积累的行业资源，自身的创新研究院平台，结合张江科学城产业生态链战略，设立专业众创空间——"博乐π"，专注于全球创新中心运营和创新资源整合。打造物联网、人工智能、大数据、云计算、区块链等创新产业集群。

五、"赛科斯"：以创新提升服务，以技术驱动转型

（一）企业简介

赛科斯信息技术（上海）有限公司（以下简称"赛科斯"）是全球领先的客户关系管理和呼叫中心外包服务专家，于1999年进入中国市场，总部位于上海，在全国设有3个站点，运营座席3000＋，为40多家国际品牌在中国的运营提供服务。其服务涵盖高端零售、电子商务、汽车、消费电子产品、医疗保健、技术支持等领域，提供包含营销管理，客户生命周期关怀和技术服务等全方位解决方案。

（二）主要做法

一是坚持高标准行业服务。赛科斯凭借全球化运营标准和长达40年的行业专业经验，结合中国市场特点，实现为客户提供全球统一的运营标准体系，保障客户的无缝体验。赛科斯创立了一套独有的、覆盖全球站点的标准SSE（Sykes Standard of Excellence），用以指导业务流程，强化管理、保证质量、加强风控，使服务过程可追溯，业务发展可持续发展。如针对日常的现场管理SOE（Site of Excellence）标准及配套的工具Aspir系统，实现科学的人员管理和时间利用，巩固运营团队的合作与默契度。

二是坚持以人为本现代管理。作为劳动密集型行业，呼叫中心一直保有大量人才资源。人才是最有效的竞争力因素之一。赛科斯既为客户也为雇员提供卓越的体验和可持续发展的价值创造驱动力。公司的中层和基层工作人员的平均服务年限到达5年左右，50％—60％的客户的合作关系长达8年。赛科斯依托以人为本的科学管理模式，通过有效的大数据支持和战略分析，实现成本管控与价值创造的动态平衡。在支持战略性合作项目、紧急项目时，赛科斯不仅可以保证服务质量和标准，也可以同时确保更快速的响应周期和渠道资源获取。

三是坚持以科技提升服务效率。赛科斯在全球范围内部署和构建了依托云端的运营与管理体系One-Sykes，以数字化、信息化技术支持公司从传统的呼叫中心向全渠道智能价值中心进阶。赛科斯自主研发的全渠道服务平台iStation，结合智能应用技术，进一步推动了呼叫中心的价值转型，创造无缝体验。在数字化时代，我们为客户提供全渠道覆盖的沟通模式，并辅以AI，智能员工辅助（VPA），客户行为分析（客户心声）以及商业洞察支持（大数据管报表体系），帮助品牌全面提升竞争力和辨识度，成为品牌的战略合作伙伴。赛科斯依托科技创新，实现更为精准和高效的服务模式，打造数字化

的卓越的品牌价值服务中心。

六、五岸传播：立足内容，拓展数字贸易

（一）企业简介

上海五岸传播有限公司成立于 2004 年，是上海广播电视台、上海文化广播影视集团有限公司统一对外的版权发行公司。目前已在境内外媒体版权的采购、发行、代理、合作及相关的衍生业务等数字贸易方面进行了有益的探索，荣获世界知识产权组织版权金奖（中国）"推广运用奖"。

（二）主要做法

一是通过深度耦合提升数字版权价值。公司深度探索版权运营的机制、功能，尝试较为深度的版权运营：积极耦合文广集团与上市公司，放大版权价值，成功获取《极限挑战》《天籁之战》等多个 SMG 核心综艺版权产品的发行权并实现 BesTV 平台播出；与斗鱼 TV、东方卫视频道达成了关于《2049 明珠号》项目的合作，引领互联网直播、电视、漫画联动共赢模式。此外，促成文广集团、上市公司与 Fremantle Media、A＋E Networks、BBC Worldwide 等国际知名媒体机构在影视产品内容研发和交流上达成战略合作，与 BBC Worldwide、Discovery 探索频道、A＋E 网络等国际一流纪录片制作公司联合制作推出《海岸中国》《野兽派出没！》《中国与你同行》等作品，将中国的传统文化和中华民族的优秀价值观传播到全世界，增强了上海文化创意企业与国际文化资源结合的自信心和动力；同时，更提升了作为数字版权交易的价值，增强了公司核心竞争力。

二是通过搭建平台促进数字化影视文化"走出去"。通过战略统筹、拓展渠道，公司使合作单位的海派影视文化以数字内容的形式向外输送，不仅服务于海外华人社会，也能打入国际主流社会和主流媒体，树立海派影视文化的崭新形象。目前，通过遍及北美、欧洲、东南亚、非洲、我国港澳台地区等全球大部分地区公司的数字化网络，已将文广集团及国内其他制作机构出品的优秀本土节目推向了 120 多个国家和地区。受国家广播电视总局委托，公司还承担 GCB 印度世界内容市场、DISCOP 土耳其电视节、MIPCOM 戛纳秋季电视节、WCM 莫斯科春季内容市场、ATF 新加坡亚洲电视论坛等五大国际知名传媒节展的中国联合展台组展工作，为文化企业"走出去"提供高效优质的服务。此外，公司还促成东方明珠与 NBA 实现新的战略联手，并在 IPTV 端进行独家合作。

三是通过创新运作方式促进数字影视版权贸易。公司将继续深入学习贯彻十九大报告中提出的"讲好中国故事，展现真实、立体、全面的中国"等新要求，通过转授权、衍生品授权、版权深度开发合作，形成独有内容片库，形成自有品牌、IP 拓展等各种创新，推动数字版权运营向国际化、专业化版权枢纽方向发展，进一步促进数字影视版权贸易做大做强。如强化头部内容 IP 的获取、孵化与产业化运营能力，充实 IP 储备等。

执笔：上海市商务委员会　卢　正　阎　蓓　杨　曜

上海文化产业发展报告

2017年是实施"十三五"规划的重要之年。上海文化产业按照中央总体部署,牢固树立新发展理念,把握经济发展新常态,以提高发展质量和效益为中心,坚持宏观规划和产业政策先行,以产业融合跨界和重大项目建设为抓手,扩大产业规模,优化产业结构,推动传统产业转型,加快新兴产业发展,提升市场配置资源能力,加大文化"走出去"步伐,为促进全市文化产业创新发展,全力打响"上海文化品牌",推动建设国际文化大都市,助力全市创新驱动发展、经济转型升级提供了坚实保障。

为让社会各界了解2017年上海文化产业的发展情况,中共上海市委宣传部文化改革发展办公室、上海市文化事业管理处和上海交通大学人文艺术研究院共同撰写了《2017年上海文化产业发展报告》。本报告主要分析2016年上海文化产业的基本数据,[①]总结2017年上海文化产业主要领域的工作进展,并对未来上海文化产业的发展前景作出研判。

一、上海文化产业发展的基本情况

(一)总体规模持续扩大

2016年,上海文化产业实现增加值1 861.67亿元,同比增长8.8%,增幅高出同期地区生产总值2个百分点;占地区生产总值比重为6.61%,占我国文化及相关产业总增加值30 785亿元比重的6.04%。文化产业作为上海的支柱性产业之一,占全市GDP比重稳步上升,对促进本市经济社会发展起到重要的支撑作用,并成为深化上海供给侧结构性改革的重要助推力量。

图1 上海文化产业增加值的增长情况

数据来源:国家统计局。需要说明的是,根据国家统计局文化及相关产业分类标准(2012年版)以及统计方式的改进,2013年至2016年上海文化产业统计数据与2012年及以前的数据均是非同口径比较。

---

① 本报告仅援引2016年及之前年份文化产业的相关统计数据。

（二）产业结构不断优化

1. 新兴领域文化产业快速增长

以文化软件服务、广告服务、设计服务为主的文化创意和设计服务实现增加值 927.27 亿元,占文化产业增加值的 49.8%,同比增长 11.8%。文化信息传输服务实现增加值 218.04 亿元,占文化产业增加值的 11.7%,同比增长 15.9%。"互联网＋""文化＋""创新理念"深刻改变了人们对文化产品和服务创作、制造、传播、展示的渠道和方式,为培育新兴文化业态提供广阔空间,成为文化产业融合发展的巨大推动力量。

2. 传统文化产业转型成效渐显

新闻出版发行服务实现增加值 40.40 亿元,占文化产业增加值的 2.2%,同比增长 6.2%。广播电视电影服务实现增加值 59.48 亿元,占文化产业增加值的 3.2%,同比增长 3.6%。工艺美术品生产实现增加值 66.70 亿元,占文化产业增加值的 3.6%,同比增长 10.8%。

3. 文化休闲娱乐等生活服务领域增长势头强劲

文化休闲娱乐服务实现增加值 42.36 亿元,占文化产业增加值的 2.3%,同比增长 22.0%。文化艺术服务实现增加值 67.36 亿元,占文化产业增加值的 3.6%,同比增长 15.9%,较之 2015 年增速更明显。

4. 先进文化装备制造业增长态势良好

文化专用设备的生产增加值为 74.99 亿元,同比增长 15.4%,先进文化装备制造生产能力和带动效应已初步显现。此外,文化产品生产的辅助生产增加值为 226.29 亿元,同比增长 2.5%。文化用品的生产增加值为 138.78 亿元,同比增长 7.1%。

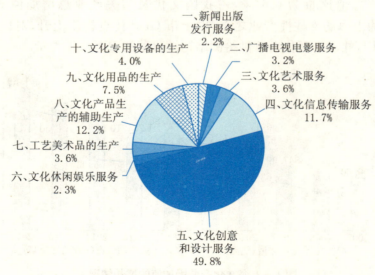

图 2　上海文化产业主要行业增加值占比(2016 年)

数据来源:上海市统计局。

表1　上海文化产业分行业增加值情况(2015—2016)

上海文化产业分行业增加值(2015—2016)			
	2015 年增加值 (亿元)	2016 年增加值 (亿元)	不变价增长 (%)
总计	1 666.93	1 861.67	8.8
一、新闻出版发行服务	36.84	40.40	6.2
二、广播电视电影服务	54.92	59.48	3.6
三、文化艺术服务	55.31	67.36	15.9
四、文化信息传输服务	213.60	218.04	—
五、文化创意和设计服务	801.15	927.27	11.8
六、文化休闲娱乐服务	32.98	42.36	22.0
七、工艺美术品的生产	60.18	66.70	10.8
八、文化产品生产的辅助生产	216.33	226.29	2.5
九、文化用品的生产	130.77	138.78	7.1
十、文化专用设备的生产	64.86	74.99	15.4

数据来源:上海市统计局。

(三) 文化贸易总量略有回调

近年来,文化产业发展注重统筹国际和国内两个市场,文化贸易结构逐步优化,贸易顺差持续扩大。2016 年,上海文化产品和服务进出口总额达 88.0 亿美元,较 2015 年下降 3 亿美元,下降 2.9%。其中,文化贸易出口额 48.7 亿美元,比 2015 年增长 3 亿元;文化贸易进口额 39.3 亿美元,比 2015 年下降 6 亿美元,贸易顺差扩大到 9.4 亿美元。2016 年,主要受到占全市文化贸易比重 48.8% 的工艺美术品等相关文化产品进口大幅萎缩 11.8% 的影响,全市文化贸易总量下降。出版物、文化娱乐服务等核心类文化产品和服务进出口继续保持增长态势。

表2　上海文化核心产品和服务进出口情况(2016)

上海文化核心产品和服务进出口情况(2016)						
类　别	2016 年进出口总额		2016 年出口额		2016 年进口额	
	金额 (亿美元)	同比 (%)	金额 (亿美元)	同比 (%)	金额 (亿美元)	同比 (%)
合　计	88	−2.9	48.7	7.4	39.3	−13.3
文化产品小计	48.1	−9.5	20.8	5	27.3	−18.1
核心层	5.2	14.6	2	32.2	3.2	6
出版物	5.2	14.6	2	32.2	3.2	6
图书、报纸、期刊	1.5	8.8	0.6	1.9	0.9	14.2
音像制品及电子出版物	0.3	13.8	0	−1.6	0.3	15.9
其他出版物	3.4	17.4	1.3	53.9	2	1.5

上海文化核心产品和服务进出口情况（2016）						
类　别	2016年进出口总额		2016年出口额		2016年进口额	
	金额（亿美元）	同比（%）	金额（亿美元）	同比（%）	金额（亿美元）	同比（%）
相关层	42.9	−11.8	18.8	2.8	24.1	−20.5
工艺美术品及收藏品	10.5	−23.6	5.3	−21.2	5.2	−26
工艺美术品	10.1	−11.1	5.2	−14.7	4.9	−6.8
收藏品	0.3	−85.2	0.1	−88.3	0.3	−84.1
文化用品	14.4	14	9.3	26.2	5	−3.3
文具	0.2	−9.9	0.2	−10.2	0	−3.4
乐器	3.2	6.1	1.3	−3.4	1.9	13.4
玩具	9.5	22.1	7	38.6	2.5	−8.9
游艺器材及娱乐用品	1.5	−7.1	0.8	6	0.6	−20.3
文化专用设备	18.1	−19	4.2	−0.2	13.9	−23.3
印刷专用设备	4	−8.1	1.6	11.2	2.4	−17.8
广播电视电影专用设备	14.1	−21.7	2.5	−6.4	11.6	−24.4
文化服务小计	39.9	6.4	27.9	9.33	12	0.12
文化和娱乐服务	7.4	11.4	3.5	1.1	3.9	22.5
广告服务	28.2	4.4	22.3	11.3	5.9	−15.5
展会服务	4.3	11.8	2.1	3.9	2.2	20.9

数据来源：上海市商务委、上海海关等。

二、上海文化产业发展的主要特点

（一）产业政策环境日趋完善

1. 国家文化产业利好政策集中出台

2017年，为推动文化产业成为国民经济支柱性产业、加速文化产业转型升级，国家先后在文化立法、体制改革、新兴产业等多个领域涌现诸多亮点。中央政府陆续出台了《国家"十三五"时期文化发展改革规划纲要》《文化部"十三五"时期文化发展改革规划》等一系列文化领域"十三五"规划，提出"文化产业要以推进供给侧结构性改革为路径，以转型升级为目标"，以网络视听、移动多媒体、数字出版、动漫游戏、创意设计、3D和巨幕电影等新兴产业和出版发行、影视制作、工艺美术、印刷复制、广告服务、文化娱乐等传统产业为重点行业，在宏观指导和具体实施中予以文化产业发展的方向性支持和行动上助力。1月，文化部印发《"一带一路"文化发展行动计划》，从健全机制建设、促进贸易合作、打造文化品牌等五大方面为"一带一路"文化建设的深入开展绘制了路线图。3月，文化产业首部《电影产业促进法》正式实施，在审批、制作、发行、放映等领域建立法治保障，对偷、漏、瞒报票房等违规行为进行严格约束,极大促进全国电影产业发展壮大。为推动中央文化企业改革发展,按照中央深改组任务要求,出台包括《中央文化企业国有资产监督管理暂行办法》等改革领域政策,从资本结构、经营方向、考核权重等方面对文化央企进行规范和调整。

2. 上海聚焦政策完善产业发展支撑保障

为推动全市文化创意产业快速发展,上海发布《关于加快本市文化创意产业创新发展的若干意见》(以下简称《意见》),强化产业发展为城市"创新驱动发展、经济转型升级"的服务功能,起到对上海先进制造业、现代服务业和战略性新兴产业的辐射带动作用。《意见》提出"未来五年,本市文化创意产业增加值占全市生产总值比重达到15%左右,基本建成现代文化创意产业重镇;到2030年,占比达到18%左右,基本建成具有国际影响力的文化创意产业中心;到2035年,全面建成具有国际影响力的文化创意产业中心。"《意见》在产业领域上聚焦重点、在实施路径上强调操作落地、在政策支撑上务求解渴管用。在产业领域,聚焦影视、演艺、动漫游戏、网络文化、艺术品交易、出版、创意设计、文化装备等8大产业板块,分门别类明确产业发展的目标、规划和措施,将有限资源聚焦重点,以点带面。在实施路径设计方面,针对需要突破的瓶颈问题,设计形成实施路径的制度安排,力求政策可操作、能落地,真正促进产业发展。在政策支撑方面,力求对企业解渴和管用,注重以市场化指标为导向,转变重"国"轻"民"观念,充分吸纳企业诉求,转变"不敢扶小、不敢扶初"态度,将扶持重点从后期向初创阶段前移,使政策真正满足企业需求。

(二)重点产业集聚态势明显

1. 影视产业IP体系布局加快

据新华通讯社数据,2017年,全国电影总票房为559.11亿元,同比增长13.45%;国产电影票房301.04亿元,占票房总额的53.84%;票房过亿元影片92部,其中国产电影51部;城市院线观影人次16.2亿,同比增长11.19%。上海电影市场全年票房达35.02亿元,蝉联全国城市电影票房冠军。2017年,上海立项备案电影数量295部,其中现实题材影片占比约84%,上海电影备案数占全国8.2%。上海共生产电影82部,41部上海出品影片进入院线上映,累计票房约49.6亿元,分别比上年增长了20.6%和10.2%,上海出品影片约占全国国产片总数的8.5%,票房约占全国国产片票房的16.5%。有11部影片票房过亿,其中《功夫瑜伽》和《乘风破浪》两部过10亿元。《我是医生》《大耳朵图图之美食狂想曲》《老兽》等13部影片获得24个中外电影奖项。上海新增影院67家,银幕数419个,座位数50 773个。全市共有影院320家,银幕数1 837个,座位数262 497个,影院数量和银幕数继续位列全国城市第一位。12月,在全国范围内上海率先推出星级影院评定机制。上海各影视公司着力围绕IP全产业链布局,通过外部整合和内容创新不断完善IP体系。上影集团主导创作的电影《邹碧华》成功在人民大会堂举行全国首映礼,《铁道飞虎》获得近7亿元票房,上影参与发行《西游伏妖篇》《极限特工3》《青海湖畔》等十多部中外影片,总票房近105.14亿元,发行区域影片票房达103.19亿元,占全国市场份额近21.97%。新文化以10.4亿元购置周星驰持有的PDAL公司40%股权,加速推进游戏IP《轩辕剑》《仙剑》《明星志愿》等影视作品落地,稳步推进PDAL《美人鱼》《西游》等系列电影IP的电视剧、综艺内容开发。慈文传媒定增项目顺利落地,实际发行2 474万股,募集资金全部投入电视剧及网络剧制作项目,有望提升公司网台联动头部剧制作能力,出品的《楚乔传》6月在湖南卫视顺利播出。

2. 传统出版数字化转型步伐加快

上海在承担国家级重大出版项目方面继续保持领先优势,"十三五"国家重点图书、音像制品和电子出版物出版规划项目调整,上海新增选61种,占全国新增总数的12.9%,项目总数达259种,占全国总数的 9.92%。在国家"十三五"重点图书出版规划 42 个学科(种类)中,80% 以上有上海项目入选。49 个项目入选 2017 年国家出版基金,较去年增加 53%。6 家出版社的 18 个项目入选 2017 年古籍整理出版资助项目,占全国总数的 19.15%,继续居首位。《布罗镇的邮递员》入选"五个一工程"优秀图书,11 种图书和音像制品获"第四届中国国家政府奖",4 个项目入选中国文艺原创精品出版工程。华东师范大学出版社加快建设国家级出版融合发展重点实验室,探索融合出版新模式、新技术。上海各出版单位牵头建设了 4 家新闻出版业科技与标准实验室。世纪出版集团深化改革,集团教育出版板块综合改革、恢复相关出版单位独立法人地位、发行业务回归各出版单位、深化编印一体化产业链布局、特殊管理股试点等改革有序推进,结合 2019 版《辞海》的编撰,同步实现数字出版。

3. 演艺市场创作活力不断释放

随着"一团一策"改革深入推进,为满足市民群众多层次、多样化、多元化的文化消费需求,上海演艺市场发展势头喜人,民营文艺院团和民营演艺机构大量涌现,逐渐成为上海演艺产业发展的一支重要力量。截至 2017 年第三季度,上海共有各类演出主体 1 669 家,文艺表演团体 285 家,演出经纪机构 1 239 家,其中民营主体占总数的 90%。特色演艺集聚区能级进一步提升,环人民广场演艺活力区、徐汇滨江剧场群、世博园区旅游演出剧场群、现代戏剧谷剧场群、复兴路汾阳路音乐文化一条街、天山路商业体剧场群、四川北路剧场群、郊区剧场群等 8 个演艺集聚区建设有序推进,沿江沿轴两大剧场带基本建成。精品力作不断涌现,浸入式戏剧《不眠之夜》连演近 300 场,舞剧《朱鹮》演出超过 200 场。11 月,上海昆剧团在北京国家大剧院连演四晚《长生殿》,场场爆满,盛况空前。上海原创节目也扬帆出海,《海上生民乐》在国内巡演十余场,并随上海市政府代表团赴希腊,参加庆祝中希建交 45 周年文化交流演出。豪华版《天鹅湖》登陆澳大利亚,在墨尔本丽晶剧院连演 5 场。国际合作持续深入,8 月上海文广演艺集团与音乐剧大师安德鲁·劳埃德·韦伯创立的英国真正好集团签约,在音乐剧产业内容开发、剧目引进、人才培养、影视制作展开全方位战略合作,这是中英文化演出行业领军企业在音乐剧产业达成的首次深度合作,在真正好集团助力下,伦敦艺术教育学校明星教师到上海进行为期四周的教学。

4. 艺术品市场释放回暖信号

2017 年,上海艺术市场经过多年调整和积淀后,市场发展态势逐渐趋于明朗。以画廊、古玩城、博览会为代表的一级市场,在长期市场洗牌过程中,淘汰部分低劣企业,同时吸纳新生力量,行业通过市场细分、明确定位进行转型发展。上海作为国内重要艺博会主要集中地之一,与香港、北京形成"三足鼎立"之势,上海各类艺术博览会针对不同消费群体,呈现出多种不同展会种类,上海艺术博览会、西岸艺术与设计博览会、ART021 等展会特色鲜明,细分市场开始形成,品牌效应逐步显现。不断崛起的新兴财富阶层开始投入到艺术品市场,成为助推艺术品市场发展的重要驱动力,越来越多的企业家将艺术品收藏作为企业文化建设,将私人收藏行为转化为社会公益,9 月温州民营企业家郑好先生在上海创建了晚上 10 点才闭馆的"夜间美术馆"——昊美术馆,11 月宝龙集团创始人许建康先生在上海创办了占地面积 23 000 平方米的宝龙美术馆。以拍卖为代表的二级市场,相对一级市场更早进入调整期,且经过调整后的市场变化也更加明显,不少中小拍卖企业歇拍或停拍,拍卖市场明显向寡头化、连锁化方向发展。8 月,香港苏富比于上海静安香格里拉酒店举办 2017 秋季拍卖会巡展,上海作为中国巡展第一站,现场展示包括瑰丽珠宝及翡翠首饰、现代亚洲艺术、中国古代书画、中国艺术品等展品。9 月,佳士得上海秋季拍卖在上海半岛酒店举行,"开创|上海"和"二十世纪及当代艺术"两场拍卖共取得总成交额 9 858 万元,与去年上海秋拍相比增长 35%。12 月,保利华谊(上海)以现当代艺术和珍耀尚品为主,2017 秋拍以 3.72 亿元的成绩落槌。朵云轩 2017 春拍"万松金阙"和秋拍"如是"在上海四季酒店举槌,6 月春拍共呈现 33 件拍品,其中,重要拍品张大千《唐人大士像》以 2 530 万元成交;12 月秋拍共呈现 36 件拍品,其中,张大千《释迦文佛》以 1 667.5 万元成交。2017 年,民营艺

品线上拍卖公司赵涌在线推出赵涌购物,进一步布局艺术收藏行业全产业链,覆盖鉴定、评级、储藏、物流、交易、托管、支付、金融服务等重要环节。

5. 网络文学产业生态逐渐形成

2017 年,网络文学走向了风口。据中国互联网络信息中心统计,截至 2017 年 6 月,全国网络文学用户规模达到 3.53 亿,较去年底增加 1 936 万,占网民总体的 46.9%,其中手机网文用户规模为 3.27 亿,较去年底增加 2 291 万,占手机网民的 45.1%。上海网络文学的产业规模和市场份额优势明显,以阅文集团为代表的行业领军企业继续推动网络文学产业发展,并逐步构建完善可持续的产业生态体系,加速与影视、动漫、游戏等领域深度融合,以网络文学为核心 IP 来源的产业生态正在逐渐形成。11 月 8 日,阅文集团在香港联合交易所主板上市,市值最高近千亿,上半年阅文集团实现营收 19.24 亿元,同比增长 92.5%,其中用户在线阅读付费业务贡献 16.34 亿元,占比超过 80%。阅文集团致力打造数字阅读和 IP 培育两大平台,旗下拥有 600 余万名网络文学创作者,占全国网络文学作家份额的 88.3%,拥有作品近千万部,与全国 2 000 多家出版单位建立合作,阅文平台已创造了超过 10 亿级票房的改编电影、突破 10 亿点击的改编动画、多部总流水过亿的改编游戏、1 500 万册的单品图书出版,国内已授权改编影视、游戏、动漫、话剧、有声读物等产品形态的网络文学作品大部分都来自阅文集团,是国内文化产业极具影响力的主要 IP 源头。阅文旗下《奥术神座》《回到过去变成猫》获得第四届中国出版政府奖网络出版物提名奖,《疾控地带》《我的 1979》等 13 部作品入选 2017 年中国作协重点作品扶持项目。11 月,"阅文集团·上海大学创意写作学科产学研合作"签约仪式在沪举行,阅文集团携手上海大学共建国内首个网络文学方向创意写作硕士点,共同推动网络文学在产业人才培养、学术研究、产业运营等领域协同发展。

6. 电竞领域成为游戏产业发展亮点

2017 年,游戏产业保持稳健发展,移动游戏对整个产业增长有较大带动作用。根据《2017 年中国游戏行业发展报告》,2017 年中国游戏行业整体营业收入约为 2 189.6 亿元,同比增长 23.1%。其中,移动游戏市场规模约 1 161.2 亿元,同比增长 41.7%,占游戏收入的比例增加到 57%,移动游戏已经成为整个游戏产业最大的增长驱动力。同时,"电子竞技"成为 2017 年一大关键词,4 月亚洲奥林匹克理事会与阿里体育正式宣布,将在 2022 年亚运会中首次把电竞纳为正式比赛项目。2017 年上海网络游戏销售收入预计约 650.5 亿元,同比增长 15.2%,占全国 32% 的市场份额。上海网络游戏衍生的电竞行业发展迅速,形成新的增长亮点。为改善企业服务水平,上海进一步优化国产游戏属地审批,在保持"绿色通道"高效的同时,努力提升管理能力,截至 11 月底,共收到符合属地管理的国产网络游戏申报材料 773 款,预计全年同比将增加 20% 以上。在游戏企业中,腾讯、网易继续领跑游戏产业,占据游戏行业半壁江山,旗下《王者荣耀》《阴阳师》等手游作品占据着大部分市场。除腾讯和网易的游戏业务外,上海三七互娱紧随其后,2017 年上半年三七互娱的市场份额排在腾讯和网易之后,达到 3.97%。东方明珠围绕顶级 IP 布局,12 月拿下《最终幻想 15》手游改编授权,联合微软、冰穹互娱打造 G 游戏平台,实施游戏产业和混合现实游戏内容生态孵化。完美世界、昆仑万维、恺英网络等新老厂商业绩情况表现不俗。

(三)文化产业资本市场趋于理性

1. 文化领域并购整体规模下降

2017 年,中国证监会对文化娱乐类资产的再融资和并购监管始终保持着谨慎的态度,整个文化娱乐行业的再融资和并购重组开始遭遇越来越多的政策监管,整体表现较前两年出现一定程度降温,产业并购规模也呈现增速放缓态势。据统计,2017 年上海文化领域发生并购事件 58 起,较 2016 年同比下降 34.8％。A 股市场但凡涉及发行新股的娱乐公司并购案,几乎鲜有顺利过会,赵薇夫妇控股龙薇传媒收购万家文化被彻查,华录百纳、印纪传媒、出版传媒等多家上市公司先后主动放弃了并购交易。宋城演艺、骅威文化、唐德影视等公司的定向增发方案受阻,仅有慈文传媒、奥飞娱乐在反复调整定增方案后艰难获批。然而,政策趋紧并未完全打消上市公司对投资并购和再融资的热情,在实际操作中,各上市公司退而求其次,探索出了多种变通的替代方式。在资产并购方面,东方网络收购上海华桦和元纯传媒,放弃了原定发行股份方式,直接改用现金收购部分股权,规避发行新股的政策监管。此外,完美世界、印纪传媒等上市公司开始通过设立并购基金的方式,依赖外部资金进行产业布局。在企业融资方面,光线传媒、慈文传媒、唐德影视、当代明诚、大晟文化等多家公司由股权融资转向债权融资,通过发行公司债券募集所需资金。此外,部分公司加紧发行可转换债券,由于兼具股权融资和债权融资的优势,三七互娱、利欧股份、平治信息等上市公司都在推进发行可转换债券。

2. 文化产业投融资数量下降

2017 年,大量金融资本仍在通过各种渠道进入文化领域,但在监管政策逐步趋严的背景形势下,整个行业融资规模、并购规模都有所下降。与前几年风起云涌的投资热潮、炒作、估值虚高相比,2017 年文化企业资本市场逐步回归理性。据统计,2017 年上海文化领域投融资事件 68 起,较 2016 年同比下降 34.6％;同期,与北京文化领域投融资事件 169 起相比,上海投融资在规模和数量上均远远落后于前者。除没有对外公布投资金额投融资之外,2017 年上海文化领域发生的投融资事件中,金额规模最大的是熊猫直播获得兴业证券兴证资本领投,汉富资本、沃肯资本、光源资本等跟投,共 10 亿元 B 轮融资。此外,上海炫踪网络获得华鑫证券、杉杉创投、久有基金、欧擎资本共 4 亿元 B 轮融资,韩寒的上海亭东影业获得博纳影业 3.1 亿元融资,"SNH48"运营方上海丝芭文化传媒获得招银国际资本、华人文化产业基金、君联资本过亿元 C 轮融资。上海笔酷文化、上海耀客传媒、麦萌漫画等新兴文化企业亦完成融资或注资。

3. 文化产权交易所清理大整顿

回顾文交所近十年来的发展历程,2009 年 6 月,上海成立第一家国家级文化产权交易所,同年 11 月深圳成立第二家国家级文化产权交易所,自此拉开国内文交所发展大幕。2011 年天津文化艺术品交易所推出了艺术品份额化交易模式,因存在违背市场规律和巨大金融风险等问题,被国务院当年出台的《国务院关于清理整顿各类交易场所切实防范金融风险的决定》(国发 38 号文)叫停。2012 年南京文交所钱币邮票交易中心上线,以邮币卡为标的物的电子盘模式迅速成为各地文交所的主打品种,邮币卡电子盘呈井喷式发展,规模不断放大至万亿级,上海文化产权交易所、上海邮币卡交易中心、上海工美艺术品交易中心等交易场所亦深陷其中,但问题随之而来,存在投机氛围过重、严重金融风险和没有根本上促进产业经济发展等问题。近年来,文交所发展良莠不齐,呈现混乱发展态势,"野蛮生长"带来行业负面新闻不断。2017 年 1 月 9 日,中国证监会召开清理整顿各类交易场所部际联席会议第三次会议提出,"用半年时间集中整治地方交易场所,基本解决存在的问题和风险"。全国各地百余家文交所顿时"风声鹤唳",因普遍采用集中连续竞价、T+0 等违规交易模式开展邮币卡交易,文交所成为重点监管和清理整顿对象之一。随着监管政策不断出台和实施,非法平台被陆续取缔,邮币卡违规交易场所关停并转已经成为常态,文交所相关领域已正式进入一个由乱而治的大时代。

4. 文化产业投资基金发展颇具亮点

在推动文化产业创新发展的过程中,文化产业投资基金发挥的重要作用毋庸置疑,国内各地相继设立文化产业投资平台和新媒体投资管理平台,尝试建立文化金融领域价值链,推动本地文化产业整体发展。目前,各地文化产业投资基金的发起模式主要包括由政府牵头、由国有资本发起、由文化上市公司出资或由创投机构设立文化产业基金等四种模式,上海亦进行多项尝试和探索。2017 年 6 月,中共上海市委宣传部、闵行区政府、浦发银行、上海双创共同发起设立总规模 50 亿元的"上海双创文化产业投资母基金",成为上海市近年来持续完善投融资体系建设中的重要一环。10月,浦东新区和人民网签署战略合作协议,正式启动"人民浦东"文化产业基金,总规模50亿元人民币,主要用于投资浦东新区优质文创企业。11月,上海报业集团发起成立"众源母基金",作为国内首只由国有传媒集团主导发起、市场化运作的文化产业母基金,总规模100亿元。12月,东方明珠新媒体发起设立上海东方明珠传媒产业股权投资基金,基金总规模20亿元,将配合集团"娱乐+"的整体战略,专注在传媒娱乐、TMT和大消费等领域投资优质项目。

(四)文化产业融合跨界发展成效显著

1. 文化与金融合作持续推进

以构建"全市文化创意产业'补、贷、投、保'联动机制"为目标,上海通过多方努力积极促进文化金融深度合作。6月,上海组织召开全市文化金融合作座谈会,围绕《上海市关于深入推进文化与金融合作的实施意见》,政府部门、金融机构、文化企业等多个领域代表分别总结近年来上海文化金融合作创新试点的经验成效。上海市文化产业引导基金已投向10家创投基金,截至2017年10月底,各创投基金相继投资文化产业项目80余个,占投资项目总数的54.4%,投资文化产业金额29 768.75万元,占总投资的55.7%,成为推动上海文化产业尤其是新媒体产业创新创业的强有力引擎。上海双创文化产业投资母基金、上海众源母基金、人民浦东文化产业基金等一批政府引导,市场化运作的投资母基金先后成立,全市产业投资母基金规模和数量稳步提升。6月,上海滨江普惠小额贷款公司作为市级文化类小额贷款公司正式成立,截至10月底累计贷款金额11 230万元,贷款余额7 790万元,文化产业项目贷款占68.7%。市级文化担保公司东方惠金全年预计担保发生额2.7亿元,从开业截至2017年10月累计发生额为23.4亿元,其中担保业务中文化企业占比不低于60%。各商业银行加大对文创小微企业服务力度,增加对文创企业的信贷投放,本市共有36家银行获得信贷风险补偿试点资格,同比增长16.1%;试点贷款品种154个,同比增长71.42%。本市金融机构先后开发创意贷、智权贷、演艺贷、出版贷、影视动漫贷、广告贷等文创产业信贷产品以及艺术品保险、会展保险、演艺保险、影视保险等文创产业保险产品,全方位满足企业的金融需求。

2. 文化与科技融合效能显现

上海发挥新一代信息技术优势,持续推动大数据、VR/AR、物联网等前沿技术在文创产业的推广应用。上海交响乐团、上海电信等合作设立交响乐网络直播云平台,并于12月31日举行了新年音乐会网络直播,通过微信等方式进行推广,取得良好社会效应。中国移动咪咕视讯联合上海歌剧院,采集优质演出内容并开展家庭VR云直播、剧院AR互动、智能MR眼镜等关键技术与设备研发,打造技术驱动下的文化产业"平台+内容+终端+应用"新模式、新业态。东方明珠发挥广电资源优势,运用人工智能、大数据等新技术,结合社区公共安全、公共服务、公共管理的需求,部署传感装置,通过数据分析,解决社区管理中的顽症和难题,目前已落地包括烟感消防预警、实时监测高空抛物、明厨亮灶、打造无人值守车棚、微信开门等智能应用20余项,实践效果显著。东方网与上海电信签署全面战略合作框架协议书,双方将在信息网络建设、智慧社区运营、智慧政务拓展、媒体宣传等方面开展合作。幻维数码在东方明珠、锦江乐园等标志性景点研发了国内首个VR过山车项目,受到中外游客热烈欢迎。同时,针对4K超高清电视、VR影视制作等行业前沿领域,上海也开展了相关技术布局和行业宣传,推动新技术逐步走向应用。

3. 文化与装备制造融合深入实施

上海依托传统制造业转型和先进制造业发展契机,以关键技术突破和系统集成水平提升为切入点,推动文化装备业发展,打造文化装备产业高地。3月,上海高科技文化装备产业基地与陕西省西安市深化合作,签署示范基地落地协议,并与西安就大明宫遗址、陕西华山旅游示范等项目建设达成合作共识。4月,在文化部支持下,国家对外文化贸易基地(上海)高科技文化装备产业基地(TCDIC)组织东方明珠新媒体、柏贝科技、量子云、数码视讯等知名企业参加2017拉斯维加斯全美广播电视设备展(NAB show),首次将中国在数字内容传输端的NGB-W整体解决方案带到海外。6月,上海国际电影电视节跨媒体技术展(NAB Show Shanghai)在上海新国际博览中心举办,围绕全球跨媒体产业发展,专设了广电IP化、广电智能化、NGB-W、数字电影制作与后期制作、未来媒体娱乐科技、VR技术等展区,集中展示国内首个混合现实(MR)拍摄制作系统、媒体无线移动直播车、360度全景相机等前沿科技,成功吸引了索尼、科视、亚马逊、杜比等17个国家和地区的120余家广播设备技术制造商和供应商参会,展出面积12 500平方米。10月,上海文化装备科技体验馆推出"文化装备专题科普展"活动。

(五)重大文化项目建设取得新进展

1. 国家级文化产业基地能级提升

上海张江国家级文化与科技融合示范基地、张江国家数字出版基地、中国(上海)网络视听产业基地、国家对外文化贸易基地、金山国家绿色创意印刷示范园区、国家音乐产业基地(上海)等国家级产业基地建设成效显著,基地服务能级不断提升,辐射带动效应有效增强。8月,中国(上海)网络视听产业基地成功举办"2017上海网络视听季暨第九届中国网络视听产业论坛"。12月,国家音乐产业基地在虹口区上海音乐谷正式揭牌,标志着国家新闻出版广电总局颁牌的国家音乐产业基地正式扩大到上海音乐谷地区,规划面积1平方公里,基地将以"音乐＋"创新融合发展模式,逐渐形成国内音乐文化产业发展承载区。上海张江国家级文化与科技融合示范基地2017年文创产业营业收入预计超过3 800亿元,基地一区多园、业态融合态势明显,营业收入超过10亿元的企业达到8家以上,动漫游戏领域云集巨人网络、征途信息、盛大游戏等,广告会展领域云集新分众、迪岸广告等,数字出版领域有阅文集团、高越传播等,网络文化信息服务领域有百视通、上海聚力传媒、携程旅游等,围绕行业领军企业,周边集聚一批相关联的小企业,形成相互支撑和互为依托的张江文化创意产业链和业态集群。金山国家绿色创意印刷示范园共引进注册型企业11家,吸引东鸿印务、珀菲特包装科技、力试科学仪器等三家公司项目,项目总投资近2亿元,基地绿色认证检测中心及绿色印刷材料(上海)交易中心已正式入驻,康得新展示交易孵化中心和3D部落3D打印公共服务平台基本建设完成。张江国家数字出版基地总产出489亿元,较去年增长19.8%,其入驻企业产值过亿的企业总数超过40家。国家对外文化贸易基地累计聚集500多家企业入驻,新增入驻企业注册资本超24亿元,入驻企业累计注册资本超343亿元。

2. 市级重大项目建设取得实效

2017年,上海深入推进重大文化设施项目建设,逐步形成"两轴一廊、双核多点"的城市文化空间发展新格局。当前,上海重大文化设施无论是数量还是系统性、专业性等均已处于国内领先水平。5月,上海世博会博物馆竣工并投入试运营,博物馆总建筑面积约4.66万平方米。9月,坐落于浦东花木地区的上海图书馆东馆、坐落于浦东联洋社区的上海博物馆东馆、坐落于虹桥路的上海程十发美术馆3个重大项目同时开工。10月,上海交响乐博物馆竣工开放,博物馆总建筑面积约1 500平方米,其中展陈面积约500平方米。12月底,上海市历史博物馆(上海革命历史博物馆)基本竣工,博物馆总建筑面积约2.13万平方米。上海民族乐团、上海爱乐乐团、上海长江剧场、上海京剧传习馆等一批修缮项目亦基本竣工。此外,迪士尼乐园开园首年(2016年6月16日至2017年6月15日)游客接待数超过1 100万人次,五年建设期间(2011—2016年)项目固定资产投资对上海全市GDP年均拉动

0.44％,年均拉动新增就业6.26万人次,迪士尼乐园项目的溢出示范带动效应明显。

3. 文化品牌活动影响力不断提升

上海国际电影节、中国国际数码互动娱乐展览会、上海国际艺术节等重要文化节展活动正逐步向规模化、品牌化、国际化、特色化发展。各类文化活动的成功举办,成为城市形象和文化特色展示的重要窗口,成为文化产品创作展示交易的重要舞台。6月,第二十届上海国际电影节征集到来自106个国家和地区的2 528部电影,其中,来自47个"一带一路"参与国家的申报影片多达1 016部,展映中外影片498部,展映1 532场,观影人次超过了42万。7月,第十五届中国国际数码互动娱乐展览会成功举办,展出总面积共计17万平方米,参展企业达到900多家,展出展品超过4 000款,现场体验机5 000台以上,展览观展人数累计高达34.27万人次,比去年增长1.72万人次,来自30余个国家和地区的BTOB商务洽谈交易金额超4.75亿美元。10月,第十九届中国上海国际艺术节吸引来自66个国家和国内31个省市自治区及港澳台地区的万余名艺术工作者,举办各类活动350多项,惠及400多万人次观众,舞台演出共献演45台剧目,平均出票率和上座率超过九成,艺术节演出交易会共有来自60个国家和地区的500余家机构代表参会,国际机构参会数量较上年增长了39％。此外,"上海之春"国际音乐节、中国国际动漫游戏博览会、上海艺术博览会、上海书展等品牌活动持续开展,丰富了市民文化生活,提升了城市文化韵味和影响力。

(六) 对外文化贸易发展水平不断提高

1. "一带一路"文化合作日益增强

为贯彻落实中央"一带一路"倡议和文化部《"一带一路"文化发展行动计划(2016—2020年)》,上海与"一带一路"沿线国家积极开展各类文化交流活动。6月,上海国际电影节邀请了罗马尼亚、匈牙利、希腊、以色列等14个国家的电影节和电影机构代表,在电影节首日共同签订"一带一路"电影文化合作备忘录,同时推进"一带一路"人文交流主题活动,《嘿玛嘿玛》《墓地情歌》《拯救萨莉》《依依惜别》《模拟》等"一带一路"沿线国家优秀影片参与展映。7月,由上海博物馆和德国柏林国家博物馆合作举办的"中国和埃及:世界的摇篮"在柏林新博物馆开幕,首次将两种文明的文物系统陈列在一起展览,开启"长时段、多维度、深层次"的跨时空文明对话。10月,第十九届中国上海国际艺术节开幕当晚,"丝绸之路国际艺术节联盟"正式在上海大剧院成立,共有32个国家和地区的124个艺术节和机构加入了联盟。11月,中华艺术宫主办"同行——2017'一带一路'国际艺术联合展",以联展的形式汇聚澳大利亚、蒙古、塞尔维亚、越南四国艺术作品,并与新加坡国家美术馆等多个沿线国家美术馆确认合作意向。12月,"上海广播周"首次走进美国旧金山湾区,在当地时间每晚6时,美国中文电台旧金山湾区KEST AM1450、大西雅图地区KXPA AM1540同步播出由上海广播电视台东方广播中心制作富有上海特色的广播节目。

2. 外向型文化企业竞争力持续提升

上海文化企业为响应文化"走出去"战略,在经济全球化的历史浪潮下,加强国际合作,打通国际和国内市场,一批具有国际影响力和竞争力的外向型文化企业应运而生。2017年,第一财经、今日动画、唯晶信息、游娱信息等27家上海文化企业和"三毛流浪记"海外发行、肢体剧《白蛇传》海外演出、动画片《超时空大冒险》海外推广等10个项目被商务部、中宣部等中央5部委评选为2017—2018年度国家文化出口重点企业和重点项目。1月,SMG美国运营中心新址正式启用,将进一步巩固现有的北美新闻业务,加强在北美地区,尤其是新媒体领域的拓展,助力讲好中国故事。3月,灿星制作出品的电视节目《中国新歌声》获得国际组织FRAPA的模式认证,开启了中国原创节目走向国际市场的重要一步。4月,尚世影业联手迪士尼、北京环球艺动影业出品的电影《我们诞生在中国》在北美正式公映,在全球收获近2 500万美元的票房。5月,阅文集团旗下起点中文网的海外站——"起点国际"正式宣布成立并上线。8月,沪江网正式宣布与外语教学与研究出版社、新东方教育科技集团达成战略合作协议,共同在英国组建出版公司英创出版公司(Innova Press Limited),聚焦海外教育版权领域。游族网络在欧美地区主推的手游《狂暴之翼》成功跃升为海外市场收入最高的ARPG类手游,月流水超千万美元。唯晶科技PSVR游戏《揭秘计划》先后上线亚洲、欧美及日本地区PlayStation商店。

3. 对外文化贸易渠道不断拓展

上海积极发挥特色优势,充分利用各类走出去平台和渠道,推动本市文化贸易继续发展。2017年,继续组织本市优秀文化企业和文化产品参加洛杉矶艺术展、美国NAB展、法国里昂动漫节、美国国际品牌授权博览会、香港国际授权展等国际贸易展会活动,为上海优秀文化企业搭建与国外先进文化企业和文化市场等深入合作平台。优秀文艺节目通过市场化手段走向国际市场,《霸王别姬》在美国连续巡演15天,京剧音乐剧场《月光下的行走》献演比利时布鲁塞尔中国文化中心、法国巴黎中国文化中心和巴黎十三区政府中心,《临川四梦》完成48场世界巡回演出,上海歌剧院应邀赴德演绎《阿依达》和《贝多芬第九交响曲》,上海芭蕾舞团豪华版《天鹅湖》第二次"飞"赴欧洲,上海歌舞团《朱鹮》第三次东渡日本。中国出版物畅销海外市场,外文版《文化中国》丛书成功进入欧美图书市场,累计发行300余种共计120多万册,原创科普《十万个为什么》陆续推出越南语、马来西亚语、阿拉伯语版。2017年伦敦书展上,上海世纪出版集团与哈珀·柯林斯集团签约,授权英方翻译、出版上海一至六年级数学教材英文版,英国部分地区小学生将从明年起陆续使用。华东师范大学版《一课一练》数学分册英国版已落地英伦400多所学校并投入使用,口碑甚佳。

三、上海文化产业发展的展望

上海文化产业要围绕建设国际文化大都市和打响"上海文化品牌"的发展目标,着眼构建城市现代化经济体系,打造全产业链,推动城市产业升级和城市定位更新,形成代表卓越全球城市发展方向的现代文化产业体系和文化市场体系,走出内涵深化整合、外延融合带动的上海发展新路。

当前,上海文化产业发展的核心任务是要按照"十三五"时期文化改革发展规划的任务部署,深入落实《关于加快本市文化创意产业创新发展的若干意见》(以下简称《若干意见》),推动产业创新发展。一是要立足基本建成国际文化大都市和打响"上海文化品牌"的目标,按照《若干意见》任务要求,提升文化产业核心竞争力,夯实全市支柱性产业地位。二是把握自贸试验区和具有全球影响力的科技创新中心建设契机,深化制度创新、服务创新和技术创新。三是深化文化体制改革,加快重点国有文化企业转型升级,发挥国有文化企业在产业发展中的中坚力量。四是推动传统产业转型升级,重点推动影视、演艺、出版、艺术品等传统产业高地建设。五是加快新兴产业发展步伐,推动动漫游戏、网络文化、文化装备等优势产业保持全国领先地位。六是提升产业开放水平,利用国际国内两个市场、两种资源,统筹国有资源和社会资源,协调文化资源和非文化资源。七是推动产业跨界融合,深化文化与创意、科技、金融、制造等融合,加快形成文化旅游、文化体育等延伸领域协同发展态势。八是实施重点项目带动战略,发挥各地区位优势,加快重点产业项目落地建设。九是深化长三角发展联动,主动融入长三角区域协同发展战略,以文化产业带动和引领长三角一体化发展和世界级城市群建设。

执笔:上海市文化事业管理处

上海邮轮旅游服务贸易发展报告

一、上海邮轮旅游服务贸易发展的背景

近年来,世界邮轮巨头纷纷把重点目标瞄向亚洲市场,尤其是中国市场。邮轮市场"东移"特征凸显,亚洲以及大洋洲的邮轮游客人次增速远超欧美地区。对全国邮轮市场贡献最大的无疑是上海市场,2016 年上海港的母港旅客人数占全国邮轮市场的 67.6%,旅客总数占全国市场的 66.0%,母港船舶艘次占全国邮轮市场总计的 54.8%,而船舶艘次总计也达到了 53.5%,皆占我国邮轮市场的半数以上,虽然这不能否定我国其他地区的邮轮市场也在迅猛发展的态势,但是当前,上海作为我国邮轮旅游行业当中市场最成熟、配套最完善、基础最雄厚的邮轮旅游市场,仍然没有其他任何地区可以撼动对我国邮轮服务贸易贡献的龙头地位。

表 1　2016 年全国邮轮市场与上海邮轮市场概况比对

	全国邮轮市场总计	上海邮轮市场总计	上海邮轮市场占比
母港旅客人数	4 183 614	2 827 971	67.6%
访问港旅客人数	202 118	68 302	32.3%
旅客总数(母港＋访问港)	4 385 732	2 896 273	66.0%
母港船舶艘次	878	481	54.8%
访问港船舶艘次	73	28	38.4%
船舶艘次总计(母港＋访问港)	951	509	53.5%

邮轮经济是一个庞大的产业链体系,是典型的资本密集型、技术密集型和劳动密集型三大特征兼备,几乎涵盖第一、第二、第三所有产业的综合性特殊产业。在中国大力发展邮轮经济既符合我国经济整体转型升级的需要,又是我国人民生活水平提高后,消费升级的需要;同时,通过邮轮经济建设可以更好地推动"一带一路"在全球的影响力。

上海已形成"两主一备"邮轮母港形态布局。即上海港国际客运中心、上海吴淞口国际邮轮码头和外高桥海通码头。其中上海国际客运中心主要用于接待 7 万吨以下的吨位较小的邮轮(杨浦大桥限高 50 米),吴淞口国际邮轮码头则停靠 7 万吨级以上的国际邮轮。2017 年,上海吴淞口国际邮轮港出入境的旅客量已经超过虹桥机场,成为上海第二大出入境口岸,接靠的邮轮艘次、出入境旅客的人次分别占全国的 47% 和 63%,位列全国第一和亚洲第一。

邮轮旅游及邮轮产业的发展,也带动了邮轮服务贸易的发展。上海邮轮旅游相关服务贸易,涉及以下几类:与邮轮相关的运输服务(海运,含运输、港口、仓储、物流等服务)、旅行(旅游服务),还有邮轮融资租赁、信贷保险等金融服务,也涉及与邮轮旅游相关的信息服务。在专业服务方面,涉及咨询服务、法律服务、会计服务、管理咨询和公共关系服务、广告服务、展会服务、技术服务、文化和娱乐服务、邮轮维护和维修服务。

二、上海邮轮旅游相关服务贸易国内外竞争力分析

（一）上海邮轮旅游服务贸易在国内的竞争力分析

1. 邮轮靠泊量和邮轮出入境游客指标对比

2008—2017年上海共接待母港邮轮达到1964艘次，接待母港出入境游客量总计达到993.22万人次。2008年的艘次全国占比高达82.1%。由于全国各地邮轮港口的大量兴建，上海在全国邮轮市场的比重也受到一定的分流，但由于其良好的经济发展基础和广泛的客源市场基础，依然占据全国的半壁江山，即使在2017年依然占据全国60%的客源市场。

2017年上海邮轮港共接待邮轮512艘次，占全国总量的43.3%，其中母港邮轮艘次481艘次，占全国总量的43.8%；接待出入境邮轮游客量达到297.73万人次，占全国总量的60%，其中母港游客量达到291.12万人次，占全国总量的60.8%。

具体对比分析，一方面，上海港2017年总客流量为2 978 137人次。其中进出人数总量从基数上看，上海吴淞口国际邮轮港占据了绝大部分，总共有2 915 663人次，占上海年总客流量的97.9%，上海国际客运中心码头的年总客流量为62 474人次，虽然仅占上海总客流量的2.1%，但值得注意的是，该码头的总客流量以每年29%的迅猛态势增长，在"一带一路"建设不断向前推动的背景下，该码头邮轮旅游客流量还会呈现逐年上升的态势，在未来市场占有率还将不断上升。相比之下，广州的年总客流量为403 534人次，仅占上海总客流量的13.5%，上海为中国国际航运中心的地位可见一斑。另一方面，上海港2017年总船舶发航艘次为512艘次，约占全国出航船舶总艘次的45.4%。而排名第二的天津港总艘次仅为175艘次，占全国总艘次的15.5%。广州港总航次122航次，占全国的10%。

表2　2017年全国各港口邮轮总船舶量和总出入境人口

单位名称	总船舶艘次	总船舶艘次同比增长	总客流量	总客流量增长
上海港国际客运中心开发有限公司	46	21%	62 474	29%
上海吴淞口国际邮轮港发展有限公司	466	−1%	2 915 663	2%
天津国际邮轮母港有限公司	175	23%	942 145	32%
三亚凤凰岛国际邮轮港发展有限公司	12	−52%	40 049	−58%
厦门港和平旅游客运有限公司	77	−3%	161 807	−15%
青岛国际邮轮有限公司	63	21%	109 441	22%
舟山群岛国际邮轮港有限公司	17	31%	693	−90%
大连港客运总公司	31	15%	69 072	7%
广州港国际邮轮母港发展有限公司	122	17%	403 534	24%
深圳招商蛇口国际邮轮母港有限公司	92	—	189 046	—
烟台港客运总公司	0	—	0	—
海南港航控股有限公司（秀英港）	27		22 487	
合计	1 128	19%	4 942 720	13%

数据来源：上海国客中心主编《邮轮志》2018年第一期。

从数据上看,无论是客运人数总量,还是港口年度母港始发的船舶艘次,上海港口所占比重均为全国各地区之首,这凸显了上海邮轮旅游服务市场竞争力在我国乃至整个亚洲的领先地位。但也可以看到,上海虽稳居全国第一的市场地位,邮轮航次和旅客人数也有上涨,但国内市场份额已有下降趋势,而天津、广州则均有不同程度上浮。深圳、厦门和青岛等邮轮港也逐渐发力,邮轮航次及乘客人数较上年有显著提升。

2. 邮轮港所在城市旅游竞争力指标

有学者按照以下指标体系对全国邮轮港口旅游竞争力进行了综合比较和分析。选取的公共因子为:城市人均经济水平、港口所在城市旅游服务能力、邮轮港口发展能力、旅游资源因子、人均 GDP(美元)、城市居民人均可支配收入(元)、第三产业产值占 GDP(%)、航空港旅客吞吐量(万人)、市区空气质量优良天数(天/年)、人均绿地面积(m²)、星级酒店数量(个)、港口与城市中心距离(km)、到访邮轮艘数(个)、拟建邮轮码头泊位数(个)、码头前沿水深(m)、高等院校在校生(个)、国家 4A 以上风景区(个)、旅游外汇收入(美元)等。

根据主因子及其相应的方差贡献率计算各因子得分及综合评价得分计算得 15 个港口城市排名依次是:上海、厦门、珠海、深圳、天津、青岛、广州、三亚、宁波、大连、汕头、湛江、烟台、海口、北海,其中上海以得分 1.36 排名第一。各个地区邮轮港口的旅游竞争力分布情况是,环渤海地区:天津 0.57、长江三角洲地区:上海 1.36、珠江三角洲地区:厦门 1.32、西南沿海地区:三亚 0.08。[①]

3. 邮轮旅游发展实验区改革创新竞争力分析[②]

邮轮旅游发展实验区是指由国家旅游局批准设立的,依托当地丰富的港口资源、旅游资源和区位优势,以邮轮母港建设为核心而成片开发的面向国内外游客的集旅游运营、餐饮购物、免税贸易、酒店文娱、港口地产、金融服务等于一体的综合服务区。

"上海中国邮轮旅游发展实验区"于 2012 年 9 月 15 日在宝山吴淞口国际邮轮港正式揭牌,这是中国首个邮轮旅游发展实验区。此后,国家旅游局又先后批了天津、青岛、深圳、福州、大连。目前,三亚也在申报第七个国家级邮轮旅游发展实验区。[③]

在改革创新举措方面,上海率先推出外国人 144 小时过境免签,并延伸到邮轮港,外国旅游团乘坐邮轮经上海入境 15 天内免签政策等多方面政策的支持。[④]

天津国际邮轮母港:《天津市国民经济和社会发展第十三个五年规划纲要》提出"完善邮轮母港配套设施,吸引大型邮轮公司落户,打造邮轮经济聚集区";《关于加快落实国家自由贸易区战略的实施意见》提出"建设北方国际航运融资中心";《天津市建设北方国际航运核心区实施方案》提出"推进邮轮母港配套设施建设,延伸邮轮产业链条,建立物资配送中心,完善邮轮产业监管政策"等政策。

青岛邮轮母港:《青岛市国民经济和社会发展第十三个五年规划纲要》明确提出"与世界知名邮轮公司合作开通中日韩邮轮母港航线";《关于印发青岛市国家级旅游业改革创新先行区实施方案的通知》提出"推进离境退税政策的实施,积极争取境外游客 144 小时过境免签、邮轮旅游落地签及邮轮无目的地旅游政策"。

广州港国际邮轮母港:《关于加快广州国际邮轮产业发展的若干措施》提出"到 2020 年,将广州建设成为亚洲最大邮轮母港之一,将广州南沙打造为中国邮轮旅游发展实验区。广州市区两级财政每年将各安排 1 500 万元,连续扶持 3 年共 9 000 万元,重点对新设邮轮公司、增加邮轮航线航次、旅行

① 朱乐群:《基于因子分析的我国邮轮港口旅游竞争力评价研究》,《淮海工学院学报(社会科学版)》2010 年第 9 期。
② "盘点六个邮轮旅游实验区",见 http://www.hellosea.net/zhuanti/2017-09-14/44033.html。
③ 同上。
④ 梅俊清:《中国邮轮港口发展研究报告(2017)》。

社拓展邮轮业务三个方面进行奖励"。

深圳招商蛇口太子湾国际邮轮母港:《深圳市国民经济和社会发展第十三个五年规划纲要》提出"重点发展邮轮游艇等,打造国际特色旅游目的地"。

厦门邮轮母港:《厦门市综合交通运输"十三五"发展规划》提出"建设亚太地区重要邮轮母港,积极培育本土邮轮企业,引进国际大型邮轮公司,发展与国际接轨的标准化、规范化邮轮服务"。

三亚凤凰岛国际邮轮港:《三亚市"十三五"规划纲要》明确提出"积极推动'21世纪海上丝绸之路'邮轮旅游合作,开辟南海邮轮航线,打造邮轮国际旅游精品。推动在西沙群岛、南沙群岛建设邮轮码头,经南海岛链开辟三亚—西沙—南沙—文莱、马来西亚和印尼国际邮轮旅游新航线,促进中国与东盟各国邮轮旅游正常化"。《三亚市海洋经济发展"十三五"规划》提出"深入推进海洋现代服务业"。

2017年,大连港集团将加快推进邮轮泊位改扩建工程、国际邮轮客运中心等项目建设。为满足大型国际邮轮始发靠泊条件,将大港港区二码头改扩建为2个邮轮泊位。计划2017年底前完成二码头西侧泊位改造,具备接待15万吨级邮轮靠泊条件;2018年底前完成东侧泊位改造,至2019年码头泊位设施将同时具备2艘15万吨级邮轮靠泊条件。2018年,大连市人民政府办公厅也出台了《关于加快邮轮旅游发展实验区建设的实施意见》。

4. 邮轮旅游服务业产出对比[①]

表3 2008—2014年全国主要邮轮港服务收入

（单位:万元）

邮轮港口	2008年	2009年	2010年	2011年	2012年	2013年	2014年
上 海	15 900	23 800	36 700	30 900	49 100	108 100	131 500
天 津	4 862	8 056	13 890	10 000	16 668	34 725	31 114
厦 门	10 232.5	2 812.3	2 517.4	1 746.3	4 988.9	3 452.8	7 840.1
三 亚	23 590	5 242	5 470	9 580	16 306	18 797	21 664

数据来源:根据上海国际邮轮经济研究中心、宝山区滨江委2015年《邮轮经济对上海经济贡献度研究》研究报告整理。

一般来说,邮轮公司在邮轮港的直接支出占比约为21%,港口作业包干费包含卸车、码垛、缮盖、攒堆、理货、水平运输、装船、靠离泊等各个方面的作业内容。此外还有引航、助航、系缆、舱内绑扎等等码头服务和政府服务费用。外国邮轮在邮轮港的服务收入可以视同为邮轮旅游服务贸易出口。由于上海港靠泊量稳居全国第一,邮轮港服务收入也位居全国第一。2014年达到1.3亿元,2015年起国家发改委、财政部两部委发布《关于取消有关水运涉企行政事业性收费项目的通知》,取消船舶港务费,旨在切实减轻航运企业负担,促进长江经济带发展。即便这样,2015年上海邮轮港服务费收入也翻番达到2.49亿元,2016年约为4.3亿元,2017年约为6.09亿元。

5. 区域邮轮旅游市场特征分析[②]

自改革开放以来,华东、华南、华北三大区域的国民财富得以积累,个人消费逐年增加,旅游消费的占比也逐年提高。据调研统计,三大区域内普遍能接受的价格为3 000—5 000元人民币。经济发展较为成熟的城市已经具备或者部分具备邮轮旅游服务的经济基础。另外,三大邮轮市场所在区域

[①] 这部分2012—2014年数据来源于上海国际邮轮经济研究中心(上海工程技术大学)的推算,2015—2017来自各邮轮港口的数据。

[②] 数据来源:《2017中国邮轮产业发展报告》。

的综合交通运输网络十分发达,为游客乘坐邮轮提供了非常便利的条件。

(1)华北邮轮市场

华北地区的邮轮旅游产业核心主要是指环渤海邮轮旅游产业网络,该地区依托天津国际邮轮港和青岛邮轮港的建设运营及航次扩容逐渐形成了京津为核心的邮轮市场区域。以天津港、大连港、青岛港等为邮轮母港及挂靠港,依托北京、天津、大连、青岛等城市作为支持,主要连接与日本、韩国、俄罗斯远东地区的邮轮旅游,同时也能够连接由外到内和由内到内的环渤海湾邮轮旅游服务。

(2)华东沿海市场

华东区域的邮轮旅游市场,当前已经形成了"一中心,两侧翼"的发展态势,一中心指的是上海,两侧翼指的是江苏和浙江沿海发达城市带,共同面向东海,依托其天然的港口基础和水运优势,形成的发达邮轮产业网络。

(3)华南沿海市场

华南沿海的邮轮旅游市场产业带目前已经形成三驾马车齐头并进的格局,这三驾马车分别是东南沿海邮轮旅游区、珠三角邮轮旅游区、北部湾邮轮旅游区,每个旅游区都各有其优势与不足。以厦门港为核心,同时带动福州、泉州等城市,形成相对成熟的邮轮旅游产业带,有着面向东南亚和台湾直航的有利地理优势。但该区域整体的经济发展水平相对较低,基础设施建设不完善,人均消费能力较低等都是目前存在的劣势。

(二)上海邮轮旅游服务贸易在国际上的竞争力

1. 旅游服务贸易国际竞争力指数

国际上一般采用出口市场占有率指数、贸易竞争优势指数和显示性比较优势指数等指标反映一国特定产业的国际竞争力。出口市场占有率指数是一国出口总额占世界出口总额的比例,贸易竞争优势指数(Trade Competitive Index,TCI)表示一国进出口贸易差额占进出口总额的比重。显示性比较优势指数(Revealed Comparative Advantages,RCA)是美国经济学家巴拉萨(Balassa)于1965年提出的一个竞争力测度指标,它是指一国某产业在该国出口中所占的份额与世界贸易中该产业占总贸易额的份额之比。

2017年,共有3 312艘邮轮在北亚三国的港口挂靠,这其中,67%为经停或到访,33%为母港始发并返航和过夜。日本经停或到访总的停靠数最多,经停或到访占到59%,总停靠数占到该地区的46%。而中国母港始发又返航的停靠数最多,占到该地区返航停靠数目的83%。在2016年,共有838万乘客和船员岸上旅游。返航游客占到27%,沿途以及过夜游客占到58%,船员旅游占到15%。这一点还可以通过2016年至2017年亚洲主要地区邮轮访问次数对比,从另一个侧面反映出来。①

---

① 在2017年的7 196邮轮航线访问中,邮轮业将1 350万个客运目的地带到亚洲,比2016年的1 090万增长24%。而其中74%的航线目的地集中在东亚地区,除此之外,全球68%的邮轮航线访问地聚集在东亚地区。在日本、中国、韩国、泰国、越南、马来西亚和新加坡等地,航线访问次数最多的国家超过300多次。亚洲前21个港口将会有超过100条主航线访问,其中前5的港口航线访问次数分别为:中国上海宝山最多,高达581次;韩国济州岛第二,为477次;新加坡第三,为393次;日本福冈第四,为341次;中国香港第五,为263次。

另外,将有47个转运港口,中国上海和新加坡承载着绝大多数航线(529和325)。中国基隆(台湾),也将安排大量航线。泰国曼谷林查班港口将安排最新的航线访问(51),其次是新加坡(44)和中国香港(37)。

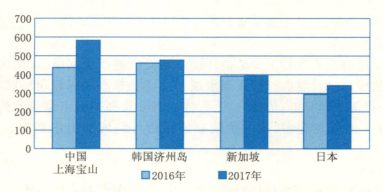

图1 2016/2017 年亚洲主要地区邮轮访问次数对比

其中,2016 年邮轮旅游对中国服务业的产出包括批发零售、交通运输服务、金融和商业商务服务务、其他服务和政府服务共计约 26 亿美元,在北亚地区(中日韩)中位列第一。

表4 2016 年邮轮旅游对中国服务业的产出

Table 26 Total Economic Contribution of Cruise Tourism in China by Sector, 2016

Sector	Expenditures ($ Mil)	Value-Added[①] ($ US Mil)	Compensation[①] ($ Mil)	Employment[①]
Agriculture	¥3 370.6	¥1 298.1	¥584.3	6 602
Manufacturing	¥10 737.4	¥2 667.3	¥867.2	6 994
Construction	¥73.1	¥37.2	¥18.9	172
Wholesale & Retail Trade	¥3 841.0	¥2 171.6	¥569.4	4 212
Transport	¥2 532.7	¥1 007.9	¥251.4	1 630
Financial & Business Svcs	¥5 690.6	¥2 786.9	¥1 045.3	6 237
Other Svcs & Govn't	¥4 742.7	¥2523.5	¥842.4	7 923
Total	¥30 988.2	¥12 492.5	¥4 178.8	33 770

数据来源:2017 North-Asia Economic Compact by Cruise Activity。

2. 国际上常用的邮轮经济贡献指标体系

根据国际邮轮协会的历年报告以及专业咨询机构 BREA 的研究,邮轮旅游对各国的直接经济贡献类别包括农业、制造业、建筑业,涉及服务领域的为批发零售业、交通运输业、金融和商业服务业,其他服务及政府服务(行政收费等)。

根据国际邮轮协会(CLIA)2017 年北亚分析报告,2016 年到访中国港游客和船员为 270 万,其中母港出发游客为 200 万,占了北亚地区的 90%。日本经停和过夜的游客有 260 万,占了北亚地区的 53%,国别按产业划分经济贡献分别是制造业占 35%,金融和商业服务业占了 18%,中国经济占了北亚地区 65% 的比例。

3. 中日韩邮轮旅游服务国际竞争力比较

北亚地区指中日韩,根据 CLIA(国际邮轮协会)关于"2016 北亚地区邮轮旅游经济贡献"的分析报告,中国[①]是北亚地区主要的邮轮母港地区,即邮轮始发和返回的港口约占该地区总经济贡献率的 65%,其中有 46.7 亿美元的产出、18.8 亿美元的增值和 3.377 万份全职和兼职工作岗位、薪酬支出为 6 293万美元的雇员补偿。

---

① 但这份研究报告里提到的中国的主要港口包括上海、香港和天津,没有单列上海。

在整个北亚地区,邮轮旅游的直接经济贡献包括 32.3 亿美元的直接支出、15.1 亿美元的增加值,为 23 697 名全职和兼职工作人员支付了 7.545 亿美元的工资和劳务费。

综合起来,以下三个经济领域是邮轮旅游的直接受益部门:批发和零售业,其他服务业、政府服务和金融、商业服务业。在区域直接影响中约占 72%,直接支出为 23.4 亿美元,增加值为 11.8 亿美元,创造了全职和兼职岗位 19 252 个,薪酬支出总量为 5.944 亿美元。

总体而言,间接和衍生的经济贡献由邮轮直接影响到的商业商务及其雇员的消费构成。因此,这些影响遍及各个经济的企业和消费者领域。这些间接的经济影响表现为:2016 年在北亚地区总计达 39.8 亿美元产出,增值 17.2 亿美元,以及为 27 934 位全职和兼职雇员的薪酬支出 7.496 亿美元。间接和衍生的经济贡献比直接贡献更多样化和分散化。排名前三的行业包括制造业、金融和商业服务业以及农业。2016 年在北亚地区这三个部门约占间接和衍生影响总额的 79%,其中产出 31.6 亿美元,增加值 12.2 亿美元,19 893 份全职和兼职工作的薪酬支出是 4.911 亿美元。直接、间接和衍生的经济贡献加在一起,邮轮旅游给北亚地区(中日韩)的总经济贡献为 72.1 亿美元的产出、32.3 亿美元的增加值和 51 631 份全职和兼职工作、薪酬支出总额为 15 亿美元。邮轮旅游的经济贡献在整个北亚经济体的各个国家有所不同。对个别国家的经济影响体现在邮轮停靠的数量、旅客和船员的到访量以及各国乘客和船员平均支出的不同。

在北亚地区,日本是最大的经停港口国家,在地区经济贡献中约占 30%。日本的经济贡献总额为 21.6 亿美元,增加值为 11.4 亿美元,提供了 14 724 份全职和兼职就业岗位,薪酬支出总数为 7.425 亿美元。日本的主要邮轮目的地是福冈、长崎和冲绳。此外,横滨是一个主要的周转港口。

韩国的主要邮轮目的地是济州岛、釜山和仁川。韩国的港口主要是过境目的地。邮轮旅游在韩国的总产出是 3.85 亿美元,增加值是 2.07 亿美元,提供了 3 137 个全职和兼职的工作岗位,总薪酬支出为 1.32 亿美元。以上占整个北亚地区邮轮经济贡献的 5%。

表5　2016 中日韩邮轮旅游服务数据

		雇员	美元($ Mil)		
			消费	增加值	薪酬
中 国	批发和零售业	4 212	9 437.9	6 045.5	4 380.6
	交通	1 630	2 550.6	1 494.3	1 038.9
	金融和商业服务	6 237	7 269.0	4 838.7	2 998.8
	其他服务和政府服务(行政收费)	7 923	4 767.4	2 716.7	1 811.9
	小计	20 002	24 024.9	15 095.1	10 230.2
日 本	批发和零售业	5 454	588.6	377.1	273.2
	交通	1 162	159.1	93.2	64.8
	金融和商业服务	1 472	453.4	301.8	187.0
	其他服务和政府服务(行政收费)	3 503	297.3	169.4	113.0
	小计	11 591	1 498.4	941.5	638.1
韩 国	批发和零售业	1 068	99.7	54.6	39.5
	交通	154	23.8	8.7	6.1
	金融和商业服务	742	131.4	82.2	50.0
	其他服务和政府服务(行政收费)	931	62.6	44.0	29.9
	小计	2 895	317.5	189.5	125.5

数据来源:CLIA 官方网站发布,课题组根据 2017 北亚邮轮经济贡献分析报告整理。

2016 年度,邮轮旅游对北亚地区直接经济贡献(指邮轮公司在中国的直接支出)最高的是中国,总额为 18.314 亿美元;日本位居第二,总额是 11.974 亿美元;韩国第三,为 1.998 亿美元。数据显示,在邮轮旅游对国别的总体经济贡献方面,剔除建筑业、农业、制造业,剩下的几乎都是服务业:2016 年邮轮旅游对中国服务业贡献约为 26.67 亿美元;日本为 14.98 亿美元;韩国最少,约为 3.17 亿美元。除了日籍雇员的薪酬比较高以外,中国的各项经济指标在北亚地区都遥遥领先。

根据上海外汇管理局不完全统计,2016 年度上海邮轮旅游服务贸易中三家主要的邮轮公司在沪附属机构服务贸易项下外汇收入约为 7 117.2 万美元。该数据有待进一步细分服务类别,还不能代表邮轮旅游对上海的直接经济贡献、间接和衍生的经济贡献。

4. 上海邮轮旅游服务贸易国际竞争力总结及薄弱的地方

第一,上海邮轮出入境游客虽然位居亚洲第一、世界第四,但是企业经营的经济效益不明显,对社会经济推动和消费需求拉动有限;

第二,邮轮公司以旅行社包船经营方式后造成低价竞争、市场混乱、服务质量低下;

第三,邮轮供货渠道和市场均由外方控制,中方企业难以进入,国家对货源关税政策不适应国际邮轮运营惯例造成国内企业和货物价格缺乏竞争力;

第四,邮轮市场经营几乎全部由美国、欧洲少数几家邮轮巨头控制,国内企业要想后来居上,谋得更大的市场空间,更应聚力于大力发展本土邮轮船队,发展内河航运,促成三游产业联动发展的局面;

第五,涉及邮轮的国内保险、租赁等金融服务和金融产品尚未健全和完善;

第六,作为造船行业的皇冠明珠,国内建造大型邮轮刚刚起步,嘉年华和中船正在迈出第一步。但我国建造邮轮的技术能力、业务水平和国产化距离还有较长的路要走;

第七,我国沿海城市有丰富的旅游资源,沿海城市发展邮轮在国家旅游法规、政策支持、港口配套、码头设施等方面尚有不足;

第八,鼓励和扶持国内的航运企业经营邮轮业务,必须在法律法规、政策导向、财力倾斜等诸多方面突破障碍,否则难以与外资邮轮企业竞争。

为此,从作为国际邮轮母港的上海来看,邮轮经济发展的产业链尚未形成,邮轮产业对经济发展的拉动力、影响力有限,上海邮轮经济的发展仍然处于初级阶段。邮轮经济的发展标志着国家和地区的经济发展、科技创新、文化素质和市场管理的综合体现。随着我国经济发展水平的不断提高、人民群众对生活质量和需求不断提升,邮轮经济在供给侧改革方面的潜力巨大,上海邮轮母港的建设必将对拉动我国邮轮经济发展起到引领示范性的积极作用,在国际邮轮市场上形成足够的热点影响力和品牌价值。

(三)影响邮轮旅游服务贸易发展的问题分析

1. 中国邮轮旅游发展存在的问题

第一是体现在外国邮轮船队分布集中较高、产品创新不足、旅游体验下降等问题;第二是短期内邮轮运力的供给与邮轮文化培育缓慢、邮轮分销渠道不畅之间的矛盾;第三是邮轮旅游目的地可选空间局限与邮轮旅游多样化需求之间的矛盾;第四是沿海丰富的旅游资源与缺乏成功的邮轮旅游目的地之间的矛盾;第五是邮轮港口的大量资金投入与投资回报率较低之间的矛盾;第六是邮轮港口商业配套需求增加与规划不足之间的矛盾;第七是巨大的邮轮旅游潜力市场与市场渗透率较低且增长缓慢之间的矛盾;第八是包船模式弊病凸显与直销模式发展缓慢之间的矛盾;第九是旅游需求多样化与船型规格较为单一的矛盾;第十是邮轮产品体验亟待提升与邮轮产品价格较低之间的矛盾;第十一是国产邮轮亟待建造与核心技术掌握不足之间的矛盾。

2. 我国邮轮旅游市场发展十分不平衡

上海如美国在全球客源市场一样,近年来保持"一枝独秀"。虽然目前多母港运营趋势下,广州、天津发展规模较快,其他邮轮市场的发展却较为缓慢,甚至下降趋势明显。如三亚,原来是中国最大的访问港,2017年1—10月份却仅接待9艘次邮轮,未来如何发展已成为亟待解决的问题。从我国出境旅游发展来看,我国出境旅游人均仅为8.8%,持有出境证件的数量仅有6%,在我国东部沿海地区,邮轮旅游渗透率已经较高,但中西部地区对邮轮依然较为陌生。东西部旅游发展指数差距较大,2016年东部地区达到0.56,而西部地区仅为0.23,国际成熟市场邮轮渗透率为3.6%。多种因素约束这一部分群体参与邮轮旅游。

3. 邮轮旅游进口依然较为缓慢

我国入境旅游国外游客占比较低、频率较低、复购率较低。根据统计数据,2016年入境游客中有79.8%是首次来中国旅游,影响邮轮入境旅游的发展。我国具有沿海丰富的旅游资源,但却尚未形成成熟的邮轮旅游目的地,尤其是南海市场、环岛邮轮旅游、近海邮轮等都没有得到充分的发展。邮轮旅游市场的发展需要更多市场主体的参与,其中旅行社在邮轮文化传播中发挥着重要的作用。我国东部地区旅行社占到全国旅行社数量的50%,中西部加总占有41%,东北地区仅占9%。另外也需要更多邮轮公司在中西部更多地推广邮轮,推进邮轮市场区域结构更加平衡。邮轮旅游目的地的发展要更多与当地居民的生活进行有效结合,使得全域旅游在邮轮旅游中得到更好的应用,使得邮轮旅游在旅游扶贫中发挥更大的作用和影响,通过邮轮促进本地居民对美好生活需要的满足。

4. 自贸区改革红利尚未完全辐射到邮轮旅游发展试验区

同样是中国邮轮旅游发展实验区,设在天津滨海新区的邮轮旅游发展实验区位于天津自由贸易试验区内,而吴淞口和北外滩邮轮港却不在上海自贸区范围内,无法分享自贸区的开放便利举措。目前,全国分三批复制推广的自贸区制度创新举措还没有完全复制推广到非海关特殊监管区内的中国邮轮旅游发展试验区,即便复制推广了,也不能完全适应邮轮产业发展的需求,需要在中国邮轮旅游发展试验区进一步进行改革和创新。

5. 口岸规划和建设对邮轮港商业商务服务发展的影响

母港建设不仅在宏观上的规划方面要符合港口法的规定,而且在微观上,由于构成邮轮经济的各个相关因素,诸如邮轮母港的建设、码头的布局、邮轮建造等环节要求必须协调,故而邮轮经济下的港口规划和管理更为复杂。母港的建设必须具备提供邮轮靠泊离泊、乘客候船与上下船服务的场所;提供相关的出入境检验检疫及通关场所;提供围绕邮轮旅游为主题的特色零售、娱乐活动等配套设施;提供以邮轮旅游业为主题的资讯、展览和教育相关设施等。而目前中国对于港口建设有的只是根据交通运输部《港口建设管理规定》,对邮轮母港的规划、建设及运营等尚未形成完善的法律制度体系。

6. 邮轮专业人才紧缺影响高端邮轮服务业

近年来随着中国,尤其是上海在国际邮轮旅游市场的比重日益加大,国际邮轮企业对中国市场的重视也与日俱增。因此,行业对人才的需求也相当可观。国际邮轮乘务专业、管理专业,以及英语、旅游管理、酒店管理等外语和经管类人才,是邮轮服务方面急需的人才。目前,上海还缺少校企合作培养邮轮服务人才的机制,使得人才供给远远满足不了高端邮轮服务业的需求。

三、上海邮轮旅游服务贸易发展趋势和未来展望

(一)上海邮轮旅游市场发展趋势

全国邮轮旅游市场增速放缓,但邮轮港口规模却进一步扩大。目前全国邮轮专用码头有上海吴淞口国际邮轮港、上海港国际客运中心、天津国际邮轮母港、青岛邮轮母港、深圳招商蛇口国际邮轮母

港、三亚凤凰岛国际邮轮港、舟山群岛国际邮轮港、厦门国际邮轮中心等八家，进而又有通过将货运码头改造的大连港国际邮轮中心、广州港国际邮轮母港、烟台港、秀英港、温州国际邮轮港、防城港、北海港等7家港口，未来还要继续规划建设大连国际邮轮母港、广州南沙邮轮母港、北海国际邮轮港、海口南海明珠国际邮轮港、厦门国际邮轮母港等多家新型专业邮轮港口，宁波也有可能建邮轮港。

2017年中国邮轮市场的增速放缓，2017年中国邮轮市场从2016年高速增长向低速增长转变。在2017年，上海共接待512艘次邮轮，2016年同期为509艘次，2017年接待出入境游客量297.73万人次，2016年同期为294.46万人次，增长速度已然放缓，这与萨德事件对韩国航线造成影响有关，也与全国各大邮轮港分流市场有关；天津2017年1—10月份接待邮轮156艘次，2016年同期122艘次，2017年接待出入境游客量为87.1万人次，2016年同期为62.8万人次；广州2017年1—10月份接待邮轮106艘次，2016年同期为87艘次，2017年接待出入境游客量为35.1万人次，2016年同期为29.1万人次；深圳2017年1—10月份接待邮轮56艘次，接待出入境游客量为13.6万人次；厦门2017年1—10月份接待邮轮71艘次，2016年同期为78艘次，接待出入境游客量为13.8万人次，2016年为18.2万人次。从全国邮轮市场的发展可以看出，2017年1—10月份，除了上海、天津、广州外，其他市场的邮轮靠泊量均在71艘次以下，其中三亚2017年1—10月份仅接待9艘次邮轮，舟山接待14艘次，大连接待31艘次，海口接待27艘次，深圳接待45艘次邮轮。另外访问港邮轮依然占比较小，2017年上海接待访问港邮轮仅为31艘次，曾经为全国最大的访问港的三亚当前仅为9艘次。

（二）上海邮轮旅游服务业集聚效应增强

随着邮轮靠泊量的不断上升，邮轮相关服务业也逐渐在上海集聚，例如会计、法律专业服务、研发设计以及内饰装修、维修、保养等服务也逐渐发展起来。由于这方面体量还小，统计数据采集还需要进一步探讨研究。外资邮轮机构（服务贸易中的商业存在）不断增加。

世界几大邮轮集团之一的嘉年华邮轮集团最早在上海虹口设立的是歌诗达代表处，后设立歌诗达邮轮船务，经营范围仅揽客、出具客票等。2016年才在宝山设立环宇领先邮轮管理（上海）有限公司，经营范围包括国际船舶管理业务、员工培训与管理（指船员管理）。

国内相关邮轮服务企业集聚，目前已经有几十家为邮轮提供物资供应、内饰装修，建造配件的企业，如上海蔓意船舶技术服务有限公司、上海金文食品有限公司、上海兆祥邮轮科技有限公司等。

国外相关邮轮服务企业也开始集聚，歌诗达邮轮公司旗下船舶管理公司、地中海邮轮公司旗下船舶管理公司、携程旗下大昂邮轮旅游公司、精致钻石邮轮管理有限公司（太湖邮轮）纷纷落户宝山，宝山已成功引进各类邮轮企业近40家，"邮轮总部经济"逐渐凸显。地中海邮轮最初也是代表处，后设立合资旅行社，在即将开设母港航线时又将船务公司、船舶管理公司注册在上海，可见上海的营商环境对外资邮轮公司还是有吸引力的。在中游，与各大邮轮公司等邮轮相关企业合作，吸引邮轮总部型企业入驻。在上海邮轮市场出现增速减缓的情况下，两大邮轮巨头还是加大对上海市场的邮轮投入，充分表明了他们对上海邮轮市场未来发展的信心。

（三）上海邮轮旅游服务贸易综合环境不断完善

1. 创新试点，推进船供服务业发展

上海市商务委一直致力于推动邮轮服务贸易发展。2014年，上海市商务委会同上海检验检疫局、上海海关、宝山区政府，为皇家加勒比邮轮公司货柜通关提供便利化服务，成功实现人民政府国内首次船供集装箱转运零的突破。2016年，由上海市商务委起草、市政府发布的《上海市服务贸易创新

发展试点实施方案》，将建设"中国邮轮旅游发展实验区"作为本市服务贸易创新发展试点推进工作的重点专项。2016年12月，上海市商务委认定了宝山区"上海邮轮旅游集聚区"为上海市服务贸易示范基地，上海大昂天海邮轮旅游有限公司建设的"大昂天海邮轮运营信息化系统"为上海市服务贸易示范项目，将宝山区作为"上海服务贸易特色区"工作的首个试点。

2. 口岸监管制度创新、多部门协同推进

上海出入境检验检疫局始终把扶持邮轮产业发展作为口岸检验检疫核心工作之一，不断加大改革与创新的力度，取得了显著的工作成效。在习近平总书记"着力加强供给侧结构性改革，着力提高供给体系质量和效率，增强经济持续增长能力"的总体要求下，依靠质检总局的领导和支持，上海检验检疫局始终贯彻国务院放管服工作要求，一方面依法保障国境口岸食品安全和人身健康安全，另一方面大胆开展邮轮补给业态的监管体制改革，提出助推邮轮产业发展十大举措。其中最重要的，就是在全国口岸范围内率先提出并施行"过境检疫"监管模式，为境外食品直供邮轮铺设了一条高速公路，在制度建设和行业推动上在全国实现"零"的突破，取得了热烈的行业反响。

2015年，宝山区与海关、检验检疫、海事、边检等口岸单位分别签订共同推进"区港联动"制度创新战略合作协议，各口岸单位纷纷出台创新支持举措，使上海吴淞口国际邮轮港在邮轮口岸监管创新方面取得了丰硕成果。为方便邮轮港公司办理各类海关监管业务，发挥集中监管的专业优势，上海海关于9月1日起，将宝山区邮轮经济相关海关业务管辖进行归口管理，由吴淞海关统一管理协调吴淞口国际邮轮港实施包括邮轮旅检、邮轮物资供应、船舶修理、船舶供应保税仓库、监管场所的监管和通关海关监管业务。此项政策上的突破，将加速推进上海船供服务业的发展，推动邮轮货柜转运业务常态化运作。上海国检局出台《过境供邮轮食品供应链检验检疫管理规定（试行）》，推出全国首个邮轮检疫监管综合性检查方案，试行邮轮卫生指数（CQI）检查机制。上海海事局推出"五优先"服务举措，建立大风天气邮轮通航协调机制，最大程度保障邮轮安全、准点靠离码头。上海边检总站启用邮轮港自助通关通道，游客自助通关率达到30%；简化中国籍邮轮游客出境后再入境程序，通关查验时间由平均15秒减为3秒，顺利实施144小时过境免签政策和国际邮轮旅游团15天入境免签政策。

集成创新促进邮轮船供产业发展，上海海关积极回应邮轮经济发展需求，集成"保税船供"＋"门到门查验"等便利举措，创新制定进口保税船供物料通关监管流程，通关时间由原来的1周缩短为2天。2016年10月上海海关根据邮轮经济发展实际需求，对上海宝山区内国际邮轮海关业务实施属地化管理。由吴淞海关统一管理协调宝山区内国际邮轮港所涉及的邮轮旅检、邮轮船供、船供保税仓库的相关监管业务。

在推行过程中，海关创新实货监管和进出港作业制度，建立覆盖船供实货监管全流程的制度体系，推动建立跨部门共享船供业务信息化管理系统。在充分考虑口岸监管安全的因素下，海关探索邮轮船供"电子申报、运抵验放、事后交单"模式，实现全流程透明化、信息化和高效化监管。升级通关服务体现在海关速度上：针对多艘超大型邮轮同时靠港的"新常态"，改进多船共用1条进境通道的旧有模式，立足邮轮港现有资源，将行李托运区域改造为备用进境通关厅，实现高峰期"双大厅六通道"同时进境，每小时通关能力提升至2 500人次。2017年1—9月共监管进出境邮轮770艘次，进出境旅客216.6万人次，进出境船员80.5万人次。

下一步，上海海关还将围绕完善邮轮母港功能，支持邮轮经济从"过路"向"落地"的产业发展转变，发挥邮轮经济发展的辐射带动作用等方面，研究出台支持举措，如支持宝山区申请设立综合保税区；促进邮轮船供、维修制造、融资租赁、跨境电商、保税展示交易等邮轮经济产业发展；深化邮轮归口化管理举措；进一步优化海关监管服务，研究设立"一站式"海关监管服务中心，提升管理效率；推动"智慧邮轮港"的建设；推动旅客舱单系统与"单一窗口"对接工作，促进邮轮港便捷通关条码的现场应用，使海关监管的手段更加科技化、系统化、高效化。

3. 改善服务、创新管理机制

2017 年 11 月,上海市交通委通过《上海邮轮船票制度(试点)实施工作方案》,并决定成立上海邮轮船票(试点)协调推进工作小组,确保后续试点工作按时间节点要求落地。上海市交通委还推进了上海邮轮港岸电服务,目前尚无进入市场化运作。自 2018 年 3 月起开始在上海邮轮港试点凭船票登船制度。为了适应邮轮及大型化发展的趋势船舶,上海市交通委推进长江口深水通道双向同行,改变船宽限制,促进深水航道双向通航常态化运作,有效解决了大型邮轮不能准时抵离港的问题。

2016 年,浦江边检站圆满完成了全年工作任务。一年来(截至 2017 年 11 月 30 日),共检查出入境船舶 1 100 余艘次,同比增加 35%(其中,邮轮 900 余艘次,同比增长 46%);出入境人员 361 万余人次,同比增加 71%(其中,旅客 266 万余人次,同比增加 75%;船员 94 万余人次,同比增加 63%)。

通过推行自助通关系统,及时化解口岸矛盾,积极落实各项新政,严厉打击境外非法滞留活动,试行混合验放模式等措施,海事部门推出上海港国际邮轮"应急评估协调机制"。这是根据前期调研结果,在遭遇"恶劣天气"情况时,根据各方提供的船舶、航道、码头和引航情况,共同评估是否适合安全进港、各方采取的安全措施是否能够有效落实,以确保大型邮轮的进出港安全。目前因大风浪天气引航船内撤、邮轮进港需要引航,吴淞海事局已多次尝试会同引航站、相关代理公司、邮轮港等各方召开邮轮应急评估协调会,为"天海新世纪""歌诗达赛琳娜"等多艘邮轮在引航船内撤至 D18—D22 大风浪作业区后在恶劣天气(大风、大雾、寒潮等)情况下槽内航行、上下引水等问题进行安全评估协商,有效地保障了邮轮进港的安全、准点。

执笔:李小年

上海服务外包运行分析报告

一、2016年上海服务外包发展情况

2016年,上海认真贯彻落实《国务院关于促进服务外包产业加快发展的意见》(国发〔2014〕67号)、《国务院关于加快发展服务贸易的若干意见》(国发〔2015〕8号)、《国务院关于同意开展服务贸易创新发展试点的批复》(国函〔2016〕40号),围绕上海加快建设具有全球影响力的科创中心,加快推进业务转型、结构调整,以服务外包转型升级促进服务贸易发展,以服务贸易创新发展进一步推动服务外包转型升级,扩大离岸服务外包规模,鼓励加快发展高技术、高附加值服务外包产业,推动从主要依靠低成本竞争向更多以智力投入获取竞争优势转变,努力增加外包业务技术含量和附加值,提升外包业务在价值链中的位置,促进企业效益和国际竞争力提高。同时,积极采取措施,推动"放管服"改革,营造公平、高效、便利、透明的营商环境,取得了较好成效。

(一)发展概况

根据商务部统计数据,2016年,上海市离岸服务外包合同金额和执行金额分别为92.03亿美元和67.25亿美元,较上年分别增长17.24%和12.36%,占全国(31个示范城市)离岸服务外包合同金额和执行金额的比重分别为10.3%和10.22%。

上海服务外包发展目前已覆盖全市16个区县。其中,执行额排名前五位的浦东新区、徐汇区、静安区、闵行区和黄浦区的合计执行额占全市执行总额的91.72%。杨浦区增速最高,为305.93%,闵行区和普陀区分列第二、第三,增速分别为142.52%和118.54%。

上海现有浦东新区、长宁区、静安区、黄浦区和漕河泾新兴技术开发区等5个(市级)服务外包示范区;还有张江金融信息、张江生物医药、南汇生物医药、卢湾人力资源、陆家嘴信息技术、浦东软件园信息技术、长宁数字媒体、天地信息技术、张江信息技术、金桥研发设计、嘉定汽车研发设计以及财经大学金融服务外包专业园区等12个服务外包专业园区。另有2个市服务贸易示范基地、6个市服务贸易示范项目(均为服务外包相关)。

从业务类型看,2016年上海信息技术外包(ITO)、业务流程外包(BPO)和知识流程外包(KPO)执行金额分别为36.32亿美元、18.18亿美元和12.76亿美元,[①]占全部执行额的比重分别为54.00%、27.03%和18.97%,分别较上年增长4.55%、67.94%和−10.61%。其中,ITO增长保持平稳;BPO增长明显加快,增速显著;KPO则出现负增长。

2016年,上海服务外包发包国家和地区有120个,发包来源国别已覆盖欧洲、美洲、亚洲、大洋洲和非洲等国家和地区。发包额排名前五位的国家(地区)为美国、中国香港、新加坡、德国和日本,执行额占比分别为32.98%、13.07%、9.49%、8.83%以及8.00%,合计占全部离岸执行额的72.37%;前十位的国家(地区)的业务总额则占到全部离岸执行额87%左右的份额。其中"一带一路"沿线国家和地

---

① 除另有说明外,报告内执行金额数据均指离岸服务外包。

区对上海的发包执行金额为 8.60 亿美元,比上年增长 15.28％。

2016 年,上海新增服务外包企业 169 家,截至 2016 年底,商务部统计系统内全市共有服务外包企业 1 876 家(包括 272 家技术先进型企业)。截至 2016 年底,全市服务外包企业吸纳就业人员 39.42 万人,比 2015 年底新增 3.57 万人,其中 87.5％为大专以上学历人员。

2016 年,上海以 67.25 亿美元的离岸执行额在 31 个示范城市中排名第二,但 12.36％的增速比全国平均增速 8.58％高出近 4 个百分点。截至 2016 年,上海服务外包离岸执行金额累计为 336.73 亿美元,占全部示范城市累计执行额的比重为 10.94％,在全国排名第二。

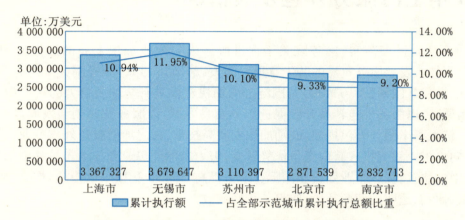

图 1 截至 2016 年部分示范城市服务外包执行情况

整体看,上海服务外包产业在人力成本持续攀升、商务成本高企的背景下,在市场倒逼和自身业务能力提升的双重驱动下,在政府鼓励和支持下,逐步从人力密集型向技术密集型业务转型,从低附加值业务向高附加值业务升级。如,KPO 行业的领头羊企业药明康德新药开发有限公司已经具备依托"医药研发技术平台"向"一带一路"国家对外输出研发技术的能力。

上海通过发展离岸服务外包,促进了在岸外包发展,推动了服务业专业化发展,并为上海产业更好地辐射长三角及中西部二、三线城市创造了条件。

(二)发展环境

上海服务外包发展良好,得益于上海市相关政府部门、企业、协会等各方多年来致力打造的良好的产业发展环境。

1. 服务业发达,专业服务优势突出

近年来,上海主动适应经济发展新常态,坚持不懈推动创新驱动发展、经济转型升级。2016 年,上海第三产业增加值 19 362.34 亿元,增长 9.5％。第三产业增加值占上海市生产总值的比重为 70.5％,比上年提高 2.7 个百分点。其中,战略性新兴产业服务业增加值 2 374.51 亿元,比上年增长 6.9％,增势良好。

2016 年,上海信息传输、软件和信息技术服务业全年增加值增长 15.1％,比上年提高 3.1 个百分点,第一次超过金融业,成为上海第三产业中增速最快的行业。与科技成果转移转化密切相关的科技推广及相关服务业、科技信息服务业增加值增长率也都超过 15％,显示出很强的发展潜力。

上海服务业发展在全国处于领先水平,尤其是现代服务业比较先进,市场化机制比较完善,服务业市场化、国际化、专业化发展程度高。作为国际化大都市,上海已拥有良好的先进制造业和现代服务业的产业基础,尤其金融、商贸、现代物流、软件及信息服务、科技服务业发达,此外会计、审计、法

律、咨询等专业服务业也都比较发达,与国际接轨程度高。

良好的产业基础、完善的市场体系、专业化的分工,为上海服务外包进一步发展奠定了坚实基础。

2. 外向型经济,外企成为发展主力

上海外向型经济发展成效显著。改革开放以来,上海积极"引进来",吸引外资外企落户上海,成为上海经济发展的主力之一;鼓励"走出去",助力上海企业进军国际,融入全球产业链、价值链,持续推动上海经济转型升级发展。

外资企业已成为上海经济发展主力。目前上海运营中的外资企业总量约 4.76 万家,2016 年,上海新设外资项目 5 153 个,实到外资 185.14 亿美元,同比微增 0.3%,连续 17 年实现增长,实到外资占全国的 15%。①外资企业积极参与上海"四个中心"和科创中心建设,外企在上海经济发展中举足轻重、影响巨大。其中,外资百强企业更是主力中的主力,其合计进出口总额占全市外企五成以上,营业收入和纳税总额占全市外企四成左右。

服务业吸纳外商投资保持增长。2016 年,上海服务业实际利用外资同比增长 2.5%,占全市实到外资的 88.2%,服务业成为吸纳外资的主要产业,上海产业结构进一步优化。金融、商贸、咨询、计算机服务等现代服务业的百强外企基本都是行业的佼佼者,其中在沪经营性外资金融单位已有 242 家。

高新技术产业利用外资大幅增长。2016 年,高新技术产业实到外资达到 12.59 亿美元,同比增长 60.9%。新型电子设备、新能源、新材料领域的投资增多。

总部经济成为发展加速器。2016 年,上海新设跨国公司地区总部 45 家,新增外资研发中心 15 家。至 2016 年末,在上海落户的跨国公司地区总部达到 580 家、投资性公司 330 家、外资研发中心 411 家(其中全球研发中心 40 余家),上海作为中国内地跨国公司地区总部最集中的城市地位继续巩固。

外资跨国企业,尤其是世界 500 强企业,在上海的发展不但为上海经济进一步转型升级发展提供动力,其在上海设立的数据处理中心、服务共享中心、研究开发中心等,是推动上海服务外包转型升级的重要力量。

3. 科教资源丰富,科研实力强

上海高校资源优势非常突出,高等院校数量位居全国前列,拥有一批高质量的研究型大学,211 高校数量全国排名第三,985 高校数量全国排名第二。上海科技研发资源丰富,是全国著名的科研中心,科研实力强,拥有一大批科研中心及企业研发中心,拥有国家级研发机构 146 家(截至 2015 年),以及上海光源、转化医学中心、蛋白质中心、肝癌科学中心等一批前沿综合性国家科学中心,在航空航天、生物医药、电子信息、装备、船舶、汽车、新能源、新材料等领域奠定了较强的研发基础。2016 年,上海万人研发人员全时当量达到 76 人年,约为全国平均水平的三倍。

研发投入不断增加。近年来,上海每年的研发投入强度逐年提高。2011 年上海研发经费占 GDP 的比重已达到 3.11%,与日本、瑞典等发达国家水平相当;2015 年上海达到 3.7%,和韩国处于同等水平,接近以色列 4% 左右的研发投入强度。上海研发费加计扣除税收优惠力度连续多年居全国第一,2016 年全市享受扣除企业 8 926 家,同比增长 31.38%。

科研成效明显。2016 年,上海每万人口发明专利拥有量 35.2 件,同比增长 25%;PCT 专利(《专利合作条约》国际专利)申请量 1 560 件,同比增长 47%,均创 2010 年以来最高增幅。

上海正在建设全球有影响力的科技创新中心,致力于创新体制机制,进一步增强科技实力和创新活力,整合集成科技资源和服务大数据,促进科技资源科学统筹配置和共享利用;同时,转变政府职能、提高服务水平,吸引全球科研人才,营造良好的创新生态。科研的大踏步发展已成为上海服务外包转型升级的重要驱动。

---

① 2016 全年中国实际使用外资金额 8 132.2 亿元,按全年交易日平均中间价 6.642 3 折算为 1 224.3 亿美元。

4. 人才环境优越，人才基础好

作为国际大都市和中国首屈一指的一线城市，上海具有优越的人才虹吸效应。上海非常重视引进国内外各类优秀人才，采取措施吸引高层次人才来沪，制定了许多鼓励政策，实施各种签证、居留、就医、就学等便利化措施，对各类高层次人才形成较强的吸引力。

2016年，上海主要劳动年龄人口（20—59岁）中接受过高等教育的比例高达35%，高于全国平均水平近20个百分点，体现了显著的人力资本优势。知识密集型产业从业人员占全市从业人员比重达到26.9%，比2015年增长约5个百分点，全市每四个就业人口就有一人从事知识密集型产业，知识密集型产业竞争力显著提升。

上海全市64所高校每年毕业生有17万左右，给服务外包产业提供和输送了大量的软件及相关基础人才，为产业发展提供了有力的人才支撑。上海培训产业也较发达，涉及服务外包的社会化培训方面，基本涵盖了职业、能力和专业证书培训等多个方面，涉及语言教育、软件开发、项目管理、专业服务等众多领域，为人才从学校到社会提供了各种衔接。可以说，人才基础是上海服务外包升级发展的重要保障和动力源泉。

5. 政策措施得当，支持有力度

为促进上海服务外包向价值链高端延伸发展，2016年上海市进一步出台相关政策措施，从财政支持、税收优惠、人才培训、金融支持、公共服务等方面予以支持，鼓励企业专业化、国际化发展，不断提高竞争力。

一是强化政策支持。市商务委继续发布《上海服务外包产业重点发展指导目录（2016年版）》；市商务委、市财政局制定出台了《2016年度国家外经贸发展专项资金（服务贸易）实施细则》；市商务委等三部门制定、市政府办公厅发布了《上海市服务贸易发展专项资金使用和管理办法》，修改并发布《2016年度服务贸易公共服务平台建设资金申报有关情况的说明》。通过上述政策措施，进一步规范国家服务外包专项资金支持范围，规范使用国家资金支持服务外包企业；加大地方资金支持力度，支持服务外包公共平台在内的平台发展；扩大市级资金支持范围，将中高级人才培训、企业聘请境外专家和开拓国际市场网络营销平台等纳入新的支持范围。

二是搭建合作交流平台。市商务委支持企业深化与"一带一路"沿线国家和地区的业务合作，在印度举办主题为"加强中印合作伙伴关系：聚焦科技、创新、金融和IT服务"的论坛，推动上海、印度企业加强合作，强化重点企业培育。组织举办第十四届"上海软件贸易发展论坛"，给企业搭建业务交流、合作洽谈的高端平台。

三是强化人才培训。举办人才培养"千百十"行动，即千人招聘会、百家企业推介和十位创新企业家进校园，缓解服务外包企业人才短缺和大学生就业难之间的矛盾。完善服务外包人才培训体系，在商务部指导下，发挥"服务外包人才培训中心（上海）"功能，研究促进服务外包培训机构加大人才培训服务的路径和实施标准，提升服务外包的整体培训水平和有效性。继续做好对服务外包新员工的培训支持。

四是探索便利化服务措施。充分发挥自贸试验区的作用，持续推进服务贸易便利化，会同上海海关、上海出入境检验检疫局等，探索研发样本通关降低查验比例、低风险进口产品缩短审批时限、减少许可批件等措施，便利企业开展业务、服务企业发展。加快建设浦东服务贸易公共服务平台，重点支持上海服务外包交易促进中心等平台建设，协助企业开拓国际市场，包括"一带一路"沿线国家等。在推进服务贸易创新发展试点中，将具备条件的自贸区服务外包专业园区认定为服务贸易示范基地，加大支持服务外包发展的力度。

6. 良好的营商环境

上海是中国法治环境最好的行政区之一，根据中国社科院公布的2016年《法治蓝皮书》，上海是中国政府信息公开透明度最高的城市,北京位居第二。上海也是中国改革开放的前沿城市,改革开放力度大、现代化水平高、国际化程度强,提供了发展离岸外包的良好环境。

近年来,上海市加快转变政府职能,坚持不懈将"放管服"改革向纵深推进,努力营造法治化、国际化、便利化的营商环境,不断提高城市竞争力。尤其是 2013 年中国(上海)自由贸易试验区成立以来,自贸区紧紧围绕投资、贸易、金融制度创新,深化改革、扩大开放,积极探索事中事后监管,探索建立更具活力、更加开放、更富效率的体制环境。简政放权,加强事中事后监管,提升政府服务能力,已成为上海自贸区建设的重要内容之一,也大大激发了市场主体——企业的活力。

上海市一贯重视知识产权保护和信息安全,构建了比较健全的知识产权管理体系。2016 年,市知识产权局联合发展改革委、商务委、科委、工商局、质量技监局、版权局制定了《关于加快上海知识产权服务业发展的意见》(沪知局〔2016〕133 号),引导和鼓励上海知识产权服务业创新发展,打通知识产权创造、运用、保护、管理、服务全链条。2016 年,上海受理各类专利申请量合计 119 937 件,比 2015 年增长约 19.9%。从全市看,创造、尊重和保护知识产权的理念深入人心,这有利于增强国际发包方对上海服务外包企业的信心,有利于提高上海服务外包发展的城市竞争力。

二、2016 年上海服务外包运行特点

2016 年,世界经济依然复苏乏力,国际产业分工格局深刻演变,贸易保护主义倾向抬头,但跨境产业链、价值链加速融合,全球服务外包发展机遇与挑战并存。中国经济增长趋缓进入新常态,转型升级成为主旋律,提高发展效率和效益成为改革主线,经过 1996 年以来的"二十年"高速增长,中国服务外包产业也进入平稳发展期。

2016 年,上海服务外包继续稳步快走,从整体上看,各发展指标呈现出较好的发展态势。

(一)规模稳步增长,结构优化

2016 年,上海服务外包执行额为 67.25 亿美元,较上年增长 12.36%。从 2012 年以来,除 2015 年出现微幅下降外,每年规模都保持 2 位数以上增长,五年复合增长率达 16.7%,显示产业健康良性发展。

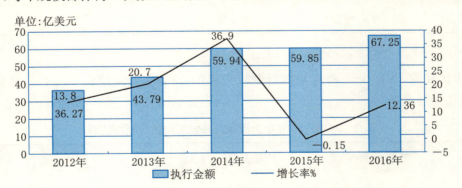

图 2 2012—2016 年上海服务外包执行情况(离岸)

2016 年,上海 ITO、BPO 和 KPO 离岸执行金额分别为 36.32 亿美元、18.18 亿美元和 12.76 亿美元,占全部业务的比重分别为 54%、27% 和 19%,与 2015 年相比,BPO 和 KPO 之和占比提升,与 ITO 几乎平分秋色,显示专业服务和知识技术服务外包发展良好,上海不再 ITO 一枝独秀,这样的业务结构更具有可持续增长性。

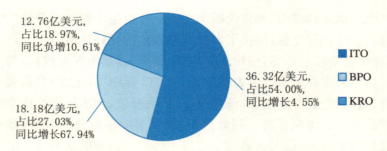

12.76亿美元,
占比18.97%,
同比负增10.61%

36.32亿美元,
占比54.00%,
同比增长4.55%

18.18亿美元,
占比27.03%,
同比增长67.94%

- ITO
- BPO
- KRO

图3　2016年上海服务外包离岸执行情况(按业务)

三大类业务增减不一。从执行情况看,ITO较上年增长4.55%,主要原因是软件研发及开发业务增长较为显著。BPO较上年增长67.94%,占全部业务类型的比重提升至27%,较上年增加了9个百分点,主要原因是财务与会计管理服务、数据处理服务、专业业务外包服务和供应链管理服务有较大的增长。KPO较上年下降了10.61%,主要是受检验检疫审批手续变化影响,医药和生物技术研发外包服务有较大幅度下降。

(二)增长速度较快,质量较好

2016年,上海服务外包离岸执行总额较上年增长12.36%,当年从业人数较上年增长10.95%。同期,全国31个示范城市离岸执行总额为657.88亿美元,较上年增长8.58%;从业人数为596.02万人,较上年增长34.32%。上海执行额的增长速度高于示范城市平均水平近4个百分点,但从业人数增长率显著低于平均水平,上海增长质量优于示范城市平均水平。

以人均执行额为例,上海为17 100美元[1],31个示范城市为11 000美元,上海人均执行额为示范城市平均水平的1.55倍,显示出上海服务外包的劳动附加值更高。

表1　2016年上海与示范城市服务外包人均执行额(离岸)

	执行金额(亿美元)	从业人数(万人)	人均执行额(万美元)
上　海	67.25	39.42	1.71
31个示范城市合计	657.88	596.02	1.10

资料来源:商务部、上海市商务委。

与2015年比较看,2016年上海人均执行额较上年的16 700美元增长了2.4%,显示出服务外包的劳动附加值在持续提高。

表2　2015—2016年上海服务外包人均执行额(离岸)

年　份	执行金额(亿美元)	从业人数(万人)	人均执行额(万美元)
2015	59.85	35.85	1.67
2016	67.25	39.42	1.71

资料来源:上海市商务委。

---

[1]　因在岸执行额数据统计不全,此处假设为零,忽略不计。

（三）发包国别广泛，业务集中

2016 年，上海承接服务外包业务的来源地覆盖亚洲、美洲、欧洲、非洲和大洋洲的 120 个国家和地区，较上年增加了 46 个国家和地区，业务来源国家更加广泛。不过，离岸业务主要仍集中在亚洲、美洲和欧洲国家，分别占全部离岸业务的 36.3％、36.0％和 26.4％。

其中，排名前十的国家（地区）离岸执行额为 59.27 亿美元，占全部业务的 88.1％，排名前五的国家（地区）份额为 72.4％，显示发包业务高度集中在少量国家。

表3　2016 年上海承接服务外包目的地前十个国家（地区）

（单位：万美元）

排　名	国家（地区）	执行金额	同比增长	占全部执行额之比
	全　球	672 548	12.36	100.0％
1	美　国	221 773	−4.3％	33.0％
2	中国香港	87 846	35.3％	13.1％
3	新加坡	63 821	14.8％	9.5％
4	德　国	59 410	342.8％	8.8％
5	日　本	53 796	14.5％	8.0％
6	瑞　士	32 949	−13.6％	4.9％
7	爱尔兰	22 179	74.8％	3.3％
8	英　国	17 108	−10.1％	2.5％
9	荷　兰	17 025	−27.0％	2.5％
10	法　国	16 771	110.3％	2.5％
小　计		592 678		88.1％

资料来源：商务部、上海市商务委。

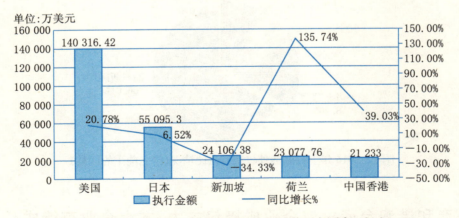

图4　2016 年上海承接服务外包目的地前五个国家（地区）

美国依然占据上海发包来源国的榜首，但份额正在逐步降低，其他亚洲和欧洲国家份额则正逐步增长。

（四）浦东表现突出，各区全面发展

2016 年，上海服务外包发展覆盖本市全部 16 个区县和漕河泾新兴技术开发区、上海张江生物医药服务外包专业园区。其中，浦东新区依然高居区县榜首，以 44.4 亿美元的执行额占全市执行总额的 66.0%，表现依然很突出。徐汇区位列第二，占 8.3%，增速高达 26.9%；原静安、闸北合并后，静安区首次进入第三名，占比 6.4%，增长 18.2%。排名前十的区县中，杨浦、闵行和普陀区增速超过 100%，分别为 305.9%、142.5% 和 118.5%。

从总体看，上海市区发展好于郊区，执行额排名前十的区县占全市份额的 99%。其中，浦东新区依然一枝独秀，但增速仅 1.64%，所占份额有所下降；其他区县正快速发展，徐汇、静安、闵行、杨浦等发展各有特色，所占比重不断增加，2016 年第二至第六名比重合计为 28.7%，较 2015 年增加近 7 个百分点，从全市看，各区县服务外包开始呈现全面发展态势。

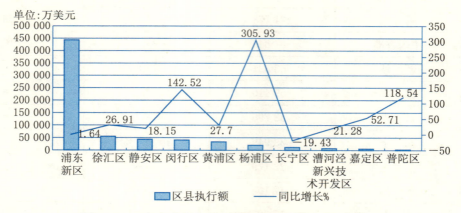

图5　2016 年上海服务外包执行情况（排名前十的区县）

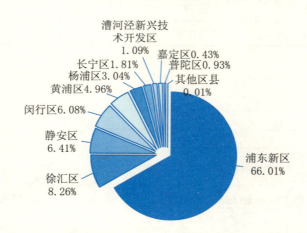

图6　2016 年上海服务外包执行占比情况（排名前十的区县）

（五）外商和港澳台商投资企业成接包主力，本土企业有待成长

外商和港澳台商投资企业是上海经济发展的重要力量，在服务外包领域，外商和港澳台商投资企业也是绝对的接包主力。2016 年，上规模的服务外包企业共有 603 家，128 家内资企业（占 21.2%）执行金额为

8.71亿美元(占 13.0％),475 家外商和港澳台商投资企业(占 78.8％)执行金额为 58.54 亿美元(占 87.0％)。

图 7 2016 年上海服务外包执行情况(按企业性质)

外商和港澳台商投资企业不仅数量和执行总额遥遥领先于内资企业,规模大、影响力大的企业基本也是外商和港澳台商投资企业。2016 年,执行额 1 亿美元以上的企业共有 13 家,除中国银联和药明康德外,其余 11 家全部为外商和港澳台商投资企业,13 家企业的执行额占全市执行总额的三分之一,集中度非常高。

表 4 2016 年上海服务外包离岸执行额(亿美元以上企业)

企业性质	企业名称	执行额 (万美元)	占全部执行额比重
外商投资企业	上海慧与有限公司	12 630.97	1.88％
外商投资企业	思爱普(中国)有限公司	16 412.37	2.44％
外商投资企业	福特汽车(中国)有限公司	16 161.31	2.40％
外商投资企业	通用汽车(中国)投资有限公司	16 278.66	2.42％
外商投资企业	思科系统(中国)研发有限公司	15 380.40	2.29％
外商投资企业	美满电子科技(上海)有限公司	10 199.90	1.52％
外商投资企业	花旗金融信息服务(中国)有限公司	13 438.27	2.00％
外商投资企业	思爱普(北京)软件系统有限公司上海浦东张江分公司	28 356.97	4.22％
港澳台商独资经营企业	利丰贸易服务(上海)有限公司	21 066.51	3.13％
港澳台商独资经营企业	国际商业机器(中国)有限公司	13 110.58	1.95％
港澳台商独资经营企业	德州仪器半导体技术(上海)有限公司	17 622.10	2.62％
有限责任公司	上海药明康德新药开发有限公司	13 445.98	2.00％
国有企业	银联国际有限公司	24 923.75	3.71％
	小计	219 027.76	32.57％

资料来源:上海市商务委。

外商和港澳台商投资企业一般还都是各细分行业的佼佼者。以软件研发及开发服务业务小类为例,2016 年,176 家企业中,排名前十的企业汇总执行金额占该小类执行额的 56.7％,占 ITO 的

23.8％,占上海全部执行额的 12.9％,前十企业大部分是外商和港澳台商投资企业。

表5　2016 年上海服务外包执行情况(ITO 软件研发及开发服务小类)

企业名称	合同业务类型	汇总执行金额(万美元)	占该类业务比重	占 ITO 比重	占全部执行额比重
思爱普(北京)软件系统有限公司上海浦东张江分公司	软件研发及开发服务	18 214.07	11.96％	5.01％	2.71％
思爱普(中国)有限公司	软件研发及开发服务	16 412.37	10.77％	4.52％	2.44％
上海慧与有限公司	软件研发及开发服务	12 630.97	8.29％	3.48％	1.88％
欧特克(中国)软件研发有限公司	软件研发及开发服务	7 543.31	4.95％	2.08％	1.12％
普华永道信息技术(上海)有限公司	软件研发及开发服务	6 427.94	4.22％	1.77％	0.96％
易安信信息技术研发(上海)有限公司	软件研发及开发服务	5 646.48	3.71％	1.55％	0.84％
亿贝软件工程(上海)有限公司	软件研发及开发服务	5 639.01	3.70％	1.55％	0.84％
上海商泰汽车信息系统有限公司	软件研发及开发服务	5 551.14	3.64％	1.53％	0.83％
思科系统(中国)研发有限公司	软件研发及开发服务	4 262.68	2.80％	1.17％	0.63％
易保网络技术(上海)有限公司	软件研发及开发服务	4 088.54	2.68％	1.13％	0.61％
	小计	8 6416.50	56.73％	23.79％	12.85％

资料来源:上海市商务委。

不过,较 2015 年相比,2016 年外商和港澳台商投资企业承接离岸业务的金额增长 7.8％,但所占份额反而下降 3.7 个百分点,内资企业数量和执行额均有较明显增长,主要是企业增加,如中国银联纳入统计,以及部分本土企业业务增长。但总体看,上海服务外包主体不能全依赖外商和港澳台商投资企业,本土(内资)企业亟待成长。

表6　2015—2016 年上海服务外包离岸执行情况(3 000 万美元以上企业)

年份	类　别	企业数	占比	执行额(万美元)	占全部执行额比重
2016 年(603)	3 000 万美元以上的企业	59	9.78％	466 888.72	69.42％
	1 亿美元以上的企业	13	2.16％	219 027.76	32.57％
2015 年(556)	3 000 万美元以上的企业	42	7.55％	367 031.32	61.32％
	1 亿美元以上的企业	13	2.34％	210 719.87	35.21％

资料来源:上海市商务委。

(六)个别企业发展变化影响较大

根据上海服务外包统计数据,2016 年,个别重点企业对本市服务外包发展格局产生了较大影响。

影响发包来源国排名。巴斯夫(中国)有限公司、哈曼(中国)投资有限公司、思爱普(北京)软件系统有限公司2016年对德国离岸执行额分别大幅增长约3 000万美元、2 600万美元和2亿美元,增长率分别为989%、718%和283%;加上新增思爱普(中国)有限公司贡献的1.64亿美元,使德国从2015年第十位一跃成为上海接包来源地的第四位。

决定个别业务领域发展。2016年,新增企业银联国际有限公司,其2.49亿美元的执行额占数据处理服务业务小类执行额的50%,占当年全部执行总额的3.71%。2016年,新增的利丰贸易服务(上海)有限公司、国际商业机器(中国)有限公司和通用汽车(中国)投资有限公司,执行额合计新增近4亿美元,使供应链管理服务小类增长440%。两个业务小类增加执行额合计约6.5亿美元,对BPO大幅增长贡献很大。

影响区县执行额增减变化。2016年,杨浦区执行额2.04亿美元,较上年增长305.9%。其中,易保网络技术(上海)有限公司新增软件研发及开发服务等执行额约4 300万美元,贡献较大。

(七) 从业人员层次提高

上海知识密集型从业人员占劳动人口的比重在全国居前列,服务外包从业人员整体学历层次比较高。截至2016年底,上海服务外包从业人员共有39.42万人,较上年新增3.57万人,新增人员学历层次继续提高,大学学历人员已占新增人员的91.3%,其中本科及以上人员占比75.6%。从增速看,博士人员增速最快,为25.0%;专科和本科人员分别增长21.3%和10.6%。高素质、复合型的研究开发和管理人才已成为上海服务外包竞争力的源泉。

表7　2016年上海服务外包从业人员新增情况

学历情况	新增从业(万人)	占比	增长率
合计	3.57	100.0%	0.8%
大学学历	3.26	91.3%	5.8%
其中:专科	0.57	16.0%	21.3%
本科及以上	2.70	75.6%	3.4%
其中:本科	2.20	61.6%	10.6%
硕士	0.44	12.3%	−24.1%
博士	0.05	1.4%	25.0%
其他	0.30	8.4%	−34.8%

表8　2015年上海服务外包从业人员新增情况

	新增从业(万人)	占比
合计	3.54	100.0%
大学学历	3.08	87.0%
其中:专科	0.47	13.3%
本科及以上	2.61	73.7%
其中:本科	1.99	56.2%
硕士	0.58	16.4%
博士	0.04	1.1%
其他	0.46	13.0%

资料来源:上海市商务委。

（八）拓展新市场显成效

上海承接服务外包目的地排名前五的国家（地区）分别为美国、中国香港、新加坡、德国和日本，执行额分别为22.18亿美元、8.78亿美元、6.38亿美元、5.94亿美元和5.38亿美元，占全部执行额的比重为72.4％。

2016年，除美国业务出现负增长外，其余四个国家的增长率均超2位数，其中，中国香港和新加坡排名未变但执行额和所占份额均增加；德国业务骤增342.8％，从2015年的第十名跃升至第四；日本执行额较上年增加14.4％，显示汇率稳定后企业接发包意愿增强，但排名跌至第五。

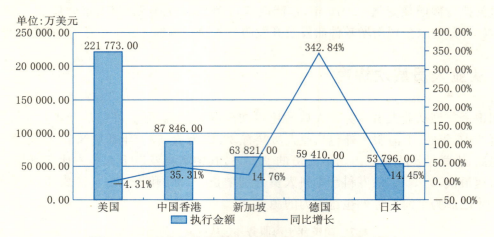

图8 2016年上海承接服务外包目的地前五个国家（地区）

从2012年至2016年，上海承接美国的执行额从14.03亿美元增至22.18亿美元，但占全部执行额的比重从38.7％降至33％；承接日本的执行额维持在5亿美元上下，但占全部离岸执行额的比重已从15.2％降至8.0％。2016年，欧洲发达国家如德国、瑞士、英国、荷兰和法国已成为上海服务外包重要的来源地，上海离岸业务市场拓展已见成效。

（九）转型升级态势明显

从服务外包各业务小类看，2016年，上海高技术含量、专业性强、高附加值服务外包业务所占份额越来越大，服务外包转型升级态势较为明显。

从ITO看，软件研发及开发业务、软件技术服务、集成电路和电子电路设计服务成为公司数量最多、业务规模最大的三类业务，占全部执行总额比重分别达到22.65％、13.91％和11.44％，合计占约48.0％，其中软件研发业务执行额增加2.59亿美元，比重提升1.5个百分点。云计算、大数据以及移动互联网和人工智能的相关软件研发和信息技术服务成为热点。

表9 2016年上海服务外包执行情况（按业务类型）

（单位：万美元）

ITO业务小类	公司数	执行额	占全部执行额比重
软件研发及开发服务	176	152 325.84	22.65％
软件技术服务	131	93 575.14	13.91％
信息系统运营和维护服务	56	15 687.06	2.33％

续 表

ITO 业务小类	公司数	执行额	占全部执行额比重
集成电路和电子电路设计	41	76 907.69	11.44％
基础信息技术运营和维护服务	24	14 032.82	2.09％
其他小类	50	10 679.77	1.59％
小计	478	363 208.33	54.00％
BPO 业务小类	**公司数**	**执行额**	**占全部执行额比重**
数据处理服务	30	49 331.70	7.34％
专业业务外包服务	29	24 967.74	3.71％
供应链管理服务	19	54 998.83	8.18％
财务与会计管理服务	16	14 271.27	2.12％
其他业务运营外包服务	14	25 329.82	3.77％
企业业务运营服务	13	5 051.63	0.75％
其他小类	47	7 810.01	1.16％
小计	215	181 761.00	27.03％
KPO 业务小类	**公司数**	**执行额**	**占全部执行额比重**
医药和生物技术研发外包	41	79 814.96	11.87％
其他研发服务外包	30	30 117.86	4.48％
其他	11	6 577.65	0.98％
其他技术服务外包	19	2 229.88	0.33％
其他小类	59	8 838.77	1.31％
小计	160	127 579.11	18.97％
合计	**806**	**672 548.00**	

资料来源：上海市商务委。

从 BPO 看，提供数据处理服务、专业业务外包服务和供应链管理服务的公司数量最多、业务规模最大，占全部执行额比重分别达 7.34％、3.71％和 8.18％，合计占比为 19.23％。其中，数据处理服务执行额增长约 3.3 亿美元，比重提升 3.5 个百分点；供应链管理服务执行额增长 4.5 亿美元，比重提升 6.5 个百分点。这些都显示上海专业服务增长较快，大数据分析也开始在市场营销等方面展开应用。

从 KPO 看，医药和生物技术研发外包是最重要的业务，2016 年执行额为 7.98 亿美元，占全部执行额比重达 11.87％，上海医药研发服务已覆盖全产业链，从"一单式"服务经过一般合同研发服务，向拥有自主知识产权和市场份额的合作研发转型，并向"一体式"全方位合作发展。

三、上海服务外包发展趋势展望

（一）多元发展格局日益显现

经过十年的发展，上海服务外包如今已经站在新的起点上。面对国际国内发展形势，未来发展将是多元市场、多元主体、多元业务的发展格局。发包来源地日益广泛，除了美日传统市场外，欧洲和"一带一路"

沿线国家将日益成为重要来源市场;企业主体将是外商和港澳台商投资企业引领、民企和国企快速成长的格局;随着新技术的应用,服务外包新业态、新模式将不断出现,业务格局也将进一步调整变化。

依托"四个中心"和科创中心的建设发展,未来上海不但要成为国际接包中心,还将成为长三角转包的中心,甚至东亚地区发包的中心。

（二）人口红利向人才红利转变

2016 年,上海服务外包离岸执行额在全国 31 个示范城市中名列前茅,在领先的五个城市中排名第二,逊于无锡,但 12.36％的增速高出无锡增速近 10 个百分点,也高于排名第三的苏州,仅略低于杭州,显示出良好的成长性(见图 9)。

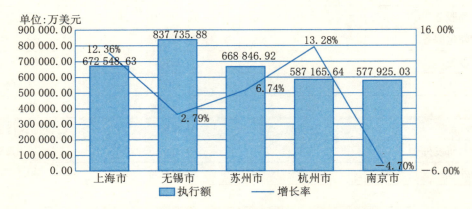

图9　2016 年部分示范城市服务外包执行情况（离岸）

但是,上海市中心区域劳动力成本、商务生活成本等高企不下,显著高于其他城市,上海已不具备人口红利。上海服务外包要保持持续的竞争力,未来必然要依靠人才红利,也就是知识密集型人才,加大智力投入,依托研发和创新,不断提高服务附加值和竞争力。

（三）创新成为外包发展新驱动

上海正在加快建设具有全球影响力的科技创新中心,有望带来巨大的创新研发溢出效应。近年来,上海在航空航天、电子信息、新能源、先进医疗设备、生物医药等关键性技术上有显著突破,并正在加快创新体系建设。上海服务外包转型升级发展,应当引导通过创新促进产业向高新技术、高附加值方向发展。创新将成为服务外包产业发展的关键因素和重要驱动,建立创新机制、培育创新型企业、创新管理体制、营造鼓励创新的氛围是事关产业发展全局的重要任务,这样才能鼓励企业开发新技术、探索新业务、发展新模式、拓展新市场。

（四）改革开放带来外包发展红利

随着上海自由贸易试验区全面深化改革开放,上海将推动实施新一轮高水平对外开放,并推动开放与创新融为一体发展。自贸区将进一步放宽投资准入,推进金融服务、电信、互联网、文化、文物、维修、航运服务等专业服务业领域对外开放,推进金融保险、文化旅游、教育卫生等高端服务领域的贸易便利化,这些将促进全球人才、资金、信息、技术等各类先进要素在上海集聚,推动上海现代服务业跨越发展,并构建更开放、更具活力的服务业产业链和生态圈。

服务外包作为服务业专业化发展的催化剂,作为产业链和生态圈的黏合剂,可望获得更多的发展红利。

(五) 数字贸易将成为新的增长点

数字技术正广泛应用于各种经济活动,通过互联网交付产品和服务日益成为主流,数字贸易作为数字化和全球化的结合热点蓬勃发展,推动企业跨境交付的产品、服务乃至商业模式不断创新。上海自贸区也正在积极探索兼顾安全和效率的数字产品贸易监管模式,数字贸易的发展有望为上海服务外包带来新的增长点。

上海拥有发展数字贸易的良好基础。2016年,信息、科技服务业已成为上海第三产业领头羊,信息传输、软件和信息技术服务业全年增加值增长15.1%,是上海第三产业中增速最快的行业。上海集成电路设计业成为产业龙头,规模首次超过封装测试业,全年实现销售额365.24亿元,上海自主研发的集成电路装备战略产品已填补了我国产业链重要缺口。下一步,上海可积极探索系统互联网接入服务、互联网信息服务、信息系统集成服务、数据处理和存储服务、集成电路设计服务等的进一步对外开放,鼓励和促进数字贸易,推动服务外包新发展。

执笔:张　萍　杨　梅　孙烨清　曹佩华

上海中医药服务贸易发展报告

发展上海中医药国际服务贸易,打造中医药国际服务贸易的桥头堡,是与上海城市发展的新目标、新定位相匹配,与创新驱动发展、经济转型升级相协调的,也是不断提升上海城市竞争力的重要领域。2017年期间,从中央到地方,医药健康领域政策频繁出台,"健康中国"国家战略持续推进,发展中医药也被纳入国家战略层面进行顶层设计,预示着行业迎来蓬勃发展的机遇期。从现实看,上海中医药"十三五"开局良好,总体特征是稳中有进、产业发展和贸易转型同步提升。区域产业体系进一步完善、平台建设进一步积聚,自贸区发展进一步成熟,自由贸易港建设蓄势待发。展望新时代服务贸易发展,如何进一步发挥中医药资源优势,创新中医药服务贸易形式,发挥平台枢纽作用,提升中医药产业的国际竞争力和文化软实力,是上海中医药服务贸易发展的目标方向。

一、中医药服务贸易发展的新机遇

上海发展中医药国际服务贸易面临着极佳的历史机遇:"健康中国"战略的提出,为中医药发展服务于人民群众的健康生活创造了空间;跨境服务贸易的快速发展为中医药走出去参与国际竞争提供了难得的助力;而通过中医药国际服务贸易的推进,也能够在"一带一路"倡议的实践过程中提升中国文化的影响力和软实力。正是从这个意义上看,新时期发展上海中医药国际服务贸易具有极为重要的意义与价值。

(一)提高中医药服务贸易水平,是优化服务外贸结构的重要领域

作为中医药发展关键内容的中医药服务贸易,早在2007年,全国中医药工作会议就强调,加强中医药服务贸易,促进中医药国际化发展。这是中国政府首次提出发展中医药服务贸易。2012年,商务部、国家中医药管理局等14部委联合下发了《关于促进中医药服务贸易发展的若干意见》(国发〔2009〕22号),更提升了我国政府对中医药服务贸易的重视程度。2014年,北京、上海、广东、广西等全国8个省、直辖市、自治区被纳入中医药服务贸易先行试点区域,以探索中医药服务贸易发展路径,形成相应的品牌示范效应。此后,随着2016年《中医药发展战略规划纲要(2016—2030年)》和《中国的中医药》白皮书发布,再到首部中医药专门法律《中华人民共和国中医药法》颁布和实施,再到2017年2月国家中医药管理局发布《中医药"一带一路"发展规划(2016—2020)》,中医药服务贸易已经进入全面发展新时代,中医药的海外发展也从民间自发的贸易行为,转而进入政府引导、国家推进、各方面力量参与、各地纷纷试水的新阶段。

从上海的现实情况来看,上海服务贸易产业结构比较依赖传统型的运输、旅游等行业,这些行业附加值较低且国际竞争激烈、服务逆差大。服务业产业结构的层次较低,产业能级偏弱,服务功能有待提升。改善和优化上海服务贸易产业结构,需要提升传统服务行业的产品附加值,同时大力发展高科技类型的服务贸易产业。而借助于中医药医疗、科研及教育高地所集聚的各种资源,上海在发展中医药国际服务贸易方面具有重要的竞争优势,有必要也有基础来着重打造中医药国际服务贸易桥

头堡。

（二）提升中医药货物贸易能级，是促进中医药产业协同发展的抓手

中医药服务贸易对货物贸易具有促进、支撑作用。中医药服务贸易的范围广，涉及医疗、教育、科研、商务、养生旅游等服务内容，可以通过促进中医药医疗、教育、文化交流，从而带动货物贸易的发展。目前很多在海外拓展比较成功的企业，均采用了"以医带药"的发展模式。如三九药业收购兼并重组海外零散的中医诊所，以医带药，将中医药推广到海外。北京同仁堂也凭借"以医带药"模式在海外取得巨大成功，已在海外25个国家和地区开设了31家公司，115家零售终端、中医诊所和中医养生中心，在海外累计诊疗的患者超过3 000万人次。一些中医药服务产品贸易独立于货物贸易而存在，比如中医按摩、推拿等。这些效果确切、简单价廉的中医服务可以加深外籍人士对于中医药的了解，增加他们尝试使用中医药物治疗的概率。

中医药服务贸易倒逼中医药货物贸易提升质量。中国的中药类产品总出口额从2008年到2015年一直持续增长，但出口长期以中药材及饮片、植物提取物为主（2017年其比例分别为28.07％与57.38％），产品科技含量低、附加值不高，位于中药产业链的最底层。长期出口初加工或半成品，造成了我国中药的国际竞争力持续下降，贸易竞争力指数从1998年的0.72下降到2010年的0.48。[①]中成药、保健品等科技含量高、附加值高的中药产品出口额一直徘徊不前，占总出口额的比重逐年下降（2017年其比例分别为6.94％与7.61％）。美、韩、德、日等国家进口我国经过初加工的中药材和半成品，将其加工成高附加值的成品药，再以高价返销我国，高额利润就直接被其垄断了。

（三）依托中医药服务贸易平台，是提升中国文化软实力的重要载体

上海是近代中医药发展的重要基地之一，中医药发展在全国一直拥有领先优势，在已有基础上，秉持开放的区域合作精神，发挥好中医药独特优势，携手推动沿线国家在更大范围、更高水平、更深层次的在医药卫生领域的开放、交流、融合，带动中医药产品贸易和服务贸易发展，打造"一带一路"桥头堡，可以更好地助力上海服务国家"一带一路"倡议的行动实践。

作为我国文化软实力的重要组成部分，中医药学在全球范围内广泛开展中医药服务贸易，在快速提升中医药服务能力和中医药服务产品国际竞争力的同时，可以推动提高中医药服务的认可度，进一步促进中医药国际传播和发展；通过中医药服务贸易开展有利于展示并传播中医药科学理论和文化内涵，推广在中医药理论指导下的健康生活方式和生活理念，促进中医药文化和中华民族优秀传统文化的国际传播，提升文化软实力和国际影响力。将弘扬中医药文化与中医药走出去相结合，可以有力推动中华文化走向世界，提升国家软实力。

二、中医药服务贸易发展及变化

从全球健康服务业发展趋势来看，当前健康服务业正呈现出持续发展的态势；同时，由于老龄化、医疗创新等因素的促动，健康服务业也正面临着变革。在这种整体趋势下，健康服务业不仅成为市场发展、技术进步的重要领域，更成为国家竞争的主战场之一。而世界健康服务业的发展与变革，也为

---

① 李荣、李瑞锋：《我国中药出口贸易现状及对策建议》，《商场现代化》2013年第1期。

我国以及上海的中医药服务贸易发展提供了难得的契机。

（一）中医药服务贸易的内涵与形式

1. 国际经济组织对服务贸易的定义与认识

1972年9月，经济合作与发展组织（OECD）在《高级专家对贸易和有关问题报告》中首次提出服务贸易（Trade in Services）概念。

由于服务贸易交换形式各异、内涵复杂，目前为止，国际上尚无一个精确的定义。现有的比较有代表性的说明性定义是世界贸易组织《服务贸易总协定》（简称 GATS）对国际服务贸易的定义。服务贸易是指以下四种方式提供的服务交易活动，即跨境交付（cross-border supply）、境外消费（consumption abroad）、商业存在（commercial presence）以及自然人流动（presence of natural persons）。

世界贸易组织将服务贸易分为12个类别，155个分部门。在实际操作中，服务贸易统计（BOP）是按国际货币基金组织的行业分类目录《国际收支手册（第五版）》进行的。《国际收支手册（第五版）》将服务分为13类，运输、旅游、通信服务、建筑服务、保险服务、金融服务、计算机和信息服务、专有权使用费和特许费、咨询、广告宣传、电影音像、其他商业服务，以及政府服务（世界贸易组织除外）。

2. 中医药国际服务贸易的内涵

根据对国际服务贸易的基本定义的理解，本报告认为，中医药服务贸易可以理解为以中医药为内涵的服务和服务产品的进出口，其中既包括"无形"的中医类服务，也包括"有形"中药产品贸易中以价值形式体现的服务含量。根据服务贸易统计的分类，我国中医药服务贸易内容大体可以分六大类：

商务服务，即与中医药国际服务贸易有关的内容，包含专业性（含咨询）服务、研究与开发服务及其他服务。教育服务，指与中医药相关的高等教育、中等教育、初等教育、继续教育、特殊教育、短期培训，资格认证、国际考试和其他教育中的服务交往，如派遣、接受留学生和访问学者等。健康及社会服务，指与中医药相关的医疗服务、其他与人类健康相关的服务、社会服务等。旅游及相关服务，指与中医药治疗、康复、养生相关的旅游，以及相关的住宿、餐饮服务、药膳服务等。文化、娱乐及体育服务，指的是不包括广播、电影、电视在内的一切文化，如娱乐、文化出版、报纸杂志、图书馆、博物馆、体育服务。具体的如中医药文化交流，气功表演以及参观中医药博物馆等服务。其他服务，指随着经济和科技的进步而产生的与中医药相关的上述几类没有包括的服务，如远程诊疗服务等。

3. 中医药国际服务贸易的主要形态

根据《服务贸易总协定》（GATS）对服务贸易的界定，中医药服务贸易的主要形态包括四方面，即跨境交付、境外消费、商业存在以及自然人流动。

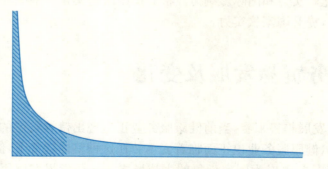

图1　中医药国际服务需求

中医药国际服务的需求符合长尾无头的幂律分布。在阴影区域，特点是多批量、差异化和多样性,少数国家或地区(20%)就可以创造较大(80%)的服务贸易规模,或者说提供较少的服务产品(20%)就可以获得较大(80%)的收益;而在右边区域则相反。这两个区域有着差别很大的市场环境,因此在制定发展战略时需要区别对待,才能使政策产生效用和效率。

(二)全球中医药服务贸易发展态势

1. 全球中医药服务贸易快速发展

世界卫生组织(WHO)发布的《2014—2020年传统医学战略》显示,全世界对传统和补充医学实践和技术服务提供者的需求很大,市场潜力巨大。在2012年,中药产值估计达831亿美元,与前一年相比增长了20%以上。正是基于这一背景,中医药产品及服务贸易在近年来得到了快速的增长。从全球来看,中医药服务贸易正呈现出快速发展的态势。主要体现为西方国家对中医药的需求上升,中医药开始进入许多国家的医疗保健体系,世界卫生组织、世界各国政府纷纷从法律、标准以及市场准入方面加大了对中药在内的传统药物产品的支持。据不完全统计,全世界(中国内地除外)目前受过培训的中医药人员约50多万名,中医教学机构1 500多所,经营中医药产品的贸易公司3 000多家,产品出口全球171个国家和地区。不仅如此,近20年来,国外的中医诊所也有新发展。韩国、美国、越南、法国、巴西等国在政府开办的西医院开设针灸科室。甚至在只有2万人口的基里巴斯也有2个中医诊所。此外,有的诊所举办针灸、中医教学,有的成为当地医学院学生的实习诊所,既为当地培养了中医、针灸人才,又提高了诊所的学术水平。

2. 全球中医药服务贸易领域竞争加剧

在快速发展的同时,中医药服务贸易领域的竞争加剧。随着植物药在欧美日益受到重视和青睐,国际制药企业纷纷把注意力投向了中医药,并把总销售额的15%—20%用于研发。如默沙东一年的研发费用就超过我国任何一家制药企业的年销售额;排名在全球前5位的跨国药业巨头阿斯利康,每个工作日的研发费用高达1 400万美元;德国、日本等国每年在中医药研发上的费用占到产品销售额的30%左右。此外,这种国际竞争还以贸易壁垒的方式呈现,中药作为中国的传统医药,由于在生产、加工以及成分鉴定等方面存在一些技术欠缺,就更容易遭遇到绿色壁垒。目前,美国、日本、欧洲等地在制药行业采取的绿色壁垒主要包括健康、安全和环保管理体系,FDA在2000年颁布的《植物药指导原则》中推荐使用的GAP和ISO14000系统以及欧盟《欧盟传统药品法案》等,对进口的中药质量提出了严格的规定,其内容涉及剂型、规格、包装、质量标准以及农药残留量限制等方面。

还需要指出的是,目前一些国家存在着异化中医药以及将中医药学"去中国化"的倾向。这些倾向如果任其发展,中国将失去中医针灸发源地和原创国的地位和优势。由此可见,当前在中医药国际服务贸易领域中存在着激烈的国际竞争。

3. 中医药服务贸易的国际立法与标准正在形成

正由于此,各国对中医药国际服务贸易的立法逐步完善及国际标准正在形成。面对中医药服务贸易领域的竞争已经上升到国家层面,西方国家对中医药的相关立法和标准也成为竞争的重要领域。越来越多的国家和国际组织对传统医学实行立法管理或保护,在我国,《中华人民共和国中医药法》已于2016年12月25日发布,自2017年7月1日起施行,弥补了立法上的短板。

在立法竞争的同时,西方国家对中医药服务标准的制定方面也是不遑多让。虽然中医药国际标准化建设目前尚处于起步阶段,但已经形成了一些具有影响力的国际标准。其中,主要以国际标准化组织(ISO)、WHO以及世界中医药学会联合会(WFCMS)三大国际组织单独或合作发布中医药国际标准最为权威且影响力最大。如WHO于2008年发布的《WHO针灸穴位西太区标准》及2010年发布的《中医药培训基准》,WFCMS于2007年发布的《中医名词术语中英对照国际标准》,2010年发布的《世界中医（含针灸）诊所设置与服务标准》和《中医名词术语中葡对照国际标准》，2011 年发布的《国际中医医师专业技术职称分级标准》等。2009 年 9 月，在南非召开的国际标准化组织技术管理局（ISO/TMB）会议上，成功通过了中国的提案，成立了中医药技术委员会（ISO/TC249），并将秘书处设在中国上海，WHO 和 WFCMS 是 ISO/TC249 的 A 级联络组织。ISO/TC249 自成立至今，分别于 2010 年和 2011 年在中国、荷兰召开了第一、二次全体成员大会，2012 年第三次会议在韩国召开，新提案 21 项，2013 年第四次会议在南非召开，新提案 16 项，涉及的国际标准领域涵盖中药产品、中医药器械、中医药基本名词术语等，中医药文化的国际传播正进入难得的发展机遇期，建立完善的中医药国际标准化体系是提升中医药服务贸易国际竞争力的必要途径。尽管如此，中医药在国际范围内却缺乏统一的诊断和临床疗效评价标准，我国在抢占标准制高点的行动中，缺乏有组织的努力，这在很大程度上既制约了中医药的国际化发展，又难以掌握我国对中医药发展的话语权。

（三）我国中医药服务贸易发展趋势

改革开放四十年来，我国经济发展的速度与规模不断提升，进出口贸易量也持续攀升，2013 年我国已经成为世界第一大货物贸易大国，服务贸易总额稳居世界第二位。然而，尽管我国服务贸易总额持续增长，但其发展的品质、服务贸易的总额以及占全球的百分比相较于发达国家还存在明显的差距，尤其是其结构仍有待优化。正是在这一背景下，依托我国的比较优势，近年来中医药服务贸易得到了快速发展。

1. 中医药货物贸易与服务贸易同步增长，相互支撑

近年来，无论是从中医药贸易的规模以及服务人次、营收等方面，都呈现出持续增长的态势。2006 年，中国中药出口首次突破了 10 亿美元大关，出口总额达到了 10.9 亿美元。2017 年，我国中药类产品出口额为 59.68 亿美元，同比增长 57.5％。在服务贸易方面，据 2015 年商务部对境内中医药服务贸易的典型调查显示，288 个中医药服务机构和企业共接诊外籍患者约 20 万人次，接收住院 2.5 万人次，营业收入达 10 亿元。超过 60 家中医药服务贸易机构在 20 多个国家和地区开办中医医院、中医诊所、中医养生保健机构、中医药研究中心等，年接诊当地居民 25 万人次。目前我国每年派出中医临床医师 2 000 人，占外派医疗劳务人员总数的 60％。

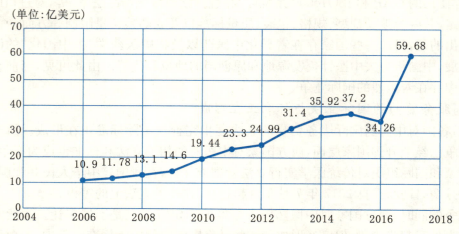

图 2　2006—2017 年我国中医药产品出口发展态势

需要指出的是，我国中医药国际服务贸易成为国家对外战略的重要抓手，并由此获得了长足的发展。2014 年，我国与"一带一路"沿线国家中药类贸易额为 25.43 亿美元，相比 2008 年的 7.81 亿美元，

增长了2.26倍。其中,对"一带一路"沿线国家和地区中药类产品出口19.39亿美元,同比增长22.79%;进口6.13亿美元,同比下滑8.63%。"一带一路"沿线国家和地区中,中药类产品需求最多的为东北亚地区和国家,占"一带一路"国家和地区出口总额的38.22%,出口产品主要为提取物和中药材及饮片。

2. 跨境中医药医疗保健服务贸易不断扩展

随着我国服务贸易的加速,以商业存在和境外消费为表现形式的中医药医疗保健服务贸易也在不断扩大。此外,我国许多中医药企业还积极拓展海外健康服务市场。如同仁堂已在澳大利亚、新加坡、加拿大等16个国家和地区设立了85家零售店铺,销售的中药产品多达2000余种。2012年在波兰新设立全资子公司,首次进入欧洲市场。而上海中医药国际服务贸易促进中心(NGO)以服务贸易的方式推进中医药国际化、产业化,其打造的以云计算公共服务平台为技术支撑,将线上与线下行业优质资源及业务有机结合的跨境服务窗口——"海上中医"国际健康服务平台,已经在阿联酋、瑞士、奥地利、意大利等国家落地,并不断拓展跨境健康服务的领域和范畴。

3. 国内医疗机构、科研机构对外交流合作不断深入

国内在中医药医疗、教育等方面具有领先地位的一些机构已经纷纷和国外展开了交流和合作。北京中医药大学及其附属医院已与美国、日本、加拿大、澳大利亚等国开展了科技合作,承担国际合作项目达20项,已为世界89个国家和地区培养了14 000余名中医药专门人才。中国中医科学院及其附属医院与30多个国家和地区签订了80多项合作协议,与世界卫生组织共同建立了临床研究与信息、针灸、中药3个传统医学合作中心,在国际传统医学界有很大影响。在第二届京交会期间,中医药主题日启动仪式上,就签署了6项中医药服务贸易合作项目。上海市在中医国际教育方面每年的收入已达2 000万元,中医国际医疗服务方面的年收入达6 300万元。

三、上海中医药服务贸易发展现状及挑战

作为入选国家中医药管理局"中医药服务贸易先行先试重点区域建设名录"的地区之一,上海市立足中医药特色优势,在实践中注重培育市场主体、服务模式创新以及拓展海外渠道,积极探索建立以国际市场为导向的中医药服务贸易促进体系,在中医药国际服务贸易方面取得了长足的进步。与此同时,上海在发展中医药服务贸易方面还存在着一些现实的"短板",亟待在体制机制方面有所创新和提升。

(一)上海中医药服务贸易发展态势

对标国内其他省市,上海市在中医药服务贸易领域优势明显:一是基础创新资源集聚。上海拥有众多高校、专业研究机构、国家级研究中心、工程中心、重点实验室等。二是临床机构资源丰富。拥有众多医学、新药临床研究基地和临床试验机构。三是"四新"经济发展迅猛。近年来,上海在推进具有全球影响力的科技创新中心建设中,新技术、新产业、新业态不断涌现,逐步形成了中医药国际服务贸易的"上海模式",主要体现在以下几方面:

1. 中医药产业体系不断完善

作为国内中医药事业和产业最为发达的地区之一,上海已形成了完整的、现代化的中医药教育、医疗、科研、中药产业体系。

首先,中医医疗服务网络基本覆盖全市。全市现有公立中医或中西医结合医疗机构23所、民办

中医医疗机构 307 所,有 187 所综合性医院和 226 家社区卫生服务中心设立了中医、中西医结合科。共有中医执业医师、执业助理医师 7 505 人,占全市医师数 11.3%;中医类床位 6 660 张,占全市床位数 5%;中医门急诊、出院人次数分别占全市门急诊、出院人次数的 13.5% 和 6.9%。

其次,中医药继承和创新工作取得较大成绩。在全国率先开展"名中医工作室"建设,加强老中医药专家学术经验继承工作。有 10 个项目入选全国"十五"重点中医专科建设项目、32 个项目入选全国"十二五"重点中医专科建设项目。

第三,中医行业管理和规范化建设稳步推进。成立上海市中医医疗质量控制中心、中医药科技服务中心和中医药社区卫生服务研究中心,完成 21 个综合性医院示范中医科建设、开展 13 个综合性医院达标中医科建设。修订并全面推广应用《上海市中医病证诊疗常规》《上海市中医病证护理常规》,制定并实施《上海市社区卫生服务中心中医药管理基本规范》。开展 106 个病种中医诊疗质量控制标准研究。

第四,中医药国际标准化建设取得进展。世界 ISO 质量组织成立中医专业委员会,秘书处设在上海,上海也是 WHO 中医疾病分类标准的研究基地,上海正在成为世界中医标准化研究的中心。

2. 中医药技术水平不断提升

上海是近代中医药发展的重要基地之一,上海中医药大学是全国最早的 4 所中医药高等院校之一,复旦大学、上海交通大学、同济大学等国内外知名高校都设有中医、中西医结合院系或专业。在教育部 2017 年第四轮学科评估中,上海中医药大学在以上学科中均排名全国第二。上海还拥有 1 所中医药研究院、30 余个中医药研究所(中心)以及一大批中医药科技创新型企业,具有高水准的中医药创新能力,在承担国家中医药重大科研项目及获得科技成果方面一直名列全国前茅,已转化形成了一批效益突出的中医药产品。

3. 拓展远程医疗服务市场

在提供诊疗服务方面,上海中医药医疗机构除了服务于境外来沪人群以外,还积极拓展跨境医疗服务的实现方式。近年来,全国首家中医药服务贸易专业服务机构、商务部和上海市政府重点建设项目——上海中医药国际服务贸易平台(NGO)建立了"海上中医"国际医疗健康服务平台,开展中医药健康服务产品开发、服务规范化的实践和尝试,初步形成了一套相对规范的技术体系和服务模式。该平台主要打造五大服务功能,包括公共服务、资源整合、国际交流展示、国际合作渠道集成等。

通过探索跨境健康服务的实现路径,上海中医药服务机构积极推动海外远程医疗的境外落地与有效运作。在实践中,上海中医药国际服务贸易平台,通过利用现代信息技术、互联网技术,建立集成中医药服务贸易的信息服务和交易服务,实现了线上与线下、国内与国际交融互动。如"海上中医"国际医疗健康服务平台,自落户德国以来不断向海外市场拓展,2017 年已经完成迪拜和瑞士项目的一期建设,与意大利、奥地利等相关机构合作的远程医疗项目正在加紧运作。

4. 国际教育和培训的快速增长

上海中医药教育起步早,是全国最早接受海外中医培训任务的城市。上海中医药国际培训的发展目前主要由上海中医药大学和所属的附属医院承担,其他大学、机构开展文化交流活动中,有零星的中医培训内容。

创立于 1956 年的上海中医药大学,是中华人民共和国成立后国家首批建立的四所中医药高等院校之一。目前,学校各类在校生有 9 300 余人,其中博士生 400 余人、硕士生 1 100 余人、本专科生(包括高职)5 300 余人,成人教育 1 700 余人,长期外国留学生 800 余人。另外,目前学校已与 14 个国家和地区建立了合作关系,有来自日、韩、俄、法、英、美、德、意等 30 余个国家和地区的短期留学生每年 1500 余人次。上海中医药大学国际教育在国内率先获得 ISO9001:2000 国际质量管理体系认证,并获得了中国 CNAB 证书和美国 RAB 证书。

5. 对外合作交流快速发展

除了前述"海上中医"为代表的跨境医疗平台建设之外,上海在拓展中医药科研、医疗机构的对外交流方面也卓有成效,并且已经形成了一些较为成熟的跨境合作模式。除了政府主导的公益模式、商业属性模式以外,近年来兴起的 PPP(Public-Private-Partnership)公益和商业的合作伙伴模式成为上海中医药探索的主要方向。如我国"一带一路"倡议的第一个医疗项目,2015 年 9 月由上海中医药大学附属曙光医院与捷克赫拉德茨-克拉洛韦市大学医院合作建立的中医中心门诊部(捷克);2015 年11 月由上海中医药大学和马耳他大学合作建立、由上海中医药大学附属龙华医院负责建设的马耳他中医中心(马耳他),等等。通过伙伴关系、利益共享以及风险共担等机制,进一步推动了中医药对外合作交流的拓展。

与此同时,上海还探索中医药跨境教育的有效实现方式。如上海中医药大学致力于建设"全球中医药中心",组建国际联合实验室,推进全球高端人才集聚,打造中医药标准研究等国际平台,着力提升中医药科研水平。2017 年 5 月"上海—渥太华联合中医药学院"正式入驻全球合作伙伴中心。通过这种跨境教育的创新形式,上海不断拓展海外合作交流范围,与毛里求斯、以色列、摩洛哥、马来西亚、泰国、芬兰等国家政府、医疗集团和大学建立友好合作关系,进一步推动了中医药国际服务贸易的海外拓展。

(二) 上海中医药服务贸易发展瓶颈

总体上,我国中医药健康服务刚刚起步,服务贸易对中医药行业来说还是一个新概念。发展中医药服务贸易面临着东西方文化差异,缺乏知名品牌以及规模化、集团化的中医药服务贸易实体,中医药服务体系、产品规范尚未完善等诸多挑战。反映在上海中医药国际服务贸易的发展过程中,这些问题也或多或少地影响和制约着服务贸易规模和质量的提升。

1. 服务贸易产业链不够完善,缺乏成熟的商业模式

从总体上看,上海的中医医疗、教育领域的国际服务贸易虽然有一定的发展,在全国有一定的领先优势,但总体还处在初级起步发展阶段。与国内其他城市类似,上海中医药对外贸易尚以中药成品或原材料出口为主,缺乏医疗品牌,且中医药服务贸易缺乏有效的海外网络,以往走出去的,都算不上商业概念,更多的是展示和交流。如从目前上海十一家服务贸易试点单位上报的服务项目分析,服务内容缺少市场的差异性,服务模式单一,缺少完整的服务产品,尚未形成包括模式、流程、人员、成本、标准、定价等基本要素的规范,没有明确的产品分销模式、渠道,运作方式几乎基于传统的小作坊式循环。更为关键的是,中医药服务贸易必须依托"技术—服务产品—服务机构—市场营运—产业化发展"的有效运作,但就目前而言,上海的中医药健康服务,从技术开发到产业化发展的各个环节缺少内在联系,没有形成完整的产业发展链。

2. 在人才、技术、空间等资源要素有效整合方面仍存在体制障碍

当前,上海医疗卫生、教育服务供给的主力军依然是政府,上海从事中医药服务贸易的主体仍是国家事业单位,无论是管理理念还是运行模式都与开展服务贸易市场化的运作格局不相适应。各单位的技术、人力资源分割在不同条线内,优质资源不能有效转化为产业要素并根据市场原则自由流动,从而难以在服务贸易项目上有效集中并形成市场优势。

其实,自 2009 年以来,从中央到地方,各级政府都出台了一系列深化医疗体制改革、鼓励社会资本举办医疗机构的政策,上海也推出了一系列有利于社会资本举办中医医疗机构的政策,但实际上有不少政策障碍仍以"玻璃门""弹簧门"形式出现。如公立医院医生到中医门诊部、诊所进行多点执业的渠道不够通畅;同时,国家关于科技成果的知识产权、收入分配等的相关政策难以落地;以及科研成果转化为标准化的商品和服务尚缺乏成熟的产学研模式，等等，都在很大程度上限制了资源要素的活力激发。

同时，产业间的价值链整合也缺乏系统推进。对上海发展医疗旅游进行简要 SWOT 分析显示，在中医药服务贸易中，医疗旅游是形成服务贸易顺差的重点领域，医疗领域核心资源是医院、景点，但不是医疗和旅游的简单叠加，要使医疗旅游向产业化方向发展，必须建构一个完整的产业链做支撑，旅游、医疗、交通、酒店、医疗旅游中介、保险公司等各模块协调发展，形成内在有机联系的整体，衔接配合，获得规模经济效益。

表 1　上海发展医疗旅游的 SWOT 分析

上海发展医疗旅游的简要 SWOT 分析	
Strength ➤ 学术水平全国领先，领先学科达到国际水准 ➤ 医疗人才济济 ➤ 医疗成本低廉 ➤ 医疗体系有中医药特色	**Opportunity** ➤ 集中精力发展特色项目 ➤ 锁定关键客群聚焦服务 ➤ 鼓励相关产业通过认证 ➤ 深化国际化程度 ➤ 建立跨行业联盟
Weakness ➤ 国际语言普遍性不足 ➤ 医院缺少国际医师认证 ➤ 缺乏整体发展行销策略 ➤ 产业模式尚未成熟 ➤ 相关法令尚未松绑	**Threat** ➤ 跨部门整合不易 ➤ 国际化非一蹴而就

3. 国际服务贸易所急需的综合性人才依然较为缺乏

近年，在上海接受治疗的外国人比例不断上升，更加凸显了对专业能力、语言沟通能力等综合性人才的需求。在中医药领域，上海缺少从事中医药服务贸易的高素质人才，中医院校教育结构中也缺少此类人力资源培养的资源。同时在中医药领域的各层次专业服务人员中（医生、护士、现场服务人员等），外语沟通能力不强。同时，上海涉外服务场所缺少相应的语言环境，直接影响服务的推广。

4. 中医药的国际营销网络有待拓展

中成药出口情况是中医服务国际化进程的风向标。药品的出口必然催生对中医药服务的需求。数据显示，目前我国 70%—80% 中药是注册药品在境外销售，亚洲地区是我国中药出口的传统市场，

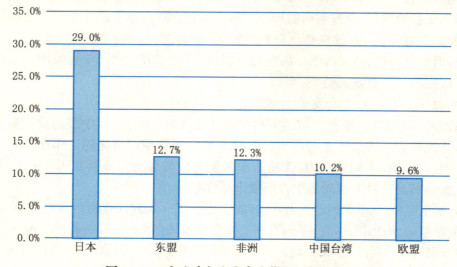

图 3　2015 年上半年上海中成药出口市场分布

也是主要市场。2017 年前三季度,我国中药对亚洲国家和地区的出口额为 15 亿美元,同比微降 0.06%,占比达到 57.73%,以美国、日本、中国香港、东盟和韩国为主。由于受中国传统文化影响,东盟地区成为中成药出口新增长点,是最有发展潜力的地区。从上海来看,其进出口均在各省市中排名第五位,低于广东、浙江、安徽与山东。

5. 国际服务贸易促进体系的基础工作还需加强和完善

对于中医药国际服务贸易的发展来说,基础性的工作如标准体系、统计制度等,都是确保服务贸易顺利开展的必要条件。但相比之下,上海乃至我国的相关工作均处于起步阶段。如中医药服务贸易体系建设所必需的标准体系建设尚处于起步阶段。其不利影响体现为:在国际贸易中,发达国家设置了一些非常严格甚至苛刻的标准,我国为了达到其市场准入标准,生产、加工成本均大大增加,降低了我国产品的市场竞争力。制定、实施标准化战略是我国建立技术贸易保护体系、维护国家利益、跨越技术壁垒的重要途径。此项工作,尚处于规划起步阶段。

同时,上海中医药国际服务贸易的相关行业统计信息缺失,信息支撑体系不健全。中医药服务贸易统计数据不仅对相关政策制定、多双边谈判有重要意义,对服务企业开展市场调查和出口经营决策是不可替代的依据,有重大影响,是中医药服务贸易发展的一项不可缺少的基础性工作,但就目前而言,中医药服务贸易统计目前仍处于缺失状态。

四、上海中医药服务贸易提升路径

对于上海来说,要能够在国家中医药国际服务贸易的发展实践中占据主导地位,就必须着眼将来,调整发展理念和创造政策环境,推动上海中医药服务贸易做大做强的同时"走出去",在国家战略实施的过程中不断提升自我发展能力和水平。正是从这个意义上讲,我们将在分析日韩、东盟等国家或地区的实践经验,以及我国北京市、南京市以及海南等省市的创新探索的基础上,进一步提出上海中医药国际服务贸易的发展战略和思路。

(一) 世界各国医疗服务贸易发展的经验借鉴

近年来,随着全球健康产业的快速发展,医疗服务贸易在全球的发展极为迅速,逐渐成为服务贸易中的重要组成部分。从国际医疗服务贸易发展的现实状况来看,各个国家利用自身的资源优势在发展过程中形成了一些实践经验,值得上海乃至我国在中医药服务贸易发展过程中加以借鉴。

1. 韩国医疗服务贸易发展的实践

相关数据显示,我国游客海外医疗旅游的首选地为距离最近的日本和韩国。以韩国为例,报告预计 2016 年赴韩"医疗旅游"的中国人超过 10 万人次,在入境游客中占比超过 30%,排名第一。在韩国医疗项目中,整形外科最受中国人青睐。日本的癌症预防与早期发现体系全球领先,做一次体检需要人民币 2 万到 3 万元,但高价也没能阻挡中国人追求健康的决心。日韩在医疗服务贸易的发展较为成熟,其经验值得借鉴。

韩国的医疗水平在亚洲一直处于较高水平,且是世界上从事临床研究经验最多的国家之一,在心血管疾病、癌症、器官移植治疗和脊椎盘等领域有较高水平,其整容、皮肤科和牙科的技术较为成熟。在韩国医疗服务贸易中,医疗旅游成为主要的形式。2009 年韩国《医疗法》修订后,韩国已经全面开始推广全世界医疗行业市场,并将其定位为全世界医疗服务中心。韩国的医疗旅游业具有世界先进的医疗技术水平,医疗价格比西方低廉,并且已经形成了独具风格的"整容旅游""韩方治疗养生旅游"

以及"健康体检旅游"的特色项目。其交通、信息等基础公共设施发达完善,其医疗旅游业在近年取得了显著的进展,具有了相当的竞争力。

2. 东盟国家发展医疗服务贸易的经验

近年来,东盟国家利用本国优势在医疗服务贸易领域取得了不错的成绩。菲律宾凭借人力资源优势出口医疗转录服务,成为全球医疗转录服务的第二大出口国;泰国、新加坡和马来西亚积极发展医疗旅游,成为医疗旅游服务的重要出口国;印度尼西亚和菲律宾积极推动医护人员输出,成为亚洲两大医护人员输出国。此外,东盟国家的大型医疗投资集团投资国外医疗行业,在全球范围内扩大经营网络。

在亚洲金融危机之后,东盟国家凭借自身优势,探索形成了具有竞争力的出口模式:首先是发挥人力资源优势的医疗转录服务,如菲律宾拥有一支受过高等教育、具有医学知识并且英语熟练的劳动力队伍,人力资源优势成为菲律宾出口医疗转录服务的竞争优势,并成为仅次于印度的第二大医疗转录服务出口国。其次是发挥性价比优势的医疗旅游服务,泰国、新加坡和马来西亚是医疗旅游服务的重要出口国。泰国、新加坡和马来西亚医疗旅游服务的竞争力,主要表现为价格优势和口碑效应。价格优势表现为,上述国家的私立医院在很多领域达到甚至超过发达国家的医疗水平,但费用却相对较低;口碑效应是指,上述国家的许多医院不仅通过国际医疗机构评审联合委员会(JCI)认证,而且凭借先进的医疗技术和优质的服务在国际上建立了良好的声誉,吸引世界各地的患者前来就医。第三是劳务输出背景下的医护人员输出,菲律宾和印度尼西亚是世界两大医护人员输出国,他们将大量的护理和助产人员输出到世界各地。第四是跨国医疗集团投资经营的扩展,新加坡、马来西亚和泰国的医疗集团在东南亚和南亚地区凭借地缘优势以及资金和技术优势,以合资、合作和独资等多种方式扩展经营网络。医疗集团通过扩大经营规模,降低医学研究和质量控制成本,提高自身在医药和医疗器械市场的议价能力,从而提高了经济效益和国际竞争力。

3. 印度医疗服务贸易的发展经验

近年来,随着印度经济的快速发展以及经济实力的迅速增强,印度作为新兴大国日益为世界所瞩目,其对外发展服务贸易的政策措施、规章制度较健全且与我国卫生服务贸易存在一些共同点,对我国中医药服务贸易的发展具有一定的借鉴意义。

印度的医疗服务贸易包括远程医疗、医疗旅游、医疗投资以及人力资源输出等方面。首先,印度的远程医疗起步于1999年,当时印度为了提高农村及偏远地区医疗机构的医疗水平而实施了一项基于卫星通信的远程医疗网络建设,之后印度政府出台了许多政策措施支持远程医疗的发展,如通信和信息产业部制定了远程医疗系统的标准,卫生和家庭福利部成立了国家远程医疗小组,并为发展远程医疗的机构提供资金支持。同时,政府也积极向南亚、非洲推广远程医疗。通过医疗转录、远程病理诊断以及远程诊断等形式印度取得了非常大的收益。其次,作为医疗旅游的后起之秀,印度以其优质的医疗服务,相对低廉的价格以及独具特色的传统医学(阿育吠陀医学和悉达医学)等优势正成为全球最受青睐的医疗旅游目的地之一。2002年印度政府成立了国际医疗旅游委员会和医疗旅游协会,制定了一系列法规、政策、战略和计划推广医疗旅游。在实践中,印度政府为旅行、就医提供各种便利服务,而私立医院除了提供医疗服务外,还特别注重向患者提供人性化的服务,并积极寻求国际医疗认证机构(如JCI)的认证。第三,印度对外商投资卫生领域的管理相对较宽松。从2000年起,印度已经完全允许外国资本直接投资于医院,但要求外资股权的上限不能超过51%。印度不仅允许外国资本投资于本国医疗机构,而且也向其他国家卫生系统投资。例如,印度阿波罗医院集团在许多亚洲和非洲国家以及他们的盟友国家有特许经营权,并在这些国家建设医院和远程医疗中心。第四,在人力资源输出方面,印度是发展中国家中卫生人力资源最缺乏的国家之一,同时也是最大的医生输出国。

4. 全球医疗服务贸易发展启示

上述各国发展医疗服务贸易、中医药服务贸易的成功实践,对于我国乃至于上海发展中医药国际服务贸易极具启示意义。从这些国家的探索和实践经验上,在上海发展中医药服务贸易的过程中,需要注意以下几方面:

首先是,要发挥政府的主导性作用,在制度建构、机制创新方面要为中医药服务贸易创造良好的环境。如在韩国医疗服务贸易的发展过程中,政府为其扫除发展障碍,为医疗旅游业的发展保驾护航;从印度医疗服务贸易的发展实践来看,政府的重视与支持对一个国家的卫生服务贸易的发展起着至关重要的作用,要转变政府职能,加快卫生服务贸易法律体系建设,等等。

其次是,要依据核心竞争优势,确立中医药服务贸易的发展战略。在韩国的实践中,其坚定不移地发展特色,坚持打造中国医疗旅游品牌化;坚持发挥竞争优势,打造核心产品的国际竞争力,挖掘特色资源。如在东盟国家的实践中,发挥其在国际服务贸易中的优势和特色,也成为其核心竞争力。在印度的实践中,构建一套完整系统的卫生服务贸易发展战略也是必不可少。

第三是,要进行体制机制创新,为中医药服务贸易走出去创造必要条件。如在东盟国家的发展实践中,建立激励机制,引导医疗资源的流向;促进非公立医疗机构发展,鼓励医疗企业对外投资等极为有效。在印度的实践中,发挥了传统医药在卫生服务贸易中的比较优势,此外重视医疗卫生人才建设等方面的经验也弥足珍贵。

(二)中医药服务贸易发展的国内探索

近年来,随着国家对中医药服务贸易日渐重视,各省市也根据自身的特点着力探索中医药服务贸易的实践模式。国家中医药管理局也将北京、上海、广东、海南、广西等省市纳入到"中医药服务贸易先行先试重点区域建设名录",各地也在实践中逐步形成了各有特色的中医药服务贸易发展模式。

1. 北京:推动中医药服务贸易全面发展

近些年,北京中医药从传统的中医服务理念到服务与国际贸易结合有了长足的发展,逐渐形成中医药领域的新业态,为中医药事业注入了新活力,扩大了中医药国际交流的广度与深度,推动了中医药国际化进程。在实践中,北京对中医药服务贸易的探索主要集中在以下几方面:

首先是境外消费方面,目前北京中医药服务贸易境外消费形式的主要为教育和医疗服务。北京中医药大学等医学院校和医院为外籍人员提供中医药教育和培训服务。通过直接招生、合作办学等形式,为 89 个国家和地区培养了 14 000 余名中医药专门人才。同时,北京市辖区内的三级中医院、综合医院中医科和部分二级中医院,都有国际医疗服务项目。中国中医科学院眼科医院、望京医院、北京按摩医院等中医专科医院,年平均分别接待外籍患者均在百人以上。此外,对外科研、注册代理,来京参加中医药学术会议以及中医药旅游等均占有一定的比例。

同时,北京还积极"走出去",在境外设立中医诊所、建立中医医院、开办与中医相关的服务机构,建立销售网点等为该国提供中医药服务。如北京同仁堂国药有限公司在澳大利亚等 16 个国家和地区设立 85 家零售店铺,中药产品达 2 000 余种。在波兰新设立了全资子公司;在澳大利亚、新加坡和加拿大共新开设了 7 家分店。同仁堂国药的零售网络主要采用"医师诊断、保健服务带动产品销售"的综合模式。在海外累计咨询和诊疗的患者超过 2 000 万人次。同时,也在境外建立中医机构。如东直门医院于 1991 年最早在欧洲建立魁茨汀中医医院,医院每年派一定数量的医务人员赴德工作,通过中药、针灸、推拿、气功等具有中医特色的治疗手段,提供高质量的医疗服务;其他如北京中医药大学在澳大利亚建立的"中医中心"、北京中医药大学在日本兵库医科大学开设了中医药孔子学院,等等。

此外，自然人流动也是北京中医药服务贸易的主要形式。如中国中医科学院、北京中医药大学及各医疗机构等通过与境外机构合作，提供医学专家、药学专家、护理人员到境外开展中医药医疗服务、科研技术指导、讲学、交换学者、护理等服务形式，平均年出境人数2 600余人。又如自2012年开始由商务部和北京市人民政府共同主办的中国（北京）国际服务贸易交易会（简称"京交会"），通过针灸、推拿、现场把脉、同仁堂的中医坐堂、双语养生讲座等一连串的特色服务产品，吸引中外展客商和广大媒体的高度关注。同时，京交会还围绕中医药服务创新、中医药服务贸易投融资以及中医药的服务与产品模式等进行探讨，并为中医药服务企业、投资商以及海外机构搭建平台，推动了北京乃至全国中医药服务贸易的发展。

2. 南京：以构建发展体系推动中医药服务贸易

2014年南京市被商务部列为中医药服务贸易先行先试重点区域，为落实改革要求，市政府出台了《南京市中医药服务贸易先行先试三年行动计划》，在创新工作机制、探索发展模式、搭建促进体系、加强品牌宣传等方面迈上了新的台阶，成为南京市服务贸易产业中的新亮点。

首先，南京中医药服务贸易初步形成了"一个中心、两个基地、四个项目"的发展体系。一个中心是南京市中医药服务贸易发展促进中心，并以此作为协调各方面力量，推进中医药服务无贸易的枢纽；两个基地为秦淮和江宁（汤山）两个中医药服务贸易先行示范基地，依托秦淮区、江宁区（汤山）较为丰富的中医药人才、机构以及旅游文化资源，整合基地内中医药医疗、保健、文化、旅游等方面的资源统筹布局，推动这些产业与中医药产业融合发展；四个项目为国际中医药健康养生旅游项目、国际中医药服务贸易教育项目、国际中医药服务贸易诊疗服务项目、国际中医药服务贸易跨境电子商务项目，发展以健康旅游、教育、诊疗以及跨境电子商务等为重点的中医药服务贸易。

其次，在实践中，南京中医药服务贸易发展的特点主要表现为：一是以中药产业支撑海外贸易。南京同仁堂、老山药业和海昌药业等一批企业为南京市中药产业奠定了良好基础。2016年完成主营业务收入65.76亿元，同比增长7.3%，其中中成药加工出口1.45亿元，同比增长11.4%，在东南亚和欧洲市场已形成一定影响力。二是以存量资源服务境外人员。据不完全统计，2016年全市各类中医机构服务境外人员4 000余人次，接受境外人员来宁培训学员1 300余人次，服务收入超过1.5亿元。三是以商业存在开拓海外市场。丰盛集团先后在澳大利亚和新加坡通过并购和合作方式建立中医养生基地以及中医院、中医学院和中医药贸易公司等机构。省中医院、市中医院和秦淮区中医院分别在法国、白俄罗斯和西班牙启动中医诊疗和培训合作项目。

通过中医药服务贸易体系的建构以及项目的逐次推进，南京已经初步建成了中医药服务贸易发展的基本框架，目前仍处于不断充实和丰富服务贸易内容，进一步拓展海外营销网络的实践过程中。

3. 海南：以健康旅游发展提升中医药服务贸易水平

作为国务院服务贸易创新发展的试点省份，海南省充分发挥自然环境和旅游资源优势，创新中医药服务贸易发展模式，加强中医药健康旅游标准和认证体系建设，优化中医药健康旅游发展环境，加快推进中医药服务贸易，取得了显著成效。

首先，海南从体制上创新了中医药服务机构运营模式。2016年海南省政府发布了《海南省中医药服务贸易创新试点方案》，规定公立中医医院在保障基本医疗服务前提下，允许出资设立独立法人、独立运营的营利性中医药实体机构；或者与社会资本合作成立混合所有制的营利性中医药机构，提供中医药健康服务。营利性中医药机构进行市场化经营，不受服务项目、价格政策、特需医疗比例等限制，并放开医生多点执业等方面限制，让公立医院放开手脚大力发展中医药健康服务。目前，三亚市中医院已建成三亚友好国际中医疗养院，并在哈萨克斯坦阿拉木图设立了中医医疗机构。

其次，海南加强了中医药服务贸易示范基地建设。通过制定和实施《中医药健康旅游与服务贸易示范基地建设规范》，充分发挥海南"一带一路"桥头堡作用，确定海口、三亚、琼海市中医院为海南省中医药健康旅游和服务贸易示范基地建设单位,并给予每家200万元的资金支持。同时,海口市中医院与上海中医药大学附属岳阳中西医结合医院联合举办中医国际诊疗中心,共同打造医疗健康产业示范基地;三亚市中医院深化与俄罗斯苏尔古特石油天然气保险公司等10家机构合作,积极建设中俄脑瘫儿童医疗项目;琼海市中医院充分发挥"博鳌亚洲论坛"国际平台作用,设计开发中医药服务贸易特色诊疗项目和产品。

第三,海南注重强化中医药服务贸易相关保障措施。一方面,加强中医院事业发展的用地保障和完善财税、医保政策,中医药服务贸易示范基地的用地得以拓展;另一方面,率先在全国制定《中医药服务贸易服务规范》地方标准,加强对中医药服务贸易的组织、引导和规范,充分发挥政府、企业、科研机构、中介组织和行业协会的积极性和创造性;此外,还进一步加强中医药服务成果的宣传推介,通过"中国(三亚)中医药健康旅游与服务贸易创新论坛"等形式,加大国内外推介力度,多次组织省内中医药服务贸易机构赴俄罗斯等国推介。

(三)推进上海中医药服务贸易发展的思考

上海要打造中医药服务贸易的桥头堡,就必须从顶层设计上进一步完善中医药服务贸易发展战略,明确支撑发展战略的六大举措,并根据当前中医药服务贸易的短板着力推进中医药服务贸易发展的九个具体项目,从而进一步探索适合于上海自身的服务贸易发展的现实路径。

1. 明确定位,实施中医药服务贸易发展战略

打造上海中医药国际服务贸易桥头堡,有必要从顶层设计上进一步完善中医药服务贸易发展战略,快速提升上海中医药服务能力和中医药服务产品国际竞争力,扩大中医药服务应用范围,提高中医药服务的认可度,进一步促进中医药国际传播和发展;展示并传播中医药科学理论和文化内涵,推广在中医药理论指导下的健康生活方式和生活理念,促进中医药文化和中华民族优秀传统文化的国际传播,营造良好的国际环境,提升国家软实力和国际影响力;创新中医药对外交流与合作模式,吸收借鉴国际先进科研成果、管理理念和营销模式,通过"以外强内"激发国内中医药机构发展潜能和活力,提高中医药服务的规模和质量,促进中医药领域的国际资金、技术和信息互动及共享,推动中医药行业的科学发展。

2. 聚焦重点领域,推进上海中医药服务贸易的六大举措

(1)建立中医药服务贸易统筹机构,促进政府、教学科研机构、医院以及风险投资机构之间的协同。要进一步理顺体制,形成全市各部门、各方面协同的中医药服务贸易发展的格局。具体可以由市商务委牵头,整合政府各部门、中医药科研与服务机构、各方面专家所组成的协调机构(可设置相关的公司法人),进一步整合各方面资源,从而在推动中医药服务贸易发展实践中形成合力,将有助于后续各项工作的开展。

(2)进一步整合相关政策并监督落实,积极鼓励中医药机构打破人才壁垒,用走出去、引进来等方法,加强多向交流与合作,整合人力资源,推动建立中医药人才流动机制,促进中医药人才合理流动。同时,应当创造条件,大力发展面向世界、面向全国的、多层次的、标准化的中医药国际服务贸易人力资源培训体系,推动"自然人流动"服务贸易、跨境服务贸易实现跨越式发展,成为上海服务全国和中医药服务贸易发展的新亮点。

(3)探索模式,创新服务贸易的有效商业模式。以国内外两个市场的需求为基本依据,充分发挥区位优势、依托上海服务贸易发展的整体实力,结合上海中医药产业(包括医疗教育)发展的比较优势,形成上海在中医药服务贸易产业链中的优势环节,以适当的商业模式集中优势资源,抓住产业链的关键环节发展,提高服务附加值,提升上海中医药服务贸易的竞争力和辐射力,为上海成为中医药

国际服务贸易桥头堡奠定基础。

（4）建构网络，推进服务贸易的国际营销网络。建立中医药服务贸易渠道的管理、控制和监管体系，建立国际营销网络。目前仅靠企业自身力量在全球范围内建立完整的分销体系是不经济的，甚至是不可能的，可以选择资源的共用机制，组织中医药服务贸易渠道战略联盟，它包括合资、联合研发、定牌生产、特许经营、相互持股等形式，使联盟双方均得到收益，在国际市场上不断扩大占有率。

（5）完善链条，形成完整的产业链条。中医药服务贸易整体实力的提升，离不开"技术—服务产品—服务机构—市场营运—产业化发展"的完整产业链的有效运作。要以上海中医药服务贸易区建设为抓手，以上海首批中医药服务试点单位为主要骨干，积极探索，创新服务模式、创新产业模式，培育比较完整的中医药服务贸易产业链，造就一批具有核心竞争力的中医药服务贸易的市场主体，以点带面，形成中医药服务贸易行业发展的基本格局。

（6）形成集群，打造中医药服务贸易产业集群。通过健康产业园区，实现产业聚集，形成一组在地理上集中的相互联系、相互支撑的产业群的现象。这些产业基本上处在同一条产业链上，彼此之间是一种既竞争又合作的关系，呈现横向扩展或纵向延伸的专业化分工格局，通过相互之间的溢出效应，使得技术、信息、人才、政策以及相关产业要素等资源得到充分共享，聚集于该区域的企业因此而获得规模经济效益，进而大大提高整个产业群的竞争力。

3. 创新体制机制，建设上海中医药服务贸易的八大项目

（1）在上海市级层面形成由市商务委牵头，中医药教学科研机构、医院、风险投资机构共同参与的上海中医药国际服务贸易发展协同创新中心，整合政府、企业与教育科研机构各方面资源，形成推动合力。

（2）创新中医药教育模式，依托中医药大学、公立医院以及教育机构，形成合力，打造两至三个具有全球影响力的中医药教育机构，着眼于中医药商务模式，创新人才培养模式，提升其国际化、社会化水平。尽快出台激励公立医院、科研机构以及相关企业单位等开放人才、技术等相关资源的政策性规定，着重理顺人才多点执业、技术转让等焦点领域的利益关系，并探索将优质资源集中于服务贸易项目的实现路径。

（3）依托上海自由贸易港建设，出台中医药服务贸易的负面清单，完善上海中医药服务贸易跨境交付的服务模式，建立适应于服务贸易相关企业在跨境交付过程中的行政监管、外汇管理等相关制度。

（4）系统总结"海上中医"等品牌的发展经验，从中医药相关服务产品入手，通过单点突破的方式，逐次孵化成形，同时也可引入风险投资等各方面力量的参与，孵化两到三个具有市场适应性和生命力的中医药商务品牌。

（5）在体制上进行探索，放开国内医院对外投资、参股的相关规定，以便于国有资本或社会资本走出去进行资本运作或合作发展，以绕过所在国的非关税贸易壁垒，并为中医药走出去提供支点。

（6）推进上海医疗旅游海外分销基地建设。充分发挥在传统医学领域技术上的绝对领先优势，加快与当地资源的结合，以资源的共用机制，以合作联盟、股份合作等多种形式拓展海外医疗、健康、技术服务，以中医服务为抓手，建立海外医疗旅游分销市场网络。以国内市场为依托，以海外市场为产业拓展重点，着力培育一批在项目策划、政策咨询、信息服务、电子商务、国际渠道资源等方面具有专业化、国际化与社会化的服务性企业。通过跨境服务、商业存在等多种方式嵌入当地市场，在国际市场上不断扩大占有率。要充分发挥上海区位优势和海外渠道优势，充分发挥在信息服务、金融服务、物流服务、法律服务、会展服务等方面的相对优势，大力发展"离岸商贸服务"，提供中医药服务贸易发展所需的授权、代理、认证、设计、技术支持、融资等商贸服务，建成亚太地区具有国际竞争力的中医药国际采购中心。

（7）积极推进上海市商务委员会、中医药发展办公室指导下的"十百千万"海外中医医疗服务终端网络建设工程。发挥上海在中医药服务贸易中的龙头作用，通过异地共建的方式，建设、组织基于电子信息技术的中医药服务贸易大平台，实现信息集聚效应，汇集上下游关联各方，形成辐射长三角，以长江流域和广大内地为发展腹地的大格局，做亚太地区中医药服务贸易供应链的领导者。

（8）加强整体宣传，举办国际医疗服务博览会。由政府有关部门牵头，对国家医疗服务水平、特点做全面推广、宣传是绝大多数国家推进医疗旅游的基本措施。通过各类大众传媒、国际传媒、出版物等开展营销，精心塑造中国上海的医疗服务形象，以改变国际特别是欧美国家对"中国制造"固有的偏见，使其认识到上海发展该产业的社会基础与潜力，并努力促成中国医疗旅游产业与世界的接轨，这对上海医疗旅游产业的整体发展至关重要。

执笔：汤蕴懿　张虎祥　于　辉

打响文化品牌　彰显海派特色
——全力推进"国家文化出口基地（徐汇）"建设

徐汇区高度重视文化"走出去"工作，积极贯彻中央和上海市有关加快发展对外文化贸易的意见，充分利用中国（上海）自由贸易试验区建设契机，全力打响上海"四大品牌"，紧紧围绕"四个徐汇"的战略框架，以外向型文化企业需求和国际文化市场特点出发，借鉴货物贸易成熟的实践经验与案例，实践突破制约文化贸易发展的瓶颈，寻找文化贸易快速健康发展的新模式、新方法和新途径，不断做大文化贸易的总量和文化出口的增量，不断提升文化企业、产品和服务的国际知名度和影响力，不断提高国家文化"软实力"。

一、徐汇区文化产业基本情况

（一）徐汇区基本情况

徐汇区是上海的文明之源，西南门户。面积 54.93 平方公里，常住人口 108.56 万，其中户籍人口 92.08 万。

明末文渊阁大学士、著名科学家徐光启曾在此立说，开启东西方文化交流之先河；其后在蒲汇塘、肇家浜、法华泾三水交汇处繁衍成族，徐家汇亦因此得名。文化资源丰富：汇聚了上海交响乐团、上海音乐学院、上海京剧院、上海话剧艺术中心等知名文化院团和宋庆龄纪念馆、巴金故居、钱学森图书馆等著名文博场馆。徐汇区群众文化活跃，居民素养较高，基础公共文化设施齐备，是全市首个、全国首批国家级公共文化服务体系示范区。

（二）徐汇区文化创意产业发展情况

"十三五"以来，徐汇文化创意产业保持平稳增长，2017 年全年实现总产出 1054.6 亿元，同比增长 9.7％，实现增加值 254.6 亿元，占 GDP 比重为 16.8％，已成为区域经济发展的重要支柱产业，集聚了一批领军型文化企业和文化品牌，拥有"全国文化企业 30 强"2 家、国家文化出口重点企业 6 家、上海市级文创产业园区 13 家。

一是逐步确立"2＋3"现代文化产业体系。艺术方面，围绕艺术品产业创作、展示、交易三大核心环节，以西岸地区独有艺术资源和产业平台打造上海特有的艺术品产业生态体系，目前，油罐艺术中心、西岸美术馆已基本完成建设，星美术馆、保税仓库二期建设工程有序推进，已引入 7 家画廊、3 家拍卖公司、5 家艺术家工作室和 7 家建筑和设计师工作室。

演艺业方面，滨江剧场群正在建设中，将于 2019 年全面建成启用；华人梦想加强与纽约百老汇合作，推进国际经典剧目引进和中文版创作；上海交响乐团、上海话剧艺术中心推出一系列精品剧目；美罗上剧场完成改建，推出《暗恋桃花源》《水中之书》等剧目。

影视业方面，腾讯影业、企业影视布局电影和网络电视剧制作，成为优质影视作品打造、开放的内容平台;东方梦工厂参与《功夫熊猫3》制作发行,正在制作《齐天大圣》等国产项目;上影集团加大影视制作,推出《盗墓笔记》等作品,取得了良好的票房,并布局院线资源,新建绿地缤纷城影院、日月光影城项目,永华影城改建为"旗舰版"影院。

传媒业方面,西岸传媒港建设有序推进,集聚梦工厂、腾讯、网易、湘芒果、游族等业内知名企业。

新闻出版行业转型趋势明显,科技出版社、科教出版社、交大出版社等实现多元化经营,新媒体企业发展迅速,"界面"以财经、商业新闻为核心,拥有正午、箭厂等子品牌,于2017年被科技部认定为文化类独角兽企业;"蜻蜓FM"(麦克风)布局网络音频自制节目,完成新一轮融资。

数字内容行业,聚焦动漫网游、网络视听等领域,腾讯、东方明珠新媒体、巨人、游族、恺英、淘米等龙头企业大力发展,米哈游、微鲸、元聚网络、酷睿网络等积极布局二次元、VR等新业态,邮通科技、勤和互联网等打造游戏运营和服务平台。

二是不断加强文化产业多向融合发展。文化科创融合方面,以漕河泾开发区为主战场,支持和推动智能硬件、无人机服务平台、影视大数据等领域发展,漕河泾开发区打造"文化＋科技"嘉年华,华鑫打造文化科技艺术生活融合的"创鑫汇"品牌。文化金融融合方面,积极发挥政府引导基金作用,参股文化类基金,加强对优质文化项目的投资,与上海银行合作设计"文金汇"小微金融产品,搭建文化企业直接融资平台,上影股份成功登陆A股市场,盛世天橙、万怡会展、中仿科技等企业成功挂牌新三板,成功举办2016、2017年度"中国文化产业资本大会"。同时,徐汇集聚的游戏企业占据上海游戏产业半壁江山,同时积极拓展海外市场,巨人网络、游族网络、淘米网络、米哈游等公司的产品出口英国、美国、日本、东南亚等地区,成为文化"走出去"的突破口和徐汇文化发展战略的重要版块。

二、徐汇区文化贸易发展情况

(一)徐汇区文化贸易发展优势独特

近年来,徐汇区坚持"文化先导"的发展战略,积极引入各类社会资本,加大对区域重点文化项目的投入和支持力度,文化创意产业发展迅速、文化出口规模持续扩大。拥有一批知名文化产业品牌,集聚了上影集团、东方明珠新媒体、东方梦工厂、腾讯影业、尚世影业、巨人网络、游族影业、淘米网、东方网、翡翠东方、梦响强音等文化领军企业。2016年文化创意产业实现总产出1 570亿元,同比增长7%。此外,徐汇区2017—2018年度被评定为国家文化出口重点企业8家,占全市近三分之一。出口项目1个;2016—2017年度被评定为上海市文化出口重点企业7家,出口项目1个。区域内有从事文化出口业务企业60余家,2015年文化出口额达5.4亿美元。2015年徐汇区文化服务重点企业出口额0.5亿美元,2016年增至0.7亿美元,全市排名第一。

目前徐汇区在文化出口领域,有较强的区域特色,形成了以文化服务贸易出口为主要驱动来源,技术进出口、创新出版、演出演艺、艺术展览和动漫游戏齐头并进的发展现状。

(二)徐汇区推动文化出口面临的机遇和挑战

1.文化贸易发展面临难得机遇

市委系列战略部署要求徐汇文化发展迈向新高度。为全面贯彻落实党的十九大精神,市委提出全力打响上海文化品牌的核心工作部署并出台《关于全力打响"上海文化"品牌　加快建成国际文化大都市三年行动计划》,明确重点任务和实施路径;上海2035规划确立卓越的全球城市目标,徐家汇、衡复和徐汇滨江地区进入全市中央活动区布局；黄浦江公共空间全线贯通，2035年要将滨江两岸建设成世界级的滨水公共空间。新的发展背景要求徐汇以满足人民群众对美好生活的期盼为宗旨来设计、指导徐汇文化发展，注重区域文化功能的辐射和服务，着力提升徐汇文化软实力。

国际文化大都市建设要求徐汇确立新站位。当下，上海国际文化大都市建设进入自觉期，将继续走在全国前列，不断丰富国际文化大都市的内涵要素，以文化创新引领城市进步，传承优秀民族文化遗存和海派文化积淀，扩大国际影响力，提升文化自信，在文化发展各领域展现中国和上海风采。贯彻落实"上海文创50条"及其产业发展实施办法，要求徐汇积极对接上海打造全球影视创制中心、亚洲演艺之都、全球动漫游戏原创中心、国际创意设计高地、国际重要艺术品交易中心建设，集聚一批全国和世界级的文化创意产业领军企业，促进区域文化消费升级。

徐汇作为上海唯一一个国家级文化出口基地，要求文化展现新作为。"十三五"徐汇确立了基本建成现代化国际大都市一流中心城区的目标，当前在全市打响四个品牌的战略部署中，徐汇又被评定为国家级文化出口基地。徐汇必须勇当主力军，深挖"海派之源"的底蕴，以跨界、融合和变革的理念注入新活力，深度分析、精心布局各类文化要素，成为标杆、形成引领，突出徐家汇、衡复、徐汇滨江作为"徐汇品牌"集中承载区和展示区的标识度，使徐汇文化"走出去"的优势更优、特色更特、强项更强。

2. 文化贸易发展面临挑战

国内大城市持续把文化战略置于重要位置。从战略层面看，国内经济发达城市从战略高度加快布局，争当全国文化发展领头羊，如北京将全国文化中心建设作为首都城市战略定位之一。从文化产业和龙头企业层面看，大型文化龙头企业持续释放产业带动效应，如总部位于深圳的腾讯、华侨城集团将企业发展与深圳的城市建设深度融合，大力培育"文化＋科技""文化＋旅游"相关产业。而扼制上海文化产业发展的一个瓶颈就是缺乏本土的大型民营文化龙头企业总部，无法形成完备的文化产业链以带动相关中小企业发展。

徐汇发展空间受限，成本居高导致增长凝滞。徐汇的区域面积远不如浦东，虽明显大于同为中心城区的静安和黄浦，但徐汇的优质资源主要集聚于北部，衡复地区、徐家汇地区已没有成片的产业发展空间，滨江地区功能还未显现，南部地区区位条件较差，虽尚有发展空间也不易吸引知名企业集聚。

三、国家文化出口基地(徐汇)发展规划

(一) 发展思路

深入贯彻落实中央和上海市关于加快发展对外文化贸易、加强和改进中华文化走出去等相关文件精神，实施文化走出去国家战略，全力打响上海"文化品牌"，不断推进徐汇区一流文化强区建设。综合利用国际国内两个市场、两种资源，结合徐汇区对外文化贸易的特点和发展实际，坚持统筹发展、政策引导、企业主体、市场运作。以开放促发展、促创新，进一步夯实文化贸易发展的产业基础，进一步加大文化领域对外开放的探索与实践，进一步加大文化出口基地的集聚度和吸引力，努力提升文化企业和文化品牌的国际竞争力和影响力，努力将更多优秀的中华文化产品和服务推向世界。

(二) 发展目标

实现"一带两圈一中心"空间布局。力争形成"一带两圈一中心"的空间发展新格局。其中，"一带两圈"指西岸国际文化发展带、衡复海派精品文化街区和徐家汇文商旅体融合体验区，旨在提供文化

基地服务的平台载体,以一带促进文化交流,以两圈彰显文化特色。"一中心"指漕河泾开发区,以建设"科创中心"重要承载区呼应"两圈",利用其良好的先进制造业基础,推动产城融合和文化科技深度融合。

对标国际一流,推动"以进带出"。强化对标,以国际一流标准衡量区域文化发展水平,集聚各类国际文化交流项目和文化产业项目,做强做优西岸一系列文化品牌国际交流活动。并通过对接国际平台,推动交流合作项目落地,以进口渠道带动出口,寻求中华优秀文化项目、产品走向国际市场。

推动文化贸易产业集群。聚焦国际文化企业总部、文化龙头企业、文化重点企业和独角兽企业,集聚文化大家、国际文化人才和文化创新人才,进一步发挥市级文化创意产业集聚区作用,塑造和培育一批具备较强国际竞争力的文化主体。

(三)实施内容

1. 加快文化科技融合发展,打造数字文化贸易高地

充分利用徐汇区科技创新和人工智能优势,结合徐汇区科技创新承载区建设,加快区域内数字文化产业集群发展,探索建设数字贸易交易促进平台,拓展与国际标准相接轨的数字版权确权、估价和交易流程服务功能,建设数字内容和产品资源库。鼓励数字文化企业与漕河泾开发区开展多层次合作,提升文化产品和服务的科技含量和产业贸易能级,培育一批科技含量较高的文化品牌。

加快动漫游戏和数字出版企业拓展国际主流市场。鼓励巨人、游族、网易、淘米、米哈游、恺英等一批重点文化出口企业,通过"互联网+文化"的形式,开展产品研发和服务创新,大力拓展日韩、东南亚、欧洲和北美业务。依托世纪出版集团、上海新闻出版公司、交通大学出版社等有竞争力的基地内企业,扩充海外传媒渠道,打造出版精品。

在影视作品出口方面,推动影视传媒企业加快技术革新和产品服务升级。引导腾讯影业、企鹅影视、爱奇艺、游族影业、维塔士等企业积极扩展海外业务,将影游互动、增强现实、虚拟现实等新技术、新模式应用在出口产品中,提升产品在国际文化产业价值链中的地位。加快影视企业与国际合作,以上影集团、尚世影业、东方梦工厂等为核心,提升影视产品出口规模,参加国际评奖,扩大海外影响力。

2. 加强文化对外交流合作,搭建文化贸易功能平台

创新思路办法、拓宽途径渠道,以文化交流助力文化贸易发展,形成全方位、多层次、宽领域的文化"走出去"格局。依托中国国际进口博览会在上海举办的优势,对接国际知名文化贸易进口商,争创线上线下相结合的"6天+365天"文化贸易交易促进平台。根据本市服务贸易示范基地和示范项目管理办法,培育基地内文化贸易示范项目和海外促进中心等公共平台发展。

聚焦上海西岸重点功能区建设。以"迈向全球城市的卓越水岸"目标为引领,打造有国际竞争力和影响力的艺术品交易展示平台、演出演艺展示平台、文化城市交流平台和国际文化交流首选平台。加快滨江剧场群项目、"美术馆大道"等一批世界级、现代化的大型文化设施建设,云集国际级艺术大师作品、国际级策展和运营团队、国际级艺术原创人才,构建集美术馆、公共艺术中心、艺术品保税仓库、图书馆、剧场、公共开放空间等业态为一体的国际艺术群落,推动徐汇西岸成为上海当代艺术文化新地标。

实施"以进带出"战略助推文化贸易发展。以西岸集团与法国蓬皮杜艺术中心国际合作为抓手,建立与国际重要文化城市的交流合作机制。积极争取引入瑞士巴塞尔国际艺术博览会等全球顶级艺术博览会,举办系列国际级水平的艺术展览。增强海外剧目的版权引进和中文版制作,为提升基地内本土演艺企业艺术创作水准和剧目国际化程度提供有益借鉴。

3. 传承中华优秀传统文化，提升文化贸易品质内涵

依托区位优势汲取海派文化精粹。发挥徐汇区作为上海交响乐团、上海音乐学院、上海话剧艺术中心、上海京剧院等市级文化院团和驻沪领事馆、国际组织、社会团体、学术机构等外向性资源所在地优势，通过举办国际文化论坛、文化表演、文化展览等活动，着力孵化和培育外向型文化企业和本土品牌，重点关注艺术演艺、影视传媒、数字内容、创意设计等领域。鼓励徐汇区企业通过参与境内外文化艺术评奖、文化贸易知名展会、节庆活动等方式，提升本土企业国际影响力。

打造"徐家汇源""魅力衡复"文化品牌。焕发"千年龙华，百年徐汇，十年西岸"的文化价值，打造一批全国乃至全球知名的古今融合、中西合璧、雅俗兼容的文化品牌。借文化品牌建设，推广徐汇特色，进一步提升在世界舞台上的知名度，为文化出口提供有利条件。衡复风貌区以海派文脉保护传承为主旨，打造"魅力衡复"品牌。徐家汇地区以文商融合、品质重塑为方向，打造"徐家汇源"品牌，重塑徐家汇的核心价值。两者均通过鼓励企业发掘传统文化特质，利用历史打造独特文化价值，形成企业独特竞争力，在出口市场上彰显特色。

以"百年再造系列"提升区域文化吸引力。以电影、唱片、工艺、教育、气象、建筑、音乐等领域百年工程再造，拓展文化品牌外延，提升区域对多元群体的吸引力。布局尚街LOFT、文定生活创意产业集聚区等以高端时尚为主题的创意园，盘活近千幢建造于不同时期、不同风格的优秀历史建筑资源，创新利用老建筑的路径和方式，导入多元功能，赋予老建筑以新内涵，提升文化旅游出口潜力。

4. 整合文化服务资源优势，夯实文化贸易发展基础

发挥首个全国扩大文化消费试点城区对文化出口的提升效应。综合利用大数据手段扩大文化消费试点规模、试点领域和试点方式，整合徐汇区域内各类优质文化资源，促进文化消费与区域内各类大型节展活动有机结合。在梳理汇总各国民众文化需求数据的基础上，开展同跨境消费互联网平台的深度合作，建立有效的文化贸易信息发布机制和基于大数据的用户精确分析体系，服务文化出口企业。

发挥基金等金融服务机构对文化贸易的引导作用。推荐并支持国家服务贸易创新发展基金参投基地内文化贸易重点企业和重点项目，鼓励各类资本创设文化贸易等领域的创新发展基金、信用保证基金、并购引导基金和中小企业创新创业基金。发挥徐汇区政府引导基金"投、引、聚"作用，吸引文化产业投资基金集聚，积极培育、引进和发展文化融资租赁公司、艺术品金融机构等各类专门服务于文化产业的金融专营机构。支持已在基地入驻的文化上市公司、投资公司和文化基金等，在境外收购文化企业、演出剧场和文化项目，在境外设立演艺经纪公司、艺术品经营机构、文化经营机构等项目。

建立面向世界的品牌宣传推介体系。培育基地内"高端化、国际化、品牌化"的文化贸易品牌企业，重点给予融资、项目、市场、人才等方面的政策支持，形成重点企业引领出海、中小企业积极创新的发展格局。设立并整合区内新媒体宣传平台，快速、集中、生动地反映文化品牌建设进程及成效。推出反映徐汇文化品牌影响力的系列短片，运用全媒体宣传渠道进行推介，全面提升徐汇文化国际影响力。

（四）运行机制与保障措施

1. 加强组织领导

建立由市商务委、市委宣传部和徐汇区政府共同牵头，市文广影视局、市新闻出版局等共同参与的"国家文化出口基地（徐汇）"建设领导小组，深化部市合作、市区联动工作机制，统筹推进基地建设。领导小组下设办公室，由区商务委、区委宣传部等抽调专人组成，具体负责加强与各级政府对接、规划制定、政策落地、企业服务、定期统计等日常工作，并及时总结发展经验和相关成果。

2. 完善扶持政策

用好中央外经贸发展专项资金、本市文创产业、服务贸易和影视、文化、出版等资金支持基地内文化贸易发展,加大对数字文化出口、人才培训、自主研发、跨国并购和文化服务出口贴息等项目的支持力度。出台《徐汇区关于加快推进文化品牌建设的扶持意见》,明确支持对外文化贸易出口和交流,积极培育对外文化贸易市场主体。支持"徐汇出品"的文化产品和服务走向国际市场。加大财政资金对文化贸易的投入,培育具有徐汇特色的文化企业和文化项目。积极争取国家、上海市文化产业和文化贸易相关资金扶持,发挥政策叠加效应,减轻文化贸易企业经营负担。

3. 建立统计体系

结合商务部、中宣部等五部委发布的《对外文化贸易统计体系(2015)》和"上海市文化创意产品和服务进出口综合统计报表制度",试点开展徐汇区文化创意产品和服务进出口统计工作并发布统计数据。建立徐汇区文化贸易重点企业联系机制,开展文化出口重点企业统计直报,做好文化贸易的形势分析和动态调研,并加强文化领域对外投资情况的收集整理和分析工作,强化对文化贸易的动态跟踪,全面提升文化贸易管理决策的科学性。

4. 加强知识产权保护

为对外文化贸易提供海外知识产权维权援助和法律咨询,加强对文化产品和服务的版权保护及边境保护。加大知识产权宣传力度,开展相关法律法规的培训教育,提升文化贸易企业知识产权创造、运用、管理和保护能力,营造有利于文化贸易知识产权保护的舆论环境。加强知识产权咨询服务,发展检索、分析、数据加工等基础服务,培育知识产权转化、投融资等市场化服务。

附件

徐汇区文化出口公共服务平台及重点企业介绍

上海西岸

上海西岸是徐汇滨江的文艺范名字，是未来可以和伦敦南岸、巴黎左岸这些蜚声国际的水岸地区比肩，成为黄浦江畔一颗璀璨的明珠，成为上海文化的新地标。

历经 9 年厚积薄发，与全球城市卓越水岸的愿景越行越近。在"西岸计划"指引下，上海西岸用龙美术馆、余德耀美术馆等 20 座文化场馆，勾勒了亚洲集聚度最高的文化艺术版图；用西岸传媒港、西岸自由港等标杆性文化项目，构建起体现一流文化软实力的传媒和艺术产业群；用艺博会、双年展等国际化、专业级品牌活动，营造出时尚、开放、多元的文化生态。

上海迈向卓越的全球城市愿景给西岸带来了新的发展机遇，相比较 400 多年前以"西学东渐"为特征的光启计划，2016 全球水岸论坛提出了以"东学西渐"为代表的西岸计划，着眼于建设全球城市的越文化水岸，将用国际化的理念、方式和合作传播中国文化、海派文化，通过发现、挖掘、提升自身价值，推动中国文化和海派文化从西岸走向世界，把上海西岸打造成上海国际文化大都市与世界对话的文化大平台、新地标。

西岸文化艺术季

ART WEST BUND 是西岸计划从概念走向实践的重要载体。2016 年秋，首次推出了 ART WEST BUND 西岸文化艺术季，以"来西岸，去发现"为主题，掀起了一场席卷上海的文化浪潮。2017 年发现之旅再次启航，从今年开始，我们将推出春夏和秋冬两季，全年 20 余个场馆、60 多场活动，音乐、艺术、摄影、美食在这里跨界、碰撞、融合。并且，用更多的精彩邀请你来西岸，打开心灵，释放活力，主动探索，去发现徐汇的当代魅力，去发现上海的人文情怀，去发现中国的文化自信。

西岸美术馆

世界第二大收藏现代艺术的美术馆、巴黎蓬皮杜中心已经和上海西岸集团签署了一份可续签的 5 年协议：根据这份协议，由戴卫·奇普菲尔德建筑事务所设计的西岸美术馆将成为蓬皮杜中心在中国的分馆。新馆将于 2019 年建成开馆，在这之后的 5 年内，这里将会举办约 20 场展览。蓬皮杜中心方形容这次合作是中法两国之间"有史以来最重要的一次长期文化合作"，西岸美术馆也将"对中国当代艺术产生重要的影响"。

西岸美术馆是上海黄浦江西岸地区总体规划中的一座重要建筑。三个约 18 米高的展馆体量分立于基地北面、西面和南面，界定出建筑的基本形态。三个展馆体量堆叠，高度精心设置，将天窗照明引入下层空间，上层空间则采用顶光式照明。大尺度景观视窗设计为馆内游客提供了欣赏上海中心城区、黄浦江与公园的绝佳视野。建筑方案的总体构思旨在创造一处独具特色的公共场所，使游客在参观美术馆的同时，还可饱览滨江美景、远眺市区风貌。方案首先从场地分析入手，着眼于建筑与周边环境的相互渗透融合。坐落于宽阔的滨江绿化带的最北端，同时又是滨江景观大道与浦江交汇处的西岸美术馆，不仅将是游客经由徐汇滨江公共开放空间抵达徐汇滨江地区后所面对的第一栋重要文化建筑，更将成为浦江西岸徐汇滨江规划区的一道独特风景。

上海中医药国际服务贸易平台

"上海中医药国际服务贸易促进中心"为全国首家中医药服务贸易专业服务机构。2013年被上海市商务委员会授予"上海中医药国际服务贸易平台"。其创建的"海上中医"国际医疗健康服务平台被纳入上海市政府"十三五"规划重点支持的跨境中医健康服务品牌。目前,阿联酋迪拜中心、德国汉堡中心已投入运营,日本、意大利、瑞士基地都已进入实质性建设阶段。

上海交通大学出版社有限公司

在继续与欧美主流国家地区的出版社和机构保持密切合作以外,上海交通大学出版社未来的出口核心、渠道重点、主要布局也将扩展到"一带一路"国家。2016年印度新德里书展中国主宾国活动上,上海交大社与印度信息出版社签订了关于《船舶海洋出版工程》(共3种)、《江南建筑文化丛书》(共5种)、《住院医师规范化培训教材系列》(共22种)的英文版版权输出协议。

上海交大出版社坚持"业态数字化"的战略目标,加强数字版权输出。2014年年底上海交大出版社荣获上海首批"数字出版转型示范单位"称号。加强互联网出版和数字出版发展规划,深化与国内外出版商的合作,借鉴国际上成功的数字营销网络的销售模式,借助网络书店、电子书阅读终端和数据库平台,拓展数字出版物海外营销渠道,提供国际化的用户体验以及提升数字产品的内容质量,以此促进数字出版产品的销售额实现实质性增长,争取成为在国内外有一定影响力的数字出版专业机构。

上海驰游信息技术有限公司

上海驰游自2015年开始开拓中国本土市场以外的海外市场,通过布局150多个海外国家市场,公司海外运营团队对当地玩家的文化背景、游戏偏好以及游戏市场竞争情况有了充分的了解,为新产品的本地化积累了大量经验。针对不同国家和地区的需求进行游戏内容翻译,再结合当地玩家的具体要求对游戏做本地化处理,进行技术规范和形象统一,将中国风味十足的系列游戏进行全球范围推广。公司2015—2016年出口额达4亿元人民币。

上海驰游目前计划与漫威漫画公司联手,打造具有好莱坞式效应的现象级IP。围绕大IP布局泛娱乐,全力营建电影、网剧、手游、页游、动画、周边等娱乐产品全产链,为观众制作最受欢迎的娱乐内容,提供最全面的娱乐体验,打造新的影游互动生态。

上海游娱信息技术有限公司

上海游娱信息技术有限公司通过公司旗下游娱海外平台,在国外赢得了一批对公司品牌、产品具有较高认同度的核心玩家,在更大范围的客户群体中形成了一定的品牌效应。游娱不断稳固我国港澳台地区、马来西亚、新加坡、菲律宾、韩国、越南、泰国、日本、葡萄牙、西班牙、土耳其、欧美、德国等文化主流国家和地区的市场,与当地运营商建立了良好的合作关系。除了以联合运营的形式外,未来的两年,经营模式也将进行转变。由原先的"海外合作商代理运营"模式转换成为"海外子公司自主运营"模式为主,实现年出口额以每年30%以上的速度增长。

上海米哈游网络科技股份有限公司

上海米哈游网络科技股份有限公司是国内首家打造自主原创IP的二次元动漫企业,公司拥有从动漫游戏开发到围绕IP进行全产业链开发,从而得以打造以"崩坏"IP为核心,集IP研发、制作、发行、营销、衍生品的全产业链互联网动漫公司。公司在二次元动漫这个细分领域拥有领先的动漫IP

资源优势,旗下主打的"崩坏"动漫 IP 在二次元用户中有着很高的知名度和不错的口碑。

米哈游具有天然的互联网基因,可利用互联网在不同细分市场进行多次内容开发利用,实现 IP 价值最大化。目前米哈游致力于打造以"崩坏"IP 为核心的,包括漫画、游戏、动画等系列二次元产品。目前公司在出口方面主要产品是以游戏《崩坏学园 2》为核心,致力于拓展海外市场,力争出口额呈逐年稳步增长的态势。

上海巨人网络科技有限公司

巨人网络在全国各地建立了多个研发基地并深入进行"海外运营"项目公司的改革,目前,公司的多产品线和市场细分战略已初见成效。2015 年公司的《中国好舞蹈》《征途口袋版》《大主宰》《FM 一球成名》等手游产品的出口为中国自主研发大型在线手游树立信心,同样也彰显出中国互联网文化产业技术的实力,为推动互联网文化、鼓励国内自主研发手机网游起到积极向上的作用,同时树立了中国互联网文化的国际品牌效应。通过产品走向全球,也可以使得如今在日益竞争激烈的移动端市场的厂商们获得将产品拓展到海外的机会,为中国的文化产业创造更大的收益,对互联网精益求精的良性发展起到了积极的推进作用。

上海话剧艺术中心有限公司

肢体剧《白蛇传》为上海话剧艺术中心与丹麦意大利籍导演杰寇默·拉维尔根据中国民间故事进行重新改编的现代多媒体肢体舞台剧,融汇了传统东方的诗意及现代舞台美感,并通过外籍导演独特的视角对传统故事进行重新诠释与表达。自 2008 年创作首演并获得观众热烈反响后,《白蛇传》已多次受邀赴韩国、芬兰、德国及土耳其等地多次参加国际艺术节展演,并于 2015 年获得第十二届黑海国际戏剧奖。

2016 年 2 月,上海话剧艺术中心受美国 KMP Artists 公司邀请前往美国及百慕大地区演出 3 场,该项目亦被选入 2015 年国家艺术基金传播交流项目。在前期演出反响良好的情况下,KMP 公司于 2017 年继续为《白蛇传》安排澳洲 3 个城市共 7 场巡演。此外,《白蛇传》今年还得到中国剧协的推荐,受邀参加越南河内国际小剧场戏剧节。

执笔:上海市徐汇区商务委员会　杨海晔

2017 年上海服务贸易外国附属机构(FATS) 统计分析报告

经过国际金融危机后近十年的调整,2017 年世界经济复苏态势好于预期,经济增长逐步摆脱低速运行态势,工业生产、国际贸易等领域持续复苏,经济增长动力增强。美国经济保持稳健增长,劳动力市场改善,私人消费扩张,制造业稳中有升;欧元区经济增长向好,经济景气指数上升,通缩势头得以遏制,消费者和投资者信心增强;日本经济温和增长,外需增长强劲,就业形势良好;发达市场需求回暖,贸易趋于活跃,带动新兴经济体经济恢复增长。但同时,一些国家贸易保护主义倾向上升,给世界经济和贸易增长带来不确定性。

中国坚持对外开放基本国策,经济稳中有进、稳中向好的发展态势不断巩固,带动进口持续快速增长,为促进全球经济复苏和贸易增长作出了重要贡献。2017 年,中国经济增速回升至 6.9%,继续位居世界前列,GDP 总量超过 12 万亿美元,占世界经济的比重提高到了 15.3%,对世界经济增长的贡献率为 34%。当前,中国已经成为全球最大的市场之一,进口占全球份额的 1/10 左右,中国的经济发展从主要依靠投资向消费、投资并重转型,按照不变美元价格计算,2013—2016 年,中国最终消费对世界消费增长的年均贡献率为 23.4%,对世界消费增长的年均贡献率已经是世界第一。

一、全球和我国服务贸易、跨境投资相关情况

(一) 2017 年全球和我国服务贸易相关情况

根据世界贸易组织《全球贸易数据回顾 2018》报告显示,2017 年,全球服务贸易全面复苏,全球服务出口额 5.28 万亿美元,同比增长 8%,全球服务进口额 5.07 亿美元,同比增长 6%。从分类上看,与货物相关的服务出口 1 840 亿美元,同比增长 7%;运输服务出口 9 310 亿美元,同比增长 9%;旅游服务出口 13 100 亿美元,同比增长 8%;其他商业服务出口 28 550 亿美元,同比增长 8%。从国别地区看,美国实现服务出口 7 617.2 亿美元,位居全球第一,其次分别为英国、德国、法国和中国;美国实现服务进口 5 160.2 亿美元,位居全球第一,其次分别为中国、德国、法国和英国。

2017 年我国实现服务进出口总额 46 991.1 亿元,同比增长 6.8%;其中,出口 15 406.8 亿元,进口 31 584.3 亿元;服务逆差 16 177.4 亿元,与上年基本持平。2017 年我国服务贸易出口增长 10.6%,进口增长 5.2%。从数据中可以看到,我国服务进出口平稳较快发展,虽然 2017 年服务贸易额仍呈逆差态势,但出口增速却高于进口增速,贸易结构持续优化,高质量发展特征逐步显现。我国服务进出口规模连续 4 年保持全球第二位。

(二) 2017 年全球和我国跨国投资相关情况

根据联合国《世界投资报告 2018》报告显示,2017 年全球外国直接投资(FDI)下降 23%,为 1.43 万亿美元,这与全球 GDP 及贸易增长加快形成鲜明对比。跨境并购,特别是超大型并购及企业重组

的大幅下降是此次外国直接投资下降主要原因。就国别来看,美国和英国的 FDI 流入量下降尤为明显。据统计,2017 年美国 FDI 流入量下降了 40%,降至 2 750 亿美元,但仍居全球首位。流入英国的 FDI 下降了 92%,降至 150 亿美元,跌出全球前二十。法国、德国 FDI 流入量出现增长,但流入欧洲的 FDI 受英国拖累整体下滑。流入发展中经济体的 FDI 保持平稳,为 6 710 亿美元。发展中国家在全球外国 FDI 的比重从 2016 年的 36%,上升到 2017 年的 47%。流向转型经济体的 FDI 下降了 27%,降至 470 亿美元,为 2005 年以来的第二低水平。这主要反映了地缘政治的不确定性以及对自然资源的投资不足。

发达国家仍然是全球主要对外投资来源。2017 年,发达国家跨国公司对外投资小幅下降了 3%,约为 1 万亿美元,占全球对外投资总额的 71%。欧洲对外投资下降了 21%,降至 4 180 亿美元;德国、英国对外投资大幅增长;法国对外投资保持在较高水平,但荷兰公司对外投资从 2016 年的 1 490 亿美元,下降到 2017 年的 230 亿美元。美国、加拿大对外投资上涨了 18%,达 4 190 亿美元。美国仍是全球最大的对外投资国。2017 年,发展中国家对外投资下降了 6%。拉丁美洲及加勒比地区以及非洲的对外投资都出现了增长,转型经济体对外投资从前两年历史低位上涨了 59%。

报告显示,中国仍是发展中国家最大的吸收外资国和对外投资国。2017 年,中国的对外投资减少了 36%,降至 1 250 亿美元,但在全球的排名仅次于美国和日本,仍位居第三位。主要原因有两个:一是一些国家投资保护主义盛行所致。2017 年,中国的一些跨国并购因被东道国认为是敏感产业或处于敏感领域未能得到批准;二是中国政府在 2016 年底和 2017 年出台了一些对外投资政策,对中国企业在海外的投资对象和投资规模予以限制和指导。在吸引外资方面,尽管全球 FDI 处于大幅下降态势,2017 年中国吸引外国直接投资 1 360 亿美元,创历史新高,在世界排名第二,位居美国之后。

二、上海内向 FATS 的现状及分析

目前,国际上针对服务贸易的统计体系主要有两类,一类是国际收支统计体系,简称 BOP 统计;另一类即是外国附属机构服务贸易统计体系,简称 FATS 统计。FATS 统计作为 BOP 统计的补充,主要对象是商业存在,它反映了外国附属机构在东道国发生的全部服务交易情况。其中,记录外国在本国设立附属机构的交易情况,称内向 FATS 统计;记录本国在国外的附属机构在东道国的交易情况,称外向 FATS 统计。本报告承续上年度统计分析的基本方法,对 2017 年外国附属机构在沪投资与发展的情况进行分析,涉及总体分析、行业分析和国别地区分析。

本报告所用的金额统计数据的计量单位采取双轨制:以美元投资、计价的仍以美元为货币单位进行统计分析;以人民币结算的(如营业收入、利润总额等)仍以人民币为货币单位进行统计分析。[①]本文的主要数据来源为上海市商务委员会和上海市统计局。

(一)总体情况分析

2017 年外国附属机构在上海的投资规模继续大幅增长,经营效益显著提升,特别是服务业机构增长较快。在各项数据中,企业数量 36 123 家,同比增长 6.4%;投资总额 8 907.43 亿美元,同比增长

---

① 为方便读者分析对照,以下是本文所涉的人民币与美元的年平均汇率:2013 年年平均汇率(美元兑人民币):6.193 2;2014 年年平均汇率(美元兑人民币):6.142 8;2015 年年平均汇率(美元兑人民币):6.228 4;2016 年年平均汇率(美元兑人民币):6.642 3;2017 年年平均汇率(美元兑人民币):6.751 8,请有需要的读者自行换算。

57.5％;注册资本 2 640.88 亿美元,同比增长 3.3％,从业人数 144.67 万人,同比增长 5.9％。就经营情况看,2017 年在沪外国附属机构实现营业收入 41 536.34 亿元,同比增长 21.9％;利润总额 2 843.51 亿元,同比增长 29.0％。(见表 1)

表1　2017 年上海外国附属机构总体情况

	2015 年	2016 年	2017 年	2017 年与上年同比(%)
企业数量(家)	28 079	33 935	36 123	6.4
投资总额(亿美元)	2 696.96	5 656.14	8 907.43	57.5
销售(营业)收入(亿元)	32 418.85	34 083.40	41 536.34	21.9
利润总额(亿元)	1 883.39	2 204.27	2 843.51	29.0
纳税总额(亿元)	2 013.32	2 469.09	2 972.86	20.4
企业所得税(亿元)	461.62	515.33	686.69	33.3
年末从业人数总计(万人)	141.29	136.59	144.67	5.9
注册资本(亿美元)	1 774.43	2 555.58	2 640.88	3.3

(二)分指标情况分析

从企业数量看,除居民服务和其他服务业外,其余 11 个行业的企业数量都实现了增长。2017 年,教育行业的企业数量增长最快,达到 94.1％;文化、体育和娱乐业的增幅也达到 35.9％;卫生、社会保障和社会福利业,科学研究、技术服务和地质勘查业的增幅都在 20％以上,居民服务和其他服务业下降 13.8％。

从营业收入看,2017 年在沪外国附属机构营业收入获得大幅度增长,有 10 个行业幅度达到两位数。其中,租赁和商务服务业、住宿和餐饮业增长幅度超过 30％;批发和零售业,科学研究、技术服务和地质勘查业,卫生、社会保障和社会福利业增长幅度超过 20％;而文化、体育和娱乐业,教育等 2 个行业出现负增长,特别是文化、体育和娱乐业营业收入大幅下降 26.7％。

从利润总额看,多数行业企业利润大幅增长。在沪外国附属机构 2017 年的营业收入总的增幅达到 29.0％,其中信息传输、计算机服务和软件业等 3 个行业实现了 40％以上的增长,3 个行业实现了 30％以上的增长;科学研究、技术服务和地质勘查业企业利润下降较大。

表2　2017 年上海外国附属机构分行业经营情况

行　业	企业数量(家)	同比(%)	利润(亿元)	同比(%)	利润总额(亿元)	同比(%)	从业人数(人)	同比(%)
批发和零售业	17 756	5.1	24 383.84	23.5	903.05	48.8	544 723	4.2
租赁和商务服务业	10 048	7.9	8 687.53	38.7	935.75	35.8	346 258	10.2
交通运输、仓储和邮政业	1 618	2.0	3 237.97	11.7	141.70	34.0	112 227	1.9
金融业	143	4.4	1 098.48	16.2	96.00	30.1	32 855	8.9
信息传输、计算机服务和软件业	2 331	7.8	1 140.23	10.7	116.82	327.0	118 279	0.5
房地产业	999	4.9	1 631.39	14.2	539.28	16.8	53 110	1.1

续　表

行　业	企业数量（家）	同比（%）	利润（亿元）	同比（%）	利润总额（亿元）	同比（%）	从业人数（人）	同比（%）
科学研究、技术服务和地质勘查业	1 654	22.9	568.03	22.2	8.75	−23.7	58 314	30.5
住宿和餐饮业	856	2.3	511.37	32.2	46.52	−0.9	145 499	27.0
居民服务和其他服务业	417	−13.8	217.43	13.2	57.99	65.7	25 909	−18.3
教育	33	94.1	17.50	−8.3	0.58	—	2 566	−50.9
卫生、社会保障和社会福利业	41	24.2	21.67	20.1	−5.01	—	3 284	9.7
文化、体育和娱乐业	227	35.9	20.89	−26.7	2.07	—	3 696	−50.4
总计	36 123	6.4	41 536.34	21.9	2 843.51	29.0	1 446 720	5.9

注：本表中金融业的数据为上海市统计局提供。（说明：1.表中数据仅以调查样本为准，不代表上海所有金融企业。2.由于统计口径原因，2016年的金融业数据略有调整，本文涉及的2016年金融业数据，均为今年调整以后的数据。）

（三）分行业情况分析

　　2017年，上海外国附属机构的行业集中度继续维持在较高水平。批发和零售业、租赁和商务服务业2个行业的企业数量占全部企业数量的75.7%，营业收入、利润总额占比为77.9%。其中批发和零售业的企业数量、营业收入还是远远高于其他行业。2017年，信息传输、计算机服务和软件业的企业数量继续超过交通运输、仓储和邮政业，位居第三（见图1）。

图1　2017年上海外国附属机构各行业营业收入（单位：亿元）

文化、体育和娱乐业　20.89
卫生、社会保障和社会福利业　21.67
教育　17.50
居民服务和其他服务业　217.43
住宿和餐饮业　511.37
科学研究、技术服务和地质勘查业　568.03
房地产业　1 631.39
信息传输、计算机服务和软件业　1 140.23
金融业　1 098.48
交通运输、仓储和邮政业　3 237.97
租赁和商务服务业　8 687.53
批发和零售业　24 383.84

1. 批发和零售业

　　中国的消费市场巨大，上海是长三角地区的龙头，又是经济发达地区，上海的批发和零售业是外商投资的优选行业，企业数量、营业收入远远高于其他行业。2017年，上海批发和零售业更呈现出新的发展动向，在企业数量（比上年同期增长5.1%）、从业人员（同比增长4.2%）平稳增长的情况下，营业收入和利润大幅度增长：营业收入同比增长23.5%，利润大幅增长48.8%，表现出了行业整体经济效益的大幅度增长的态势（见图2）。

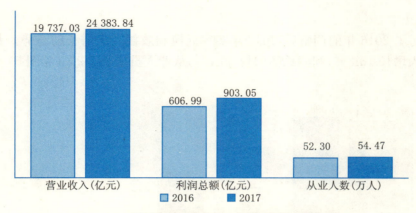

图 2　2017 年批发和零售业上海外国附属机构情况

2. 租赁和商务服务业

租赁和商务服务业 2017 年经营规模稳定增长。其中,企业数量增长 7.9%,从业人数增长10.2%;而该行业的营业收入同比大幅增长 38.7%,利润同比增长 35.8%(见图 3)。

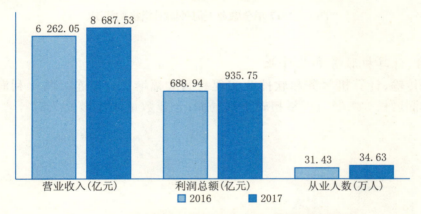

图 3　2017 年租赁和商务服务业上海外国附属机构情况

3. 交通运输、仓储和邮政业

继 2015 年、2016 年两年交通运输、仓储和邮政业的经营状况调整后,2017 年,该行业出现增长态势,其中,企业数量同比增长 2.0%,从业人员增长 1.9%,营业收入增长 11.7%,利润总额增长34.0%,该行业各项经济指标均处于上升态势(见图 4)。

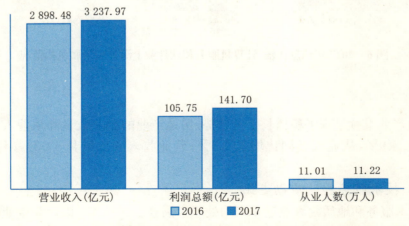

图 4　2017 年交通运输、仓储和邮政业上海外国附属机构情况

4. 金融业

金融业在经历了 2016 年的调整后,2017 年实现规模和效益同步增长的态势。其中,企业数量增长 4.4%,营业收入增长 16.2%,利润总额增长 30.1%,从业人员增长 8.9%(见图 5)。

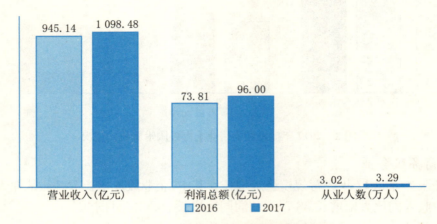

图 5　2017 年金融业上海外国附属机构情况

5. 信息传输、计算机服务和软件业

2017 年信息传输、计算机服务和软件业实现利润大幅增长。在连续两年利润大幅下降之后,2017 年该行业利润增长 327.0%,一举扭转下跌局面;企业数量同比增长 7.8%,营业收入同比增长 10.7%(见图 6)。

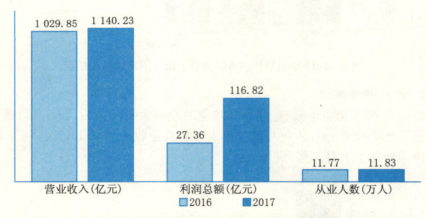

图 6　2017 年信息传输、计算机服务和软件业上海外国附属机构情况

6. 房地产业

2017 年,房地产业继续呈现平稳增长上升趋势,房地产业的企业数量和从业人员继续出现增长,企业数量同比增长 4.9%,从业人员同比增长 1.1%;营业收入同比增长 14.2%;利润总额同比增长 16.8%(见图 7)。

7. 科学研究、技术服务和地质勘查业

科学研究、技术服务和地质勘查业近年来均处于扩展期。2017 年,该行业企业数量增长 22.9%,从业人员增长 30.5%,营业收入增长了 22.2%,但是利润总额同比下降 23.7%(见图 8)。

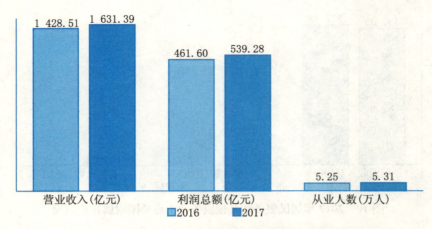

图 7　2017 年房地产业上海外国附属机构情况

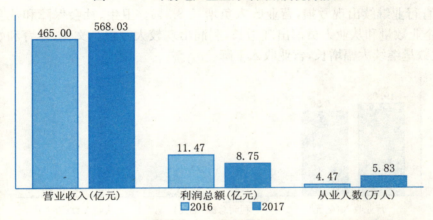

图 8　2017 年科学研究、技术服务和地质勘查业上海外国附属机构情况

8. 住宿和餐饮业

2017 年,该行业营业收入达 511.37 亿元,同比大幅增长 32.2%,但是利润总额在上年大幅增长后,小幅下跌 0.9%。2017 年,该行业企业数量增长 2.3%,从业人员增长 27.0%(见图 9)。

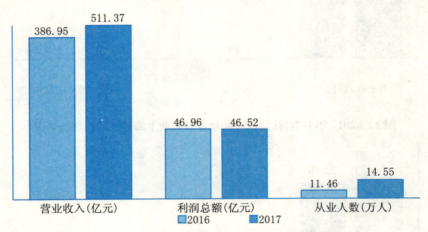

图 9　2017 年住宿和餐饮业上海外国附属机构

9. 居民服务和其他服务业

居民服务和其他服务业营业收入在上年下降 11.4% 之后,2017 年增长 13.2%,利润更是大幅增长 65.7%。与此同时,企业数量负增长 13.8%,从业人员负增长 18.3%(见图 10)。

图 10　2017 年居民服务和其他服务业上海外国附属机构情况

10. 其他

2017 年,教育行业继续出现亏损,营业收入负增长 8.3%。卫生、社会保障和社会福利业营业收入增长 20.1%,企业数量和从业人员都出现增长,利润出现较大亏损。文化、体育和娱乐业等行业外国附属机构企业数量继续大幅增长,营业收入下降。

图 11　2017 年教育业上海外国附属机构情况

图 12　2017 年卫生、社会保障和社会福利业上海外国附属机构情况

图 13　2017 年文化、体育和娱乐业上海外国附属机构情况

（四）分国家和地区情况分析

2017 年，在沪外国附属机构的国家和地区来源以东南亚和美国为主，其中，以来自中国香港、日本、中国台湾、美国、新加坡和韩国等国家和地区的企业为多。

1. 企业数量分析

根据企业数量分类，2017 年在沪设立外国附属机构且具有控制权的企业中，排名前十位的国家和地区依次为中国香港、日本、中国台湾、美国、新加坡、韩国、英属维尔京群岛、德国、萨摩亚和英国，上述国家和地区 2017 年总共设立 29 413 家外国附属机构，占总数的比重为 81.3%（见图 14），占比比去年同期下降 2.3 个百分点。

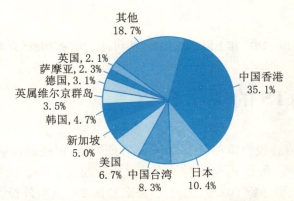

图 14　2017 年上海外国附属机构企业数量(按国家和地区分类)

2. 营业收入分析

从营业收入角度分析，2017 年在沪外国附属机构营业收入排名前十的国家和地区依次为中国香港、日本、新加坡、爱尔兰、韩国、美国、德国、荷兰、英国、英属维尔京群岛，上述国家和地区 2017 年企业实现营业收入 32 658.88 亿元，占营业总收入的比重为 87.1%（见图 15）。

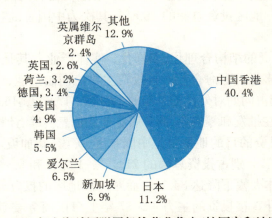

图 15　2017 年上海外国附属机构营业收入(按国家和地区分类)

3. 利润分析

在营业收入大幅上升的同时，2017 年在沪外国附属机构企业利润同比大幅增长 29.0%。按国家和地区排名，前十位的依次为中国香港、日本、美国、新加坡、德国、毛里求斯、荷兰、英国、爱尔兰、英属维尔京群岛,上述国家和地区企业 2017 年实现营业利润 2 402.93 亿元,比去年同期增长 35.5％,占利润总额的比重为 88.1％(见图 16)。

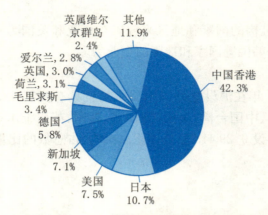

图 16　2017 年上海外国附属机构利润(按国家和地区分类)

三、上海外向 FATS 的现状介绍①

2017 年,上海实际对外直接投资额相对于 2016 年有所回落,但还是位居全国首位:2017 年,上海非金融类对外直接投资 123.55 亿美元,占全国对外直接投资额超过 10％。2017 年,上海办理企业境外投资备案和核准项目 608 项,投资总额 602.76 亿美元,备案和核准中方对外投资总额 129.07 亿美元。

上海对外直接投资的主要特点:

2017 年,上海对外直接投资中,并购成为对外投资的主要方式,占全部对外投资的 50.8％。企业通过并购,较易实现对市场、知识产权和技术的控制,较易实现规模经济,降低成本,提高产能和行业竞争力。据上海市商务委统计数据显示,2017 年新增项目中,中方投资额达 1 亿美元的境外并购项目 60 个,并购项目排名前三的行业分别是制造业、采矿业、信息传输、计算机服务和软件业,并购项目的主要国家为美国,占全部国家/地区投资总额的 26.5％,其次为中国香港和新加坡,分别占投资总额的 9.7％和 7.0％。

2017 年,上海企业对外投资的结构合理化、多样化。实体产业尤其是新兴产业得到上海企业的青睐,整体投资结构更加合理和多样。上海企业对外投资主要流向制造业、商务服务业、采矿业和信息传输、计算机服务和软件业,分别占同期对外投资总额的 22.4％、17.8％、16.0％和 15.4％。上海企业对外投资项目的数量,则主要集中在批发和零售业、商务服务业和信息传输、计算机服务和软件业。

2017 年,上海企业对外投资的目的地主要是中国香港、美国、新加坡,投资金额分别为 28.34 亿美元、24.6 亿美元和 7.12 亿美元,分别占投资总额的 21.2％、19.1％和 5.5％。上海企业对开曼、英属维尔京群岛等地的投资总额整体大幅下降达 84.0％,而对非洲地区的投资升幅达 44.3％。

民营企业是上海企业对外直接投资的主力。2017 年上海市商务委登记在册的 608 个项目中,民营企业数量为 482 个,占总数的 79.3％,民营企业的投资额达到 554.97 亿美元,占对外投资总额的 83.1％。国有企业尽管项目数量和投资金额少于民营企业,但是其投资的单个项目的规模普遍大于民营企业。国有企业的投资方向偏重于商务服务业、批发和零售业以及石油、天然气开采等方面的投资。

---

① 本部分主要资料来源:上海市商务委员会《上海企业对外投资合作年度发展报告(2018)》。

128

附件

近年来美国在沪外国附属机构经营情况分析

一、美国企业投资中国概述

1979 年,中美两国正式建立外交关系;同年,两国签署了《中美贸易关系协定》,从 1980 年 2 月起相互给予最惠国待遇,为两国经贸关系的发展奠定了基础。此后,双方又签署了一系列经济合作协议,为两国经济活动的开展提供了法律保障和积极的推动作用。

美国对华投资始于 1980 年。1980 年 3 月,总投资 7 500 万美元、按照国际上第一流水平的大型旅游饭店标准进行设计的中美合资长城饭店项目正式开工,开启了美国企业在中国投资的先河。多年来,随着中国经济体制改革的逐步深化和对外开放度的不断提高、中国投资环境的日益改善,美国对华投资也取得了迅速发展;特别是 1992 年邓小平南方谈话以及中共十四大确立了开放的市场经济体制后,美国对华投资进入高速增长期,1992—2001 年美国对华直接投资实际金额年均增长率达到 27.1%,增长速度大大超过了同期美国对亚太其他国家与拉丁美洲国家投资的增长速度。2001 年美国对华直接投资实际金额达 48.6 亿美元,占我国利用外资总额的 10.4%,是对华第一大投资国。从 1979—2001 年直接投资的累计额来看,美国仅次于我国香港,居第二位。2003 年以来,美国对华实际投资额出现持续下降,2006 年美国对华实际投资额 28.7 亿美元,比 2002 年的 54.2 亿美元下降了 47%,占我国利用外商直接投资的比重也由 2002 年的 10.5% 下降到 2006 年的 4.5%,低于中国香港、日本、欧盟、韩国,居第五位。2017 年 1—12 月,美国对华投资 31.3 亿美元,在中国香港、新加坡、中国台湾、韩国、日本之后,居第六位。美国是中国重要外资来源地。根据中国商务部统计,截至 2017 年,美国累计在华设立外商投资企业约 6.8 万家,实际投资超过 830 亿美元。[①]

美国企业在中国投资的领域相当广泛,涉及机械、电子、通信、石油、冶金、能源、化工、医药、轻工、纺织、食品、旅游、饭店及房地产,投资区域遍布全国,但是主要集中在沿海城市,尤其集中在中国一线城市。在美国对华投资的行业中,制造业占据重要地位。

美国对华投资项目技术含量相对较高,投资效益比较好。美国经济分析局(BEA)统计显示,截至 2016 年,美国对外直接投资存量为 53 322 亿美元,累计投资收益为 4 099.7 亿美元,投资收益率(投资收益/投资存量,下同)为 7.7%;同期对华直接投资存量为 925 亿美元,累计投资收益为 118 亿美元,投资收益率为 12.8%,较美对外投资平均收益率高出 5.1 个百分点。尽管中美之间以及美国不同机构对于直接投资统计数据差异很大,但 BEA 统计数据充分表明,美国对华直接投资收益状况远远好于其全球投资水平。在很多年份,美国对华直接投资收益率高达 16% 以上。

中国改革开放后,美国来上海投资的第一批企业于 1982 年 12 月成立。他们是:上海施贵宝制药有限公司、上海高仕香精有限公司和上海福克斯波罗有限公司,均为合资企业。

---

① 见中华人民共和国国务院新闻办公室:《关于中美经贸摩擦的事实与中方立场》

二、近年来美国在沪外国附属机构总体经营情况分析

在沪的外国附属机构中,美国的投资规模、经营状况长期处于较高水平。2017 年,美国在沪外国附属机构的企业数量 2 417 家,在中国香港、日本、中国台湾之后,排名第四;营业收入 1 841.69 亿元,在中国香港、日本、新加坡、爱尔兰、韩国之后,排名第六;利润总额 204 亿元,在中国香港、日本之后,排名第三。从 2013 年至 2017 年,美国在沪附属机构投资总额增长 63.0%,企业数量增长 23.7%;营业收入增长 10.7%;就业人员减少 31.1%,利润增幅达到 39.2%(见附表 1)。

附表 1　2013—2017 年美国在沪外国附属机构总体经营情况表

年份	投资总额（亿美元）	同比（%）	企业数量（家）	同比（%）	营业收入（亿元）	同比（%）	就业人数（人）	同比（%）	利润总额（亿元）	同比（%）
2013	73.74		1 954		1 663.68		97 233		146.85	
2014	80.76	9.5	1 861	−4.8	1 572.66	−5.5	85 440	−12.1	125.22	−14.7
2015	94.82	17.4	1 955	5	1 624.49	−2.4	97 558	14.2	159.34	27.2
2016	114.13	20.4	2 331	19.2	1 387.67	3.3	71 089	−27.1	120.14	−24.6
2017	120.17	5.2	2 417	3.7	1 841.69	32.7	67 000	−5.8	204.42	69.9
2017 年相比 2013 年增值及增幅	46.43	63.0	463	23.7	178.01	10.7	−30 233	−31.1	57.58	39.2

以 2013 年为起点考察美国在沪外国附属机构总体经营情况,可以看到,4 年来,美国在沪外国附属机构的投资总额不断增长,企业数量在 2014 年略有调整之后,持续增长,从业人员出现大幅调整,而营业收入和利润总额增加,投资效益在经历了 2016 年的调整以后,2017 年有较大增幅(见附图 1)。

附图 1　2013—2017 年美国在沪外国附属机构总体经营走势图

注:附图 1—附图 5 中,所有指标均以 2013 年为起点。

三、近年来美国在沪外国附属机构分行业情况分析

长期以来,上海外国附属机构的行业集中度持续维持在较高水平。批发和零售业、租赁和商务服务业 2 个行业的投资总额和企业数量遥遥领先于其他行业。美国在沪外国附属机构的情况也是如此。2013 年,美国在沪外国附属机构中,批发和零售业、租赁和商务服务业 2 个行业的投资总额占据了美国在沪外国附属机构全部企业的 58.27%,营业收入占比 70.0%,利润总额占比为 77.7%。2017 年,批发和零售业、租赁和商务服务业 2 个行业的投资总额占据了美国在沪外国附属机构全部企业的 63.3%,营业收入占比 73.4%,利润总额占比为 73.0%。4 年中,两个行业的投资总额、营业收入和利润总额,无论绝对值和占比,都呈现不同程度的增幅(见附图 1)。

附表 2　2013、2017 年美国在沪外国附属机构分行业经营情况

行业＼年份	投资总额(亿美元)		营业收入(亿元)		利润总额(亿元)		企业数量(家)		从业人数(人)	
	2013	2017	2013	2017	2013	2017	2013	2017	2013	2017
批发和零售业	17.60	27.75	886.31	591.48	54.51	22.80	734	980	24 805	17 885
租赁和商务服务业	25.37	47.15	278.75	759.41	59.62	126.36	597	837	21 314	25 706
交通运输、仓储和邮政业	5.10	3.31	307.94	215.06	14.50	6.09	88	73	9 356	6 814
金融业	2.87	13.86	13.20	56.78	6.75	11.36	6	17	76.5	1 572
信息传输、计算机服务和软件业	6.75	8.05	76.54	105.49	5.81	13.37	274	246	17 073	8 841
房地产业	7.43	8.65	2.74	70.93	−0.23	20.55	21	17	2 104	432
科学研究、技术服务和地质勘查业	4.21	7.74	30.71	26.55	1.77	0.57	113	183	5 171	3 482
住宿和餐饮业	1.55	0.42	48.40	1.16	3.99	−0.14	33	30	137	299
居民服务和其他服务业	2.10	2.39	9.79	2.62	−11.72	0.12	77	15	583	989
教育	0	0.09	0.01	1.68	−0.01	0.47	1	4	8	445
卫生、社会保障和社会福利业	0.15	0.15	8.58	10.53	2.51	2.97	3	4	842	908
文化、体育和娱乐业	0.61	0.62	0.70	0.01	−0.64	−0.08	5	10	113	33

4 年来,美国在沪外国附属机构的各行业中,投资总额增幅最大的行业是金融业,投资总额增幅达到 382.9%,其余依次是租赁和商务服务业,增幅 85.8%;科学研究、技术服务和地质勘探业,增幅 83.8%;批发和零售业增幅 57.7%。

为了形象说明 2013—2017 年 4 年来在沪外国附属机构主要行业的经营状况,下面就租赁和商务服务业,信息传输、计算机服务和软件业,批发和零售业,交通运输、仓储和邮政业等 4 大行业,以 2013 年为起点,绘制出其投资总额、营业收入、利润总额、企业数量、就业人数等 5 个主要经济指标的走势图,供读者参考(见附图 2、附图 3、附图 4、附图 5)。

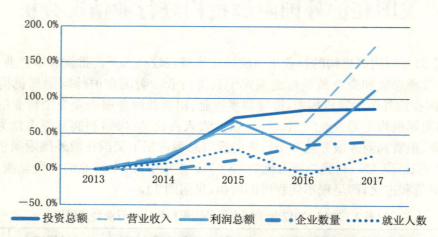

附图2　2013—2017年美国在沪外国附属机构租赁和商务服务业走势图

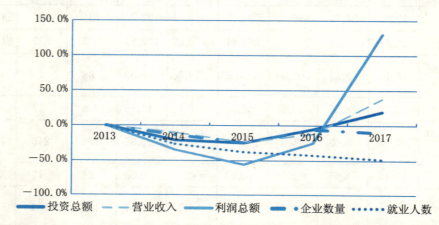

附图3　2013—2017年美国在沪外国附属机构信息传输、计算机服务和软件业走势图

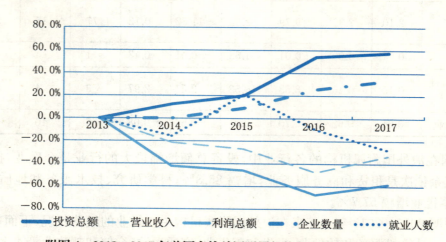

附图4　2013—2017年美国在沪外国附属机构批发和零售业走势图

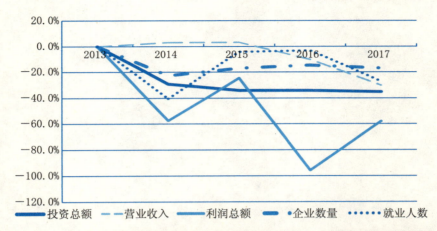

附图 5　2013—2017 年美国在沪外国附属机构交通运输、仓储和邮政业走势图

上海市服务贸易外国附属机构 FATS 统计分析课题组

组　　长：吴根宝

副组长：卢　正　陈　昊　薛　锋　于　玲

成　　员：冯志伦　李国娟　周婷晶　冯树琴

执　　笔：冯志伦

第三部分

政策文件

国务院关于支持自由贸易试验区
深化改革创新若干措施的通知

国发〔2018〕38 号

各省、自治区、直辖市人民政府，国务院各部委、各直属机构：

建设自由贸易试验区（以下简称自贸试验区）是党中央、国务院在新形势下全面深化改革和扩大开放的战略举措。党的十九大报告强调要赋予自贸试验区更大改革自主权，为新时代自贸试验区建设指明了新方向、提出了新要求。为贯彻落实党中央、国务院决策部署，支持自贸试验区深化改革创新，进一步提高建设质量，现将有关事项通知如下：

一、营造优良投资环境

（一）借鉴北京市服务业扩大开放综合试点经验，放宽外商投资建设工程设计企业外籍技术人员的比例要求、放宽人才中介机构限制。（负责部门：人力资源社会保障部、住房城乡建设部、商务部；适用范围：所有自贸试验区，以下除标注适用于特定自贸试验区的措施外，适用范围均为所有自贸试验区）

（二）编制下达全国土地利用计划时，考虑自贸试验区的实际情况，合理安排有关省（市）的用地计划；有关地方应优先支持自贸试验区建设，促进其健康有序发展。（负责部门：自然资源部）

（三）将建筑工程施工许可、建筑施工企业安全生产许可等工程审批类权限下放至自贸试验区。（负责部门：住房城乡建设部）

（四）授权自贸试验区开展试点工作，将省级及以下机关实施的建筑企业资质申请、升级、增项许可改为实行告知承诺制。（负责部门：住房城乡建设部）

（五）将外商投资设立建筑业（包括设计、施工、监理、检测、造价咨询等所有工程建设相关主体）资质许可的省级及以下审批权限下放至自贸试验区。（负责部门：住房城乡建设部）

（六）自贸试验区内的外商独资建筑业企业承揽本省（市）的中外联合建设项目时，不受建设项目的中外方投资比例限制。（负责部门：住房城乡建设部）

（七）在《内地与香港关于建立更紧密经贸关系的安排》、《内地与澳门关于建立更紧密经贸关系的安排》、《海峡两岸经济合作框架协议》下，对自贸试验区内的港澳台资建筑业企业，不再执行《外商投资建筑业企业管理规定》中关于工程承包范围的限制性规定。（负责部门：住房城乡建设部）

（八）对于自贸试验区内为本省（市）服务的外商投资工程设计（工程勘察除外）企业，取消首次申请资质时对投资者的工程设计业绩要求。（负责部门：住房城乡建设部）

（九）卫生健康行政部门对自贸试验区内的社会办医疗机构配置乙类大型医用设备实行告知承诺制。（负责部门：卫生健康委）

（十）自贸试验区内医疗机构可根据自身的技术能力，按照有关规定开展干细胞临床前沿医疗技术研究项目。（负责部门：卫生健康委）

（十一）允许自贸试验区创新推出与国际接轨的税收服务举措。（负责部门：税务总局）

（十二）省级市场监管部门可以将外国（地区）企业常驻代表机构登记注册初审权限下放至自贸试验区有外资登记管理权限的市场监管部门。（负责部门：市场监管总局）

（十三）支持在自贸试验区设置商标受理窗口。（负责部门：知识产权局）

（十四）在自贸试验区设立受理点，受理商标权质押登记。（负责部门：知识产权局）

（十五）进一步放宽对专利代理机构股东的条件限制，新设立有限责任制专利代理机构的，允许不超过五分之一不具有专利代理人资格、年满18周岁、能够在专利代理机构专职工作的中国公民担任股东。（负责部门：知识产权局）

（十六）加强顶层设计，在自贸试验区探索创新政府储备与企业储备相结合的石油储备模式。（负责部门：发展改革委、粮食和储备局，适用范围：浙江自贸试验区）

二、提升贸易便利化水平

（十七）研究支持对海关特殊监管区域外的"两头在外"航空维修业态实行保税监管。（负责部门：商务部、海关总署、财政部、税务总局）

（十八）支持有条件的自贸试验区研究和探索赋予国际铁路运单物权凭证功能，将铁路运单作为信用证议付票据，提高国际铁路货运联运水平。（负责部门：商务部、银保监会、铁路局、中国铁路总公司）

（十九）支持符合条件的自贸试验区开展汽车平行进口试点。（负责部门：商务部）

（二十）授予自贸试验区自由进出口技术合同登记管理权限。（负责部门：商务部）

（二十一）支持在自贸试验区依法合规建设能源、工业原材料、大宗农产品等国际贸易平台和现货交易市场。（负责部门：商务部）

（二十二）开展艺术品保税仓储，在自贸试验区内海关特殊监管区域之间以及海关特殊监管区域与境外之间进出货物的备案环节，省级文化部门不再核发批准文件。支持开展艺术品进出口经营活动，凭省级文化部门核发的准予进出口批准文件办理海关验放手续；省级文化部门核发的批准文件在有效期内可一证多批使用，但最多不超过六批。（负责部门：文化和旅游部、海关总署）

（二十三）支持自贸试验区开展海关税款保证保险试点。（负责部门：海关总署、银保监会）

（二十四）国际贸易"单一窗口"标准版增加航空、铁路舱单申报功能。（负责部门：海关总署、民航局、中国铁路总公司）

（二十五）支持自贸试验区试点汽车平行进口保税仓储业务。（负责部门：海关总署）

（二十六）积极探索通过国际贸易"单一窗口"与"一带一路"重点国家和地区开展互联互通和信息共享，推动国际贸易"单一窗口"标准版新项目率先在自贸试验区开展试点，促进贸易便利化。（负责部门：海关总署）

（二十七）在符合国家口岸管理规定的前提下，优先审理自贸试验区内口岸开放项目。（负责部门：海关总署）

（二十八）在自贸试验区试点实施进口非特殊用途化妆品备案管理。（负责部门：药监局）

（二十九）支持平潭口岸建设进境种苗、水果、食用水生动物等监管作业场所。（负责部门：海关总署，适用范围：福建自贸试验区）

（三十）在对外航权谈判中支持郑州机场利用第五航权，在平等互利的基础上允许外国航空公司承载经郑州至第三国的客货业务，积极向国外航空公司推荐并引导申请进入中国市场的国外航空公司执飞郑州机场。（负责部门：民航局，适用范围：河南自贸试验区）

（三十一）在对外航权谈判中支持西安机场利用第五航权，在平等互利的基础上允许外国航空公司承载经西安至第三国的客货业务，积极向国外航空公司推荐并引导申请进入中国市场的国外航空公司执飞西安机场。（负责部门：民航局，适用范围：陕西自贸试验区）

（三十二）进一步加大对西安航空物流发展的支持力度。（负责部门：民航局，适用范围：陕西自贸试验区）

（三十三）支持利用中欧班列开展邮件快件进出口常态化运输。（负责部门：邮政局、中国铁路总公司，适用范围：重庆自贸试验区）

（三十四）支持设立首次进口药品和生物制品口岸。（负责部门：药监局、海关总署，适用范围：重庆自贸试验区）

（三十五）将台湾地区生产且经平潭口岸进口的第一类医疗器械的备案管理权限下放至福建省药品监督管理部门。（负责部门：药监局，适用范围：福建自贸试验区）

三、推动金融创新服务实体经济

（三十六）进一步简化保险分支机构行政审批，建立完善自贸试验区企业保险需求信息共享平台。（负责部门：银保监会）

（三十七）允许自贸试验区内银行业金融机构在依法合规、风险可控的前提下按相关规定为境外机构办理人民币衍生产品等业务。（负责部门：人民银行、银保监会、外汇局）

（三十八）支持坚持市场定位、满足监管要求、符合行政许可相关业务资格条件的地方法人银行在依法合规、风险可控的前提下开展人民币与外汇衍生产品业务，或申请与具备资格的银行业金融机构合作开展远期结售汇业务等。（负责部门：人民银行、银保监会、外汇局）

（三十九）支持自贸试验区依托适合自身特点的账户体系开展人民币跨境业务。（负责部门：人民银行）

（四十）鼓励、支持自贸试验区内银行业金融机构基于真实需求和审慎原则向境外机构和境外项目发放人民币贷款，满足"走出去"企业的海外投资、项目建设、工程承包、大型设备出口等融资需求。自贸试验区内银行业金融机构发放境外人民币贷款，应严格审查借款人资信和项目背景，确保资金使用符合要求。（负责部门：人民银行、外交部、发展改革委、商务部、国资委、银保监会）

（四十一）允许银行将自贸试验区交易所出具的纸质交易凭证（须经交易双方确认）替代双方贸易合同，作为贸易真实性审核依据。（负责部门：银保监会）

（四十二）支持自贸试验区内符合条件的个人按照规定开展境外证券投资。（负责部门：证监会、人民银行）

（四十三）支持在有条件的自贸试验区开展知识产权证券化试点。（负责部门：证监会、知识产权局）

（四十四）允许平潭各金融机构试点人民币与新台币直接清算，允许境外机构境内外汇账户办理定期存款业务。（负责部门：人民银行、外汇局，适用范围：福建自贸试验区）

（四十五）推动与大宗商品出口国、"一带一路"国家和地区在油品等大宗商品贸易中使用人民币计价、结算，引导银行业金融机构根据"谁进口、谁付汇"原则办理油品贸易的跨境支付业务，支持自贸试验区保税燃料油供应以人民币计价、结算。（负责部门：人民银行等部门，适用范围：浙江自贸试验区）

（四十六）允许自贸试验区内银行业金融机构按相关规定向台湾地区金融同业跨境拆出短期人

民币资金。(负责部门:人民银行,适用范围:福建自贸试验区)

(四十七)支持"海峡基金业综合服务平台"根据规定向中国证券投资基金业协会申请登记,开展私募投资基金服务业务。支持符合条件的台资保险机构在自贸试验区内设立保险营业机构。(负责部门:银保监会、证监会,适用范围:福建自贸试验区)

四、推进人力资源领域先行先试

(四十八)增强企业用工灵活性,支持自贸试验区内制造企业生产高峰时节与劳动者签订以完成一定工作任务为期限的劳动合同、短期固定期限劳动合同;允许劳务派遣员工从事企业研发中心研发岗位临时性工作。(负责部门:人力资源社会保障部)

(四十九)将在自贸试验区内设立中外合资和外商独资人才中介机构审批权限下放至自贸试验区,由自贸试验区相关职能部门审批并报省(市)人力资源社会保障部门备案。(负责部门:人力资源社会保障部)

(五十)研究制定外国留学生在我国境内勤工助学管理制度,由自贸试验区制定有关实施细则,实现规范管理。(负责部门:教育部)

(五十一)鼓励在吸纳非卫生技术人员在医疗机构提供中医治未病服务、医疗机构中医治未病专职医师职称晋升、中医治未病服务项目收费等方面先行试点。(负责部门:中医药局)

(五十二)授权自贸试验区制定相关港澳专业人才执业管理办法(国家法律法规暂不允许的除外),允许具有港澳执业资格的金融、建筑、规划、专利代理等领域专业人才,经相关部门或机构备案后,按规定范围为自贸试验区内企业提供专业服务。(负责部门:人力资源社会保障部、住房城乡建设部、银保监会、证监会、知识产权局,适用范围:广东自贸试验区)

(五十三)支持自贸试验区开展非标准就业形式下劳动用工管理和服务试点。(负责部门:人力资源社会保障部,适用范围:上海自贸试验区)

五、切实做好组织实施

坚持党的领导。坚持和加强党对改革开放的领导,把党的领导贯穿于自贸试验区建设全过程。要以习近平新时代中国特色社会主义思想为指导,全面贯彻党的十九大和十九届二中、三中全会精神,深刻认识支持自贸试验区深化改革创新的重大意义,贯彻新发展理念,鼓励地方大胆试、大胆闯、自主改,进一步发挥自贸试验区全面深化改革和扩大开放试验田作用。

维护国家安全。各有关地区和部门、各自贸试验区要牢固树立总体国家安全观,在中央国家安全领导机构统筹领导下,贯彻执行国家安全方针政策和法律法规,强化底线思维和风险意识,维护国家核心利益和政治安全,主动服务大局。各有关省(市)人民政府依法管理本行政区域内自贸试验区的国家安全工作。各有关部门依职责管理指导本系统、本领域国家安全工作,可根据维护国家安全和核心利益需要按程序调整有关措施。

强化组织管理。各有关地区和部门要高度重视、密切协作,不断提高自贸试验区建设和管理水平。国务院自由贸易试验区工作部际联席会议办公室要切实发挥统筹协调作用,加强横向协作、纵向联动,进行差别化指导。各有关部门要加强指导和服务,积极协调指导自贸试验区解决发展中遇到的问题。各有关省(市)人民政府要承担起主体责任,完善工作机制,构建精简高效、权责明晰的自贸试验区管理体制,加强人才培养,打造高素质管理队伍。

狠抓工作落实。各有关地区和部门要以钉钉子精神抓好深化改革创新措施落实工作。国务院自由贸易试验区工作部际联席会议办公室要加强督促检查,对督查中发现的问题要明确责任、限时整改,及时总结评估,对效果好、风险可控的成果,复制推广至全国其他地区。各有关部门要依职责做好改革措施的细化分解,全程过问、一抓到底。各有关省(市)要将落实支持措施作为本地区重点工作,加强监督评估、压实工作责任,推进措施落地生效,同时研究出台本省(市)进一步支持自贸试验区深化改革创新的措施。需调整有关行政法规、国务院文件和部门规章规定的,要按法定程序办理。重大事项及时向党中央、国务院请示报告。

国务院

2018 年 11 月 7 日

国务院关于同意深化服务贸易
创新发展试点的批复

国函〔2018〕79 号

北京市、天津市、河北省、黑龙江省、上海市、江苏省、浙江省、山东省、湖北省、广东省、海南省、重庆市、四川省、贵州省、陕西省人民政府，商务部：

商务部关于深化服务贸易创新发展试点的请示收悉。现批复如下：

一、原则同意商务部提出的《深化服务贸易创新发展试点总体方案》，同意在北京、天津、上海、海南、深圳、哈尔滨、南京、杭州、武汉、广州、成都、苏州、威海和河北雄安新区、重庆两江新区、贵州贵安新区、陕西西咸新区等省市（区域）深化服务贸易创新发展试点。深化试点期限为 2 年，自 2018 年 7 月 1 日起至 2020 年 6 月 30 日止。

二、深化试点工作要以习近平新时代中国特色社会主义思想为指导，全面贯彻党的十九大和十九届二中、三中全会精神，统筹推进"五位一体"总体布局和协调推进"四个全面"战略布局，坚持创新、协调、绿色、开放、共享发展理念，以供给侧结构性改革为主线，深入探索适应服务贸易创新发展的体制机制、政策措施和开放路径，加快优化营商环境，最大限度激发市场活力，打造服务贸易制度创新高地。

三、试点地区人民政府（管委会）要加强对试点工作的组织领导，负责试点工作的实施推动、综合协调及措施保障，重点在管理体制、开放路径、促进机制、政策体系、监管制度、发展模式等方面先行先试，为全国服务贸易创新发展探索路径。有关省、直辖市人民政府要加强对试点工作的指导和支持，鼓励试点地区大胆探索、开拓创新。

四、国务院有关部门要按照职能分工，加强对试点工作的协调指导和政策支持，主动引领开放，创新政策手段，形成促进服务贸易创新发展合力。商务部要加强统筹协调、督导评估，会同有关部门及时总结推广试点经验。

五、深化试点期间，暂时调整实施相关行政法规、国务院文件和经国务院批准的部门规章的部分规定，具体由国务院另行印发。国务院有关部门根据《深化服务贸易创新发展试点总体方案》相应调整本部门制定的规章和规范性文件。试点中的重大问题，商务部要及时向国务院请示报告。

附件：1. 深化服务贸易创新发展试点总体方案
　　　2. 深化服务贸易创新发展试点开放便利举措
　　　3. 深化服务贸易创新发展试点任务及政策保障措施

国务院
2018 年 6 月 1 日

（此件公开发布）

附件1

深化服务贸易创新发展试点总体方案

优先发展服务贸易是推动经济转型升级和高质量发展的重要举措。2016年2月,国务院批复同意开展服务贸易创新发展试点。试点以来,各试点地区主动创新,探索服务贸易发展新机制、新模式、新路径,取得积极成效,有力推动了服务贸易创新发展。为进一步深化服务贸易创新发展试点,改革创新服务贸易发展机制,制定本方案。

一、总体要求

(一)指导思想。

以习近平新时代中国特色社会主义思想为指导,全面贯彻党的十九大和十九届二中、三中全会精神,坚持创新、协调、绿色、开放、共享发展理念,以供给侧结构性改革为主线,充分发挥地方的积极性和创造性,推动在服务贸易管理体制、开放路径、促进机制、政策体系、监管制度、发展模式等方面先行先试,加快优化营商环境,最大限度激发市场活力,打造服务贸易创新发展高地,带动全国服务贸易高质量发展,不断培育"中国服务"核心竞争优势,推动形成全面开放新格局。

(二)基本原则。

重点突破,优先发展。深化试点要把握重点和方向,树立服务贸易优先发展理念,推动资源和政策聚焦。服务新时代开放型经济发展,围绕服务贸易长远发展目标,针对不同阶段面临的主要制度障碍和政策短板,在试点地区率先突破,带动全国服务贸易创新发展。围绕推动解决服务贸易逆差较大问题,重点扩大服务出口。

创新驱动,转型发展。深入实施创新驱动发展战略,优化营商环境,支持创新创业,促进服务贸易领域新技术、新产业、新业态、新模式蓬勃发展,加快推动产业转型升级和经济结构调整。推动以"互联网＋"为先导的新兴服务出口,打造开放发展新亮点。

纵横联动,协同发展。顺应数字经济时代服务发展新趋势,强化横向协作、纵向联动,各部门合力保障和指导试点地区开放创新;试点地区间推进经验共享,并与自贸试验区、北京市服务业扩大开放综合试点集成创新、经验互鉴。

有序深化,持续发展。不断适应服务贸易新形势新特点,有序深化改革,持续推进创新。逐项落实试点任务,不断总结推广经验,稳步推进服务贸易全方位改革发展。

二、深化试点地区及期限

深化试点地区为北京、天津、上海、海南、深圳、哈尔滨、南京、杭州、武汉、广州、成都、苏州、威海和河北雄安新区、重庆两江新区、贵州贵安新区、陕西西咸新区等省市(区域)。深化试点期限为2年,自2018年7月1日起至2020年6月30日止。

三、深化试点任务

（一）进一步完善管理体制。加强国务院服务贸易发展部际联席会议工作统筹、政策协调、信息共享。强化地方服务贸易跨部门统筹协调决策机制。加快服务贸易领域地方性法规立法探索，围绕市场准入、管理、促进、统计、监测等形成经验。全面建立地方政府服务贸易发展绩效评价与考核机制。

（二）进一步扩大对外开放。在试点地区分阶段推出开放便利举措。借鉴自贸试验区和北京市服务业扩大开放综合试点等的开放经验，推动服务领域对外开放。扩大新兴服务业双向开放。探索完善跨境交付、境外消费、自然人移动等模式下服务贸易市场准入制度，逐步放宽或取消限制措施，有序推进对外开放。支持试点地区探索建立服务领域开放风险预警机制。

（三）进一步培育市场主体。科学建设运营全国性、区域性公共服务平台，加强对现有公共服务平台的整合与统筹利用，提高服务效率。鼓励金融机构在风险可控、商业可持续的前提下创新适应服务贸易特点的金融服务。探索建设一批服务贸易境外促进中心。充分发挥中国（北京）国际服务贸易交易会的平台作用。更好发挥贸易促进机构、行业协会的贸易促进作用。推动试点地区与重点服务贸易伙伴加强合作，支持企业开拓国际市场。

（四）进一步创新发展模式。依托自贸试验区、经济技术开发区等建设一批特色服务出口基地。发挥海关特殊监管区域政策优势，发展仓储物流、研发设计、检验检测、维修、国际结算、分销、展览等服务贸易，重点建设数字产品与服务、维修、研发设计等特色服务出口基地。探索推进服务贸易数字化，运用数字技术提升服务可贸易性，推动数字内容服务贸易新业态、新模式快速发展。推动以数字技术为支撑、高端服务为先导的"服务＋"整体出口。积极拓展新兴服务贸易，重点推进服务外包、技术贸易、文化贸易发展。

（五）进一步提升便利化水平。深入改革通关监管制度和模式，为与展览、维修、研发设计等服务贸易相关的货物、物品进出口提供通关便利。提升跨境交付、自然人移动等方面的便利化水平，完善签证便利政策，健全境外专业人才流动机制，畅通外籍高层次人才来华创新创业渠道，推动职业资格互认。提升移动支付、消费服务等方面的便利化水平，积极发展入境游。

（六）进一步完善政策体系。修订完善《服务出口重点领域指导目录》等服务贸易领域相关目录，充分利用现有资金渠道，积极开拓海外服务市场，鼓励新兴服务出口和重点服务进口。研究完善试点地区面向出口的服务型企业所得税政策。结合全面实施营改增改革，对服务出口实行免税，符合条件的可实行零税率，鼓励扩大服务出口。发挥好服务贸易创新发展引导基金作用。加大出口信用保险和出口信贷对服务贸易的支持力度。拓宽服务贸易企业融资渠道。完善外汇管理措施。加快推进人民币在服务贸易领域的跨境使用。

（七）进一步健全统计体系。完善服务贸易统计监测、运行和分析体系，建立健全服务贸易重点联系企业直报系统，开展重点联系企业统计数据直报，适当增加监测企业数量，开展试点地区的外国附属机构服务贸易统计，实现系统重要性服务贸易企业直报全覆盖。建立政府部门信息共享和数据交换机制，实现服务贸易发展协调机制成员单位相关工作数据共享。

（八）进一步创新监管模式。建立服务贸易重点联系企业运行监测机制，创新事中事后监管举措，切实防范骗税和骗取补贴的行为。探索建立商务、海关、税务、外汇等部门信息共享、协同执法的服务贸易监管体系。全面建立服务贸易市场主体信用记录，纳入全国信用信息共享平台并依法通过国家企业信用信息公示系统、"信用中国"网站向社会公开，实施守信联合激励和失信联合惩戒。探索创新技术贸易管理模式。逐步将有关服务贸易管理事项纳入国际贸易"单一窗口"。

四、组织实施

试点地区人民政府（管委会）作为试点工作的责任主体，要结合当地实际细化工作方案，加强组织实施、综合协调及措施保障，逐项落实试点任务，每年向商务部报送试点成效和可复制可推广经验。有关省、直辖市人民政府要加强对试点工作的指导和政策支持。国务院服务贸易发展部际联席会议成员单位要结合各试点地区发展基础、产业结构和资源优势，加强协同指导，积极予以支持，按职责分工做好落实开放举措、政策保障和经验推广工作。商务部要充分发挥国务院服务贸易发展部际联席会议办公室作用，加强统筹协调、跟踪督促，积极推进试点工作，确保任务落实，及时开展经验总结评估与复制推广，重大事项向国务院请示报告。

附件2

深化服务贸易创新发展试点开放便利举措

领域	涉及行业	开放便利举措	现行相关规定
金融服务	银行业	允许外商独资银行、中外合资银行、外国银行分行在提交开业申请时同时申请人民币业务。	《中华人民共和国外资银行管理条例》第三十四条规定，外资银行营业性机构经营本条例第二十九条或者第三十一条规定业务范围内的人民币业务的，应当具备下列条件，并经国务院银行业监督管理机构批准。（一）提出申请前在中华人民共和国境内开业1年以上；（二）国务院银行业监督管理机构规定的其他审慎性条件。
电信服务	离岸呼叫中心业务	对于全部面向国外市场的服务外包企业经营呼叫中心业务（即最终服务对象和委托客户均在境外），不设外资股权比例限制。	《外商投资电信企业管理规定》第四条规定，外商投资电信企业可以经营基础电信业务、增值电信业务，具体业务分类依照电信条例的规定执行。第六条规定，经营基础电信业务（无线寻呼业务除外）的外商投资电信企业的外方投资者在企业中的出资比例，最终不得超过49%。经营增值电信业务（包括基础电信业务中的无线寻呼业务）的外商投资电信企业的外方投资者在企业中的出资比例，最终不得超过50%。第十七条规定，外商投资电信企业经营跨境电信业务，必须经国务院工业和信息化主管部门批准，并通过国务院工业和信息化主管部门批准设立的国际电信出入口局进行。《国务院办公厅关于鼓励服务外包产业加快发展的复函》（国办函〔2010〕69号）规定，同意完善支持中国服务外包示范城市发展服务外包产业的政策措施，对于全部面向国外市场的服务外包企业经营呼叫中心业务（即最终服务对象和委托客户均在境外），在示范城市实施不设外资股权比例限制的试点。

领域	涉及行业	开放便利举措	现行相关规定
旅行服务	签证便利	1. 探索建立来华就医签证制度。 2. 推动广东全省实施 144 小时过境免签政策。	《中华人民共和国出境入境管理法》第十五条规定,外国人入境,应当向驻外签证机关申请办理签证。第十六条规定,对因工作、学习、探亲、旅游、商务活动、人才引进等非外交、公务事由入境的外国人,签发相应类别的普通签证。普通签证的类别和签发办法由国务院规定。第二十二条规定,持联程客票搭乘国际航行的航空器、船舶、列车从中国过境前往第三国或者地区,在中国境内停留不超过二十四小时且不离开口岸,或者在国务院批准的特定区域内停留不超过规定时限的,可以免办签证。 《中华人民共和国外国人入境出境管理条例》对签证的类别和签发、停留居留管理、调查和遣返等作了具体规定。
	跨境自驾游	完善跨境自驾游监管举措,允许境外旅行社与国内企业合作,拓展自驾游旅游产品;完善自驾游艇、车辆等交通工具出入境手续,包括担保制度,降低入境游成本。	《中华人民共和国海关事务担保条例》第五条规定,当事人申请办理货物和运输工具过境的,按照海关规定提供担保。 《中华人民共和国海关对海南省进出境游艇及其所载物品监管暂行办法》(海关总署 2011 年第十五号公告)第九条规定,经核准进境的境外游艇,游艇所有人或者其委托的游艇服务企业应当依法向进境地海关缴纳相当于游艇应纳税款的保证金或者海关依法认可的其他担保。经海关总署核准,也可以由其委托的游艇服务企业为其提供总担保。
专业服务	工程咨询服务	1. 允许符合条件的外籍人员在试点地区执业提供工程咨询服务(法律法规有资格要求的除外)。 2. 对外资工程设计(不包括工程勘察)企业,取消首次申请资质时对工程设计业绩要求。	中国加入世界贸易组织议定书-附件 9:《中华人民共和国服务贸易具体承诺减让表》对建筑设计服务(CPC8671)、工程服务(CPC8672)在跨境交付项下市场准入限制为"要求与中国专业机构进行合作,方案设计除外"。(其中,工程服务(CPC8672)项下包括工程咨询服务) 《建设工程勘察设计管理条例》第八条规定,建设工程勘察、设计单位应当在其资质等级许可的范围内承揽建设工程勘察、设计业务。第九条规定,国家对从事建设工程勘察、设计活动的专业技术人员,实行执业资格注册管理制度。 《外商投资建设工程设计企业管理规定实施细则》第二条规定,外商投资建设工程设计企业,首次申请工程设计资质,其外国服务提供者(外国投资方)应提供两项及以上中国境外完成的工程设计业绩,其中至少一项工程设计业绩是在其所在国或地区完成的。
	法律服务	探索密切内地(大陆)律师事务所与港澳台地区律师事务所业务合作的方式与机制。	《外商投资产业指导目录(2017 年修订)》禁止外商投资中国法律事务咨询(提供有关中国法律环境影响的信息除外)。

附件 3

深化服务贸易创新发展试点任务及政策保障措施

试点任务		政策保障措施	责任单位
进一步完善管理体制	加强国务院服务贸易发展部际联席会议工作统筹、政策协调、信息共享。	—	商务部牵头推进
	强化地方服务贸易跨部门统筹协调决策机制。	—	试点地区负责推进；商务部支持指导
	加快服务贸易领域地方性法规立法探索，围绕市场准入、管理、促进、统计、监测等形成经验。		
	全面建立地方政府服务贸易发展绩效评价与考核机制。		
进一步扩大对外开放	在试点地区分阶段推出开放便利举措。		试点地区负责推进；外交部、工业和信息化部、公安部、司法部、住房和城乡建设部、人民银行、海关总署、港澳办、台办、银保监会、外专局、中医药局及其他行业主管部门按职责分工落实开放便利举措并予以支持指导
	借鉴自贸试验区和北京市服务业扩大开放综合试点等的开放经验，推动服务领域对外开放。	积极借鉴自贸试验区和北京市服务业扩大开放综合试点等在金融、旅游、文化教育、医疗健康、信息服务等服务领域开放经验。	试点地区负责推进；商务部会同有关部门和单位支持指导
		探索对外商投资旅游类项目(国家级风景名胜区、国家自然保护区、全国重点文物保护单位、世界自然和文化遗产保护区旅游开发和资源保护项目除外)试行分级下放核准事权。	试点地区负责推进；发展改革委、商务部等部门和单位负责落实政策保障
	扩大新兴服务业双向开放。	—	试点地区负责推进；商务部会同有关部门和单位支持指导
	探索完善跨境交付、境外消费、自然人移动等模式下服务贸易市场准入制度，逐步放宽或取消限制措施，有序推进对外开放。		试点地区负责推进；有关行业主管部门负责落实开放便利举措并予以支持指导
	支持试点地区探索建立服务领域开放风险预警机制。		试点地区负责推进；商务部、有关行业主管部门支持指导

试点任务		政策保障措施	责任单位
进一步培育市场主体	科学建设运营全国性、区域性公共服务平台,加强对现有公共服务平台的整合与统筹利用,提高服务效率。	—	试点地区和商务部、财政部等有关部门和单位负责推进
	鼓励金融机构在风险可控、商业可持续的前提下创新适应服务贸易特点的金融服务。	在遵守跨境人民币业务和外汇管理有关规定的前提下,鼓励政策性金融机构在现有业务范围内加大对服务贸易企业开拓国际市场、开展国际并购等业务的支持力度,支持服务贸易重点项目建设。	试点地区负责推进;银保监会、人民银行、商务部等有关部门和单位负责落实政策保障
		金融机构在风险可控和商业可持续的前提下创新金融产品和服务,为"轻资产"服务贸易企业提供融资支持。	试点地区负责推进;人民银行、银保监会、证监会等部门和单位负责落实政策保障
		探索运用大数据等技术手段创新服务贸易企业信用等级评定方法,为其融资创造更有利条件。	试点地区负责推进;人民银行、银保监会、证监会等部门和单位负责落实政策保障并予以支持指导
	探索建设一批服务贸易境外促进中心。	—	试点地区负责推进;商务部、财政部、外交部、贸促会等部门和单位支持指导
	更好发挥贸易促进机构、行业协会的贸易促进作用。	—	试点地区和贸促会负责推进
	充分发挥中国(北京)国际服务贸易交易会的平台作用。		商务部、北京市人民政府负责推进
	推动试点地区与重点服务贸易伙伴加强合作,支持企业开拓国际市场。	支持试点地区探索与重点服务贸易伙伴在重点领域加强合作。	试点地区和商务部、贸促会等部门和单位负责推进
		积极争取国际组织的资金支持,建设家政劳务输出基地,推动服务业国际交流与合作。	商务部负责推进
进一步创新发展模式	依托自贸试验区、经济技术开发区等建设一批特色服务出口基地。	—	试点地区负责推进;商务部会同有关部门和单位支持指导
	发挥海关特殊监管区域政策优势,发展仓储物流、研发设计、检验检测、维修、国际结算、分销、展览等服务贸易,重点建设数字产品与服务、维修、研发设计等特色服务出口基地。	—	试点地区负责推进;商务部、海关总署、财政部等部门和单位支持指导
	探索推进服务贸易数字化,运用数字技术提升服务可贸易性,推动数字内容服务贸易新业态、新模式快速发展。	—	试点地区负责推进;商务部、发展改革委、工业和信息化部、科技部等部门和单位支持指导
	推动以数字技术为支撑、高端服务为先导的"服务+"整体出口。	—	
	积极拓展新兴服务贸易,重点推进服务外包、技术贸易、文化贸易发展。	加快服务外包转型升级,加强技术贸易管理和促进,积极建设文化出口基地等特色服务出口基地。	试点地区负责推进;商务部会同有关部门和单位支持指导

试点任务		政策保障措施	责任单位
进一步提升便利化水平	深入改革通关监管制度和模式,为与展览、维修、研发设计等服务贸易相关的货物、物品进出口提供通关便利。	加快与服务贸易相关货物的通关一体化改革,创新海关查验作业方式和手段,推广非侵入式查验等便利化方式。 创新内陆和沿海口岸与服务贸易相关货物的物流联通新模式,提高通关效率。 提高与服务贸易相关货物暂时进口便利度,拓展 ATA 单证册适用范围。	试点地区负责推进;海关总署负责落实政策保障
		对需经检疫审批的生鲜商品等特殊展品,缩短审批时间。	试点地区负责推进;海关总署负责落实政策保障
		在海关特殊监管区域内,设立展品常年保税展示平台,缩短艺术品内容审核时限,并支持文化产品保税展示交易。	试点地区负责推进;海关总署、文化和旅游部等部门和单位按职责分工落实政策保障
		实现海关特殊监管区域间保税货物自行运输。	试点地区负责推进;海关总署负责落实政策保障
		大力支持多式联运监管中心建设,创新多式联运监管方式,促进货物运输便利化。	试点地区负责推进;海关总署等部门和单位负责落实政策保障
		推进船舶联合登临检查,提高国际航行船舶出入境查验效率,促进船舶快速通关,为国际运输服务发展创造便利条件。	试点地区负责推进;交通运输部、海关总署等部门和单位负责落实政策保障
		对会展、拍卖等进出境展品、艺术品等特殊物品在有效监管的前提下优化服务,完善邮递、跨境电子商务通关服务。	试点地区负责推进;海关总署负责落实政策保障
		对医疗器械和服务贸易特殊物品进一步简化检验检疫流程。 扩大快速验放机制在服务贸易领域的适用范围。 构建高效的申报前检疫监管模式。	试点地区负责推进;海关总署、商务部等部门和单位负责落实政策保障
		实施生物材料检验检疫改革措施,推行就近报检、即报即检、现场查验等措施,为检验检测服务出口创造便利条件。	试点地区负责推进;海关总署负责落实政策保障
	提升跨境交付、自然人移动等方面的便利化水平。	—	试点地区负责推进;有关行业主管部门按职责分工落实开放便利举措并予以支持指导

149

续　表

	试点任务	政策保障措施	责任单位
进一步提升便利化水平	完善签证便利政策。	—	试点地区负责推进;公安部、外交部、外专局、中医药局等部门和单位按职责分工落实开放便利举措并予以支持指导
	健全境外专业人才流动机制,畅通外籍高层次人才来华创新创业渠道。	支持引进重点领域发展需要的境外高层次人才和紧缺人才。强化对海外人才在项目申请、成果推广、融资服务等方面的支持。	试点地区负责推进;外交部、外专局等部门和单位负责落实政策保障
	推动职业资格互认。	—	人力资源社会保障部、工业和信息化部、发展改革委、商务部等部门和单位按职责分工负责推进
	提升移动支付、消费服务等方面的便利化水平,积极发展入境游。	研究解决国外游客移动支付便捷性问题的举措。	试点地区负责推进;商务部、文化和旅游部、人民银行等部门和单位按职责分工落实政策保障并予以支持指导
进一步完善政策体系	修订完善《服务出口重点领导目录》等服务贸易领域相关目录,充分利用现有资金渠道,积极开拓海外服务市场,鼓励新兴服务出口和重点服务进口。	在《服务出口重点领域指导目录》、《服务外包产业重点发展领域指导目录》范围内,支持重点新兴服务出口。	试点地区负责推进;商务部、财政部等部门和单位负责落实政策保障
		及时调整《鼓励进口服务目录》,对试点地区进口国内急需的研发设计、节能环保、环境服务和咨询等技术密集型、知识密集型服务给予贴息支持。	试点地区负责推进;商务部、财政部、发展改革委、工业和信息化部等部门和单位负责落实政策保障
	研究完善试点地区面向出口的服务型企业所得税政策。	将服务贸易创新发展试点地区的技术先进型服务企业所得税政策推广至全国范围,落实企业境外所得税收支持政策,支持新兴服务出口。研究完善试点地区面向出口的服务型企业所得税政策。	试点地区负责推进;财政部、税务总局、商务部、科技部、发展改革委等部门和单位负责落实政策保障
	结合全面实施营改增改革,对服务出口实行免税,符合条件的可实行零税率,鼓励扩大服务出口。	—	试点地区负责推进;财政部、税务总局、商务部等部门和单位支持指导
	发挥好服务贸易创新发展引导基金作用。	运行好服务贸易创新发展引导基金,建立项目信息征集协调机制,推动基金管理机构加强项目库建设和项目渠道管理。	试点地区负责推进;财政部、商务部等部门和单位负责落实政策保障
		鼓励有条件的地方设立服务贸易创新发展引导基金。	试点地区负责推进并落实政策保障

续　表

试点任务		政策保障措施	责任单位
进一步完善政策体系	加大出口信用保险和出口信贷对服务贸易的支持力度。	大力发展出口信用保险保单融资、供应链融资、海外并购融资、应收账款质押贷款和融资租赁等业务。	试点地区负责推进；商务部、中国出口信用保险公司等部门和单位负责落实政策保障
		鼓励保险公司针对服务贸易企业的风险特点，有针对性地创新开发保险产品，扩大服务贸易企业的出口信用保险覆盖面，在风险可控的前提下采取灵活承保政策，简化投保手续。	
		以信用保险和保证保险为重点抓手，充分发挥信用保证保险在服务贸易领域的作用，为服务贸易企业提供损失补偿和增信融资等服务。	
	拓宽服务贸易企业融资渠道。	积极支持符合条件的服务贸易企业在资本市场融资。加大多层次资本市场对服务贸易企业的支持力度，为服务贸易企业在交易所上市、在全国中小企业股份转让系统挂牌、发行公司债等创造更便利条件。	试点地区负责推进；证监会负责落实政策保障
		推动中小微服务贸易企业融资担保体系建设，积极推进中小微服务贸易企业综合信息共享。	试点地区负责推进；银保监会负责落实政策保障
	完善外汇管理措施。	支持开展跨国公司总部企业外汇资金集中运营管理。	外汇局负责推进并落实政策保障
		完善服务贸易企业外汇结算政策，为技术、文化、服务外包等企业对境外优质资产开展跨境并购创造有利条件。	外汇局、发展改革委、商务部等部门和单位负责推进并落实政策保障
	加快推进人民币在服务贸易领域的跨境使用。	鼓励和支持在服务贸易及相关的投融资和跨境电子商务活动中使用人民币进行计价结算。重点支持运输、保险等跨境服务贸易扩大人民币计价和结算范围。	试点地区负责推进；人民银行负责落实政策保障
进一步健全统计体系	完善服务贸易统计监测、运行和分析体系，建立健全服务贸易重点联系企业直报系统。	—	试点地区和商务部、统计局、外汇局、税务总局等部门和单位负责推进
	开展重点联系企业统计数据直报和试点地区的外国附属机构服务贸易统计，适当增加监测企业数量，实现系统重要性服务贸易企业直报全覆盖。	—	

续 表

试点任务		政策保障措施	责任单位
进一步健全统计体系	建立政府部门信息共享和数据交换机制，实现服务贸易发展协调机制成员单位相关工作数据共享。	—	试点地区和国务院服务贸易发展部际联席会议各成员单位负责推进
进一步创新监管模式	建立服务贸易重点联系企业运行监测机制，创新事中事后监管举措，切实防范骗税和骗取补贴的行为。	—	试点地区和商务部、发展改革委、人民银行、税务总局、统计局、外汇局、国资委等部门和单位负责推进
	探索建立商务、海关、税务、外汇等部门信息共享、协同执法的服务贸易监管体系。	—	试点地区和国务院服务贸易发展部际联席会议各成员单位负责推进
	全面建立服务贸易市场主体信用记录，纳入全国信用信息共享平台并依法通过国家企业信用信息公示系统、"信用中国"网站向社会公开，实施守信联合激励和失信联合惩戒。	—	
	探索创新技术贸易管理模式。	对自由进出口技术的备案管理制度实行便利化改革，探索开展无纸化登记管理试点。	试点地区负责推进；商务部负责落实政策保障
	逐步将有关服务贸易管理事项纳入国际贸易"单一窗口"。	探索京津冀地区、长三角地区、泛珠三角地区、长江沿线口岸"单一窗口"互联互通。	试点地区负责推进；商务部、海关总署以及有关行业主管部门予以支持指导

注：各试点地区深化试点工作方案、各领域开放便利举措及政策保障措施原则上应于 2018 年底前出台。

2017—2018 年度国家文化出口
重点企业和重点项目目录

商务部、中央宣传部、财政部、
文化部、新闻出版广电总局公告 2018 年第 22 号

为鼓励和支持我国文化企业参与国际竞争，扩大文化产品和服务出口，促进"一带一路"国际合作，推动中华文化"走出去"，根据《文化产品和服务出口指导目录》（商务部、中宣部、外交部、财政部、文化部、海关总署、税务总局、广电总局、新闻出版总署、国务院新闻办公告 2012 年第 3 号），经企业申报、省市初审、第三方专业机构合规性审核、专家评审和相关部门复核等程序，商务部、中央宣传部、财政部、文化部、新闻出版广电总局共同认定了 2017—2018 年度国家文化出口重点企业和 2017—2018 年度国家文化出口重点项目，现予以公布。

2017—2018 年度国家文化出口重点企业目录（298 家）

（排名不分先后）

中央

1　中国对外文化集团公司

2　中国对外翻译有限公司

3　五洲传播出版社

4　外文出版社有限责任公司

5　华语教学出版社有限责任公司

6　中国大百科全书出版社有限公司

7　国防工业出版社（新时代出版社）

8　高等教育出版社有限公司

9　人民教育出版社有限公司

10　北京大学出版社有限公司

11　中国少年儿童新闻出版总社

12　中国科技出版传媒股份有限公司

13　清华大学出版社

14　外语教学与研究出版社有限责任公司

15　社会科学文献出版社

16　中国人民大学出版社有限公司

17　中广电广播电影电视设计研究院

18　央视国际视频通讯有限公司

19　央视动画有限公司

20　中视国际传媒（北京）有限公司

21　中国国际电视总公司

22　中影海外推广公司

23　中国图书进出口（集团）总公司

24　中国教育图书进出口有限公司
25　人民卫生出版社有限公司
26　北京语言大学出版社有限公司
27　中国国际图书贸易集团有限公司
28　中国电影器材有限责任公司
29　上海交通大学出版社有限公司
30　浙江大学出版社有限责任公司
31　华中科技大学出版社有限责任公司

北京市

32　北京东方嘉禾文化发展股份有限公司
33　龙源创新数字传媒(北京)股份有限公司
34　北京求是园文化传播有限公司
35　掌阅科技股份有限公司
36　北京时代华语国际传媒股份有限公司
37　同方知网(北京)技术有限公司
38　北京天视全景文化传播有限责任公司
39　北京星海钢琴集团有限公司
40　天创国际演艺制作交流有限公司
41　中国杂技团有限公司
42　北京智明星通科技股份有限公司
43　北京神奇时代网络有限公司
44　北京昆仑在线网络科技有限公司
45　北京玩蟹科技有限公司
46　北京游龙腾信息技术有限公司
47　北京掌上明珠科技股份有限公司
48　北京智明互动科技有限公司
49　北京沐星科技有限公司
50　北京指尖乾坤信息技术有限公司
51　北京青游易乐科技股份有限公司
52　北京昆仑乐享网络技术有限公司
53　完美世界(北京)软件科技发展有限公司
54　北京华韵尚德国际文化传播有限公司
55　幸星数字娱乐科技(北京)有限公司
56　汉雅星空文化科技有限公司
57　蓝海(北京)集团有限公司
58　中国广播电视国际经济技术合作总公司
59　北京华录百纳影视股份有限公司
60　北京四达时代软件技术股份有限公司
61　北京华非瑞克科技有限公司
62　北京每日视界影视动画股份有限公司
63　俏佳人传媒股份有限公司

64　西京文化传媒（北京）股份有限公司
65　北京珍本科技有限公司
66　北京华联印刷有限公司
67　北京发行集团有限责任公司
68　北京中视环亚卫星传输有限公司
69　北京乐动卓越科技有限公司

天津市

70　天津市津宝乐器有限公司
71　未来电视有限公司
72　乐道互动（天津）科技有限公司
73　天津创游世纪科技有限公司
74　天津星通互联科技有限公司
75　天津天匠动画科技有限公司
76　灵然创智（天津）动画科技发展有限公司
77　天津画国人动漫创意有限公司
78　优扬（天津）动漫文化传媒有限公司
79　天津市出版对外贸易公司

河北省

80　河北金音乐器集团有限公司

山西省

81　太原特玛茹电子科技有限公司

辽宁省

82　沈阳杂技演艺集团有限公司
83　北方联合出版传媒（集团）股份有限公司

吉林省

84　吉林出版集团股份有限公司
85　吉林省百隆工艺品有限公司

黑龙江省

86　哈尔滨鼎立文化产业开发有限公司
87　哈尔滨秀时代科技有限公司

上海市

88　上海第一财经传媒有限公司
89　上海圣然信息科技有限公司
90　上海欣圣信息科技有限公司
91　上海世纪出版（集团）有限公司
92　上海杂技团有限公司
93　上海唯晶信息科技有限公司
94　上海炫踪网络股份有限公司
95　上海大承网络技术有限公司
96　上海游娱信息技术有限公司
97　上海驰游信息技术有限公司

98　上海今日动画影视文化有限公司

99　上海幻维数码创意科技有限公司

100　宇人影业（上海）有限公司

101　上海电影集团有限公司

102　上海五岸传播有限公司

103　上海新文化传媒集团股份有限公司

104　上海炫动传播有限公司

105　上海克顿文化传媒有限公司

106　上海皆悦文化影视传媒股份有限公司

107　上海中华商务联合印刷有限公司

108　上海新闻出版发展有限公司

109　中国图书进出口上海公司

110　上海复旦四维印刷有限公司

111　上海当纳利印刷有限公司

112　上海皿鎏软件股份有限公司

113　上海玄霆娱乐信息科技有限公司

江苏省

114　苏州蜗牛数字科技股份有限公司

115　江苏译林出版社有限公司

116　江苏凤凰出版传媒股份有限公司

117　南京爱德印刷有限公司

118　江苏人民出版社有限公司

119　吟飞科技（江苏）有限公司

120　江苏大风乐器有限公司

121　江苏奇美乐器有限公司

122　泰兴市凤灵吉他制造有限公司

123　江苏省演艺集团有限公司

124　南京艾迪亚动漫艺术有限公司

125　苏州欧瑞动漫有限公司

126　江苏原力电脑动画制作有限公司

127　无锡九久动画制作有限公司

128　苏州玩友时代科技股份有限公司

129　苏州好玩友网络科技有限公司

130　无锡倍视文化发展有限公司

131　江苏广电国际传播有限公司

132　无锡慈文传媒有限公司

133　南京金陵金箔股份有限公司

134　泰州市美画艺术品有限公司

135　江苏凤凰新华印务有限公司

136　江苏辰宇文化艺术品有限公司

137　无锡旭阳动画制作有限公司

浙江省

138　浙江和信玩具集团有限公司

139　浙江画之都文化创意股份有限公司

140　浙江中南卡通股份有限公司

141　美盛文化创意股份有限公司

142　浙江依爱夫游戏装文化产业有限公司

143　新丽传媒股份有限公司

144　浙江华策影视股份有限公司

145　千乘影视股份有限公司

146　浙江金华邮电工程有限公司

147　浙江华谊兄弟影业投资有限公司

148　浙江特立宙动画影视有限公司

149　东方丝路文化发展股份有限公司

150　长城影视文化企业集团有限公司

151　华谊兄弟传媒股份有限公司

152　浙江郑氏刀剑有限公司

153　浙江新光饰品股份有限公司

154　奥光动漫集团有限公司

155　杭州力合数码科技有限公司

156　浙江出版联合集团有限公司

安徽省

157　安徽华文国际经贸股份有限公司

158　安徽时代漫游文化传媒股份有限公司

159　安徽少年儿童出版社

160　时代出版传媒股份有限公司

161　合肥杏花印务股份有限公司

162　安徽省新龙图贸易进出口有限公司

163　中国宣纸股份有限公司

164　淮南市乐森黑马乐器有限公司

165　安徽百舟互娱网络股份有限公司

166　铜陵市新永安软件网络有限责任公司

167　阜南县金源柳木工艺品有限公司

168　安徽华宇工艺品股份有限公司

169　安徽华安达集团工艺品有限公司

170　黄山徽州竹艺轩雕刻有限公司

171　安徽创源文化发展有限公司

福建省

172　德艺文化创意集团股份有限公司

173　锐达互动科技股份有限公司

174　福州智永信息科技有限公司

175　福州天极数码有限公司

176　福建福昕软件开发股份有限公司

177　福州爱立德软件技术有限公司

178　闽侯闽兴编织品有限公司

179　福建泉州顺美集团有限责任公司

180　福建省泉州龙鹏集团有限公司

181　福建省佳美集团公司

182　艾派集团(中国)有限公司

183　福建省出版对外贸易有限责任公司

184　福建天晴数码有限公司

江西省

185　江西慧谷文化传播有限公司

186　江西华奥印务有限责任公司

187　江西腾王科技有限公司

188　二十一世纪出版社集团有限公司

189　景德镇法蓝瓷实业有限公司

190　江西桐青金属工艺品股份有限公司

山东省

191　济南市双泽翻译咨询有限公司

192　淄博市淄川振华玻璃制品有限公司

193　山东超越轻工制品有限公司

194　山东省莱州工艺品集团有限责任公司

195　临沭美艺工艺品有限公司

196　潍坊科苑数字科技有限责任公司

197　山东友谊出版社有限公司

河南省

198　河南约克动漫影视股份有限公司

199　河南省山河柳编文化产业集团有限公司

200　中原出版传媒投资控股集团有限公司

湖北省

201　武汉艾立卡电子有限公司

202　语联网(武汉)信息技术有限公司

203　武汉江通动画传媒股份有限公司

湖南省

204　湖南蓝猫动漫传媒有限公司

205　醴陵裕丰烟花有限公司

206　醴陵陶润实业发展有限公司

207　湖南港鹏实业有限公司

208　湖南芒果国际文化传播有限责任公司

209　湖南快乐阳光互动娱乐传媒有限公司

210　湖南金霞湘绣有限公司

211　岳阳县芭蕉扇业有限责任公司

212　湖南山猫吉咪传媒股份有限公司
213　中南出版传媒集团股份有限公司

广东省

214　广州菲音信息科技有限公司
215　韶关科艺创意工业有限公司
216　中国图书进出口广州公司
217　广州珠江钢琴集团股份有限公司
218　广东红棉乐器股份有限公司
219　揭阳市小梅花艺术团
220　广州市杂技艺术剧院有限责任公司
221　广州市珠江灯光科技有限公司
222　广州创思信息技术有限公司
223　广东星煌文化传播有限公司
224　广东泽洲工艺品有限公司
225　大埔县怡丰园实业有限公司
226　梅州市金冠陶瓷有限公司
227　广东文化长城集团股份有限公司
228　广东省出版集团有限公司

广西壮族自治区

229　广西金壮锦文化艺术有限公司

海南省

230　海南英立科技开发有限公司

重庆市

231　重庆出版集团有限公司
232　重庆享弘影视股份有限公司

四川省

233　成都博瑞梦工厂网络信息有限公司
234　成都风际网络科技股份有限公司
235　新华文轩出版传媒股份有限公司
236　自贡市恐龙景观艺术有限公司
237　遂宁市春苗杂技艺术团
238　成都尼毕鲁科技股份有限公司
239　成都力方视觉科技有限公司
240　自贡亘古龙腾科技有限公司
241　自贡灯贸集团股份有限公司
242　四川天煜文化传播有限公司
243　中艺文化产业有限公司
244　自贡新亚彩灯文化产业有限公司
245　自贡华灯文化交流有限公司
246　自贡海天文化股份有限公司
247　成都索贝数码科技股份有限公司

贵州省

248　多彩贵州文化艺术股份有限公司

云南省

249　昆明新知集团有限公司

250　云南无线数字电视文化传媒有限公司

251　云南杨丽萍文化传播股份有限公司

252　昆明憨夯民间手工艺品有限公司

253　云南南数传媒有限公司

254　云南绿野经贸有限公司

255　丽江永胜瓷业有限责任公司

青海省

256　海南州布绣嘎玛民族工艺品有限责任公司

257　湟中县佛光工艺雕塑有限责任公司

宁夏回族自治区

258　宁夏智慧宫文化传媒有限公司

大连市

259　大连博涛文化科技股份有限公司

260　鲸彩在线科技（大连）有限公司

261　大连慧搜网络技术有限公司

262　大连坐标数码科技有限公司

青岛市

263　青岛出版集团有限公司

264　青岛广电中视文化有限公司

厦门市

265　厦门优利得科技股份有限公司

266　四三九九网络股份有限公司

267　厦门游力信息科技有限公司

268　哥们网科技有限公司

269　厦门新游网络股份有限公司

270　厦门点触科技股份有限公司

271　厦门外图集团有限公司

深圳市

272　深圳市方块动漫画文化发展有限公司

273　环球数码媒体科技研究（深圳）有限公司

274　雅昌文化（集团）有限公司

275　深圳中青宝互动网络股份有限公司

276　深圳华强方特文化科技集团股份有限公司

277　深圳市觉醒网络科技有限公司

278　深圳市润天智数字设备股份有限公司

279　深圳第七大道科技有限公司

280　深圳市通明实业有限公司

281 深圳广播电影电视集团

282 深圳市视界浪潮传媒有限公司

283 深圳市闲云工艺饰品有限公司

284 中华商务联合印刷（广东）有限公司

285 深圳市裕同包装科技股份有限公司

286 深圳中华商务安全印务股份有限公司

287 深圳市久美博学科技有限公司

宁波市

288 浙江大丰实业股份有限公司

289 得力集团有限公司

290 宁波卡酷动画制作有限公司

291 宁波音王电声股份有限公司

292 海伦钢琴股份有限公司

293 宁波康大美术用品集团有限公司

294 浙江首游网络科技有限公司

295 宁波旷世智源工艺设计股份有限公司

296 宁波创源文化发展股份有限公司

297 宁波飞虹文化用品有限公司

298 广博集团股份有限公司

2017—2018 年度国家文化出口重点项目目录（109 个）

（排名不分先后）

中央

1 "天下华灯"嘉年华——中国对外文化集团公司

2 北京国际图书博览会——中国图书进出口（集团）总公司

3 易阅通海外平台——中国图书进出口（集团）总公司

4 斯里兰卡科伦坡莲花电视塔建设工程——中广电广播电影电视设计研究院

5 中央电视台国际视频发稿平台——央视国际视频通讯有限公司

6 中国类型优秀文学作品输出项目——中国教育图书进出口有限公司

7 当代科技前沿专著系列、Frontiers in China 系列英文学术期刊、体验汉语泰国中小学系列教材等出版物海外推广项目——高等教育出版社有限公司

8 澳门特区《品德与公民》教材合作出版——人民教育出版社有限公司

9 人民卫生出版社美国有限责任公司——人民卫生出版社有限公司

10 中国电视长城平台——中视国际传媒（北京）有限公司

11 中国人民大学出版社版权代理平台——中国人民大学出版社有限公司

12 日本株式会社树立社收购及运营——清华大学出版社

13 当代中国社科图书国际交流平台——社会科学文献出版社

14 北京语言大学出版社北美分社投资建设项目——北京语言大学出版社有限公司

15 关于数字报刊海外发行服务平台——中国国际图书贸易集团有限公司

16 中国文化产品跨境电商外贸出口服务平台——中国国际图书贸易集团有限公司

17 中国-南亚科技出版中心——上海交通大学出版社有限公司

18 "一带一路"国际出版示范平台——浙江大学出版社有限责任公司

北京市

19　汉雅星空 IPTV 中华文化海外传播项目——汉雅星空文化科技有限公司

20　以海外中餐厅为突破点的智能传播平台——北京东方嘉禾文化发展股份有限公司

21　蓝海融媒体全球传播云平台——蓝海（北京）集团有限公司

22　面向"一带一路"的中国主流文化图书外文出版与推广项目——北京求是园文化传播有限公司

23　金树国际纪录片节——北京华韵尚德国际文化传播有限公司

24　非洲四国广播电视数字化整转和非洲十国信息系统服务项目——北京四达时代软件技术股份有限公司

25　非洲国家数字电视软件系统集成技术服务和信息系统服务项目——北京华非瑞克科技有限公司

26　中国影视剧译制配音及频道制作服务项目——北京四达时代传媒有限公司

27　英国普罗派乐卫视运营项目——西京文化传媒（北京）股份有限公司

28　ICN 新媒体国际文化传播中心——俏佳人传媒股份有限公司

29　电视剧《那年花开月正圆》全球发行项目——华视娱乐投资集团股份有限公司

30　中国故事国际推广平台项目——北京时代华语国际传媒股份有限公司

31　人民天舟与 Thames and Hudson 合资公司项目——人民天舟（北京）出版有限公司

32　中国和南苏丹教育技术合作项目——中南安拓国际文化传媒（北京）有限公司

33　掌阅 iReader 海外项目——掌阅科技股份有限公司

34　四达时代非洲多国数字电视运营项目——四达时代通讯网络技术有限公司

35　蓝色光标全球营销渠道建设项目——北京蓝色光标品牌管理顾问股份有限公司

36　《一带一路大使访谈》暨一带一路影视文化贸易云平台——京祖文化传媒（北京）有限公司

天津市

37　基于 4K 分辨率的胶片修复项目及影视特效制作——灵然创智（天津）动画科技发展有限公司

38　海外全媒体发行运营平台——世纪优优（天津）文化传播股份有限公司

39　中国互联网电视海外传播项目——未来电视有限公司

40　动画片制作发行——优扬（天津）动漫文化传媒有限公司

41　《奇妙·多乐园》动画电视剧——天津画国人动漫创意有限公司

42　天津中新药业非物质文化遗产中医药出口项目——天津中新药业集团股份有限公司

辽宁省

43　大型杂技剧《熊猫—寻梦之旅》——沈阳杂技演艺集团有限公司

黑龙江省

44　冰上杂技舞台艺术作品赴美国全境巡演推广——黑龙江省杂技团有限公司

45　冰上杂技秀《冰舞间》——黑龙江省冰尚杂技演艺制作有限公司

上海市

46　超时空大冒险——上海今日动画影视文化有限公司

47　国家对外文化贸易基地——上海东方汇文国际文化服务贸易有限公司

48　上海五岸传播有限公司与美国中文电视 Sinovision 合作运营中文和英文项目——上海五岸传播有限公司

49　第一财经国际市场拓展及"一财全球"英文财经资讯项目——上海第一财经传媒有限公司

50　中国上海国际艺术节——中国上海国际艺术节中心

51　上海文化贸易语言服务基地——上海文策翻译有限公司

52　上海国际艺术品展示交易服务平台项目——上海自贸区国际文化投资发展有限公司

53　《三毛流浪记》海外发行——上海美术电影制片厂有限公司

54　肢体剧《白蛇传》海外演出——上海话剧艺术中心有限公司

55　赴阿联酋国庆 45 周年庆演出——上海鼓舞东方文化传播有限公司

江苏省

56　柬埔寨美术用品生产基地项目——无锡凤凰画材有限公司

57　建设南部非洲印务实训基地（一期）——江苏凤凰新华印务有限公司

58　智能化技术升级改造提升文化出口项目——江苏奇美乐器有限公司

59　原创模式《超级战队》海外输出项目——江苏广电国际传播有限公司

60　《你所不知道的中国》第三季国际合拍及主流媒体播出项目——江苏广电国际传播有限公司

61　美国 PIL 公司并购项目——江苏凤凰教育出版社有限公司

62　"丝竹华韵"民族音乐会项目——江苏女子民族乐团

浙江省

63　美盛拓展美国文化创意服务及产品营销项目——美盛文化创意股份有限公司

64　华剧场在"一带一路"沿线国家的推广——浙江华策影视股份有限公司

65　（美国）中南（网络）电视台（ZolandTV）——浙江中南卡通股份有限公司

66　吉尔吉斯斯坦视频点播网络项目——浙江金华邮电工程有限公司

67　中国风动漫影视创作基地——浙江特立宙动画影视有限公司

68　构建"一带一路"中国品牌世界行海外融合媒体——温州日报报业集团欧联传媒有限公司

69　电视剧《大玉儿传奇》——东阳长城影视传媒有限公司

70　口袋森林——杭州蒸汽工场文化创意有限公司

安徽省

71　中华文化南亚综合推广平台——时代出版传媒股份有限公司

72　新加坡来买网——安徽省新龙图贸易进出口有限公司

73　一带一路童书互译工程——安徽少年儿童出版社

74　中国文房四宝——安徽银鹃影视传媒有限公司

福建省

75　中国（福建）图书展销会——福建省出版对外贸易有限责任公司

山东省

76　尼山书屋"走出去"工程——山东友谊出版社有限公司

77　儒家经典童话故事——枣庄漫博通动画制作有限公司

78　中国优秀电视节目输出渠道建设项目——山东广电网络有限公司

79　《五色奇玉记》——山东广电传媒集团有限公司

河南省

80　比什凯克中原文化交流中心项目——河南省新华书店发行集团有限公司

81　北美训演基地布兰森大剧院项目展销会——河南省杂技集团有限公司

82　520 集《我是发明家》大型原创系列动画电视剧——河南约克动漫影视股份有限公司

湖北省

83　黄梅挑花——黄梅挑花工艺有限公司

84　国际影视文化译制服务平台——语联网（武汉）信息技术有限公司

湖南省

85　原创动漫品牌"一带一路"沿线国家文化输出与运营——湖南山猫吉咪传媒股份有限公司

86 "宋旦汉字艺术＋文化湖南海外百城展"共享平台——湖南艺谷文化投资股份有限公司

广东省

87 实用广绣出口——佛山市顺德区富德工艺品有限公司

88 中国(广州)国际纪录片节——广州环球瑞都文化传播有限公司

广西壮族自治区

89 "一带一路"动漫内容输出链式营销发行服务——南宁峰值文化传播有限公司

90 动漫影视《白头叶猴之嘉猴壮壮》——广西中视嘉猴影视传媒投资有限责任公司

91 3D动画片《海上丝路之南珠宝宝》——广西阔迩登文化传媒有限公司

重庆市

92 梦舟少年志海外推广——重庆享弘股份有限公司

四川省

93 柬埔寨吴哥窟·中国四川文化产业园——《梦幻吴哥》伦塔爱文化旅游可持续发展项目——域上和美集团

94 美国海天国际有限公司"中国彩灯文化传播推广项目"——自贡海天文化股份有限公司

95 南亚出版中心——新华文轩出版传媒股份有限公司

贵州省

96 《多彩贵州风》——多彩贵州文化艺术股份有限公司

云南省

97 面向南亚和东南亚DTMB传播覆盖一期项目——云南无线数字电视文化传媒有限公司

98 老挝北部(国标)数字电视传输网投资运营项目——云南南数传媒有限公司

99 昆明新知(泰国)有限公司海外运营——昆明新知集团有限公司

100 《云南映象》和《十面埋伏》海外巡演项目——云南杨丽萍文化传播股份有限公司

101 新民族布艺开发及运营体系建设——昆明憨夯民间手工艺品有限公司

102 《吴哥的微笑》驻柬埔寨大型旅游晚会——云南演艺集团有限公司

103 云南-东南亚南亚翻译配音影视基地建设项目——云南皇威传媒有限公司

104 云南七彩美伊民族工艺品生产营销基地项目——昆明难看工艺礼品厂

西藏自治区

105 《尺尊公主》喜马拉雅文化旅游创新发展项目——拉萨市和美布达拉文化创意产业发展有限公司

甘肃省

106 华源·纽约东方创客平台——甘肃华源文化产业集团

青海省

107 尼泊尔藏绣产业园建设项目——海南州布绣嘎玛民族工艺品有限责任公司

青岛市

108 日本渡边淳一文学馆海外运营项目——青岛出版集团有限公司

宁波市

109 "梦非远,行已至"VISICO专业影视器材全球推广项目——余姚索普电子科技有限公司

公布国家文化出口基地名单

商务部、中央宣传部、文化和旅游部、广播电视总局公告
2018 年第 51 号

为贯彻落实《国务院关于加快发展对外文化贸易的意见》（国发〔2014〕13 号）和关于推动中华文化走出去的一系列文件精神，推动对外文化贸易高质量发展，提高中华文化走出去的质量和效益，商务部、中央宣传部、文化和旅游部、国家广播电视总局开展了国家文化出口基地认定工作。经地方申报、专家初审、部门复核、公示等程序，现认定北京天竺保税区等 13 家为国家文化出口基地。

附件

国家文化出口基地名单

序号	基地名称	序号	基地名称
1	北京天竺综合保税区	8	广东省广州市天河区
2	上海市徐汇区	9	四川省自贡市
3	江苏省无锡市	10	云南省昆明市
4	中国(浙江)影视产业国际合作区	11	西藏文化旅游创意园区
5	安徽省合肥市蜀山区	12	西安高新技术开发区
6	山东省淄博市博山区	13	中国(福建)自贸试验区厦门片区
7	湖南省长沙市		

财政部、税务总局、商务部等
关于将服务贸易创新发展试点
地区技术先进型服务企业所得税政策推广
至全国实施的通知

财税〔2018〕44 号

各省、自治区、直辖市、计划单列市财政厅（局）、国家税务局、地方税务局、商务主管部门、科技厅（委、局）、发展改革委，新疆生产建设兵团财政局、商务局、科技局、发展改革委：

为进一步推动服务贸易创新发展、优化外贸结构，现就服务贸易类技术先进型服务企业所得税优惠政策通知如下：

一、自 2018 年 1 月 1 日起，对经认定的技术先进型服务企业（服务贸易类），减按 15％的税率征收企业所得税。

二、本通知所称技术先进型服务企业（服务贸易类）须符合的条件及认定管理事项，按照《财政部　税务总局　商务部　科技部　国家发展改革委关于将技术先进型服务企业所得税政策推广至全国实施的通知》（财税〔2017〕79 号）的相关规定执行。其中，企业须满足的技术先进型服务业务领域范围按照本通知所附《技术先进型服务业务领域范围（服务贸易类）》执行。

三、省级科技部门应会同本级商务、财政、税务和发展改革部门及时将《技术先进型服务业务领域范围（服务贸易类）》增补入本地区技术先进型服务企业认定管理办法，并据此开展认定管理工作。省级人民政府财政、税务、商务、科技和发展改革部门应加强沟通与协作，发现新情况、新问题及时上报财政部、税务总局、商务部、科技部和国家发展改革委。

四、省级科技、商务、财政、税务和发展改革部门及其工作人员在认定技术先进型服务企业工作中，存在违法违纪行为的，按照《公务员法》《行政监察法》等国家有关规定追究相应责任；涉嫌犯罪的，移送司法机关处理。

附件：技术先进型服务业务领域范围（服务贸易类）

财政部

税务总局

商务部

科技部

国家发展改革委

2018 年 5 月 19 日

附件

技术先进型服务业务领域范围（服务贸易类）

类　别	适　用　范　围
一、计算机和信息服务	
1. 信息系统集成服务	系统集成咨询服务；系统集成工程服务；提供硬件设备现场组装、软件安装与调试及相关运营维护支撑服务；系统运营维护服务，包括系统运行检测监控、故障定位与排除、性能管理、优化升级等。
2. 数据服务	数据存储管理服务，提供数据规划、评估、审计、咨询、清洗、整理、应用服务，数据增值服务，提供其他未分类数据处理服务。
二、研究开发和技术服务	
3. 研究和实验开发服务	物理学、化学、生物学、基因学、工程学、医学、农业科学、环境科学、人类地理科学、经济学和人文科学等领域的研究和实验开发服务。
4. 工业设计服务	对产品的材料、结构、机理、形状、颜色和表面处理的设计与选择；对产品进行的综合设计服务，即产品外观的设计、机械结构和电路设计等服务。
5. 知识产权跨境许可与转让	以专利、版权、商标等为载体的技术贸易。知识产权跨境许可是指授权境外机构有偿使用专利、版权和商标等；知识产权跨境转让是指将专利、版权和商标等知识产权售卖给境外机构。
三、文化技术服务	
6. 文化产品数字制作及相关服务	采用数字技术对舞台剧目、音乐、美术、文物、非物质文化遗产、文献资源等文化内容以及各种出版物进行数字化转化和开发，为各种显示终端提供内容，以及采用数字技术传播、经营文化产品等相关服务。
7. 文化产品的对外翻译、配音及制作服务	将本国文化产品翻译或配音成其他国家语言，将其他国家文化产品翻译或配音成本国语言以及与其相关的制作服务。
四、中医药医疗服务	
8. 中医药医疗保健及相关服务	与中医药相关的远程医疗保健、教育培训、文化交流等服务。

商务部等 9 部门关于印发
《中国服务外包示范城市动态调整暂行办法》的通知

商服贸函〔2018〕102 号

各省、自治区、直辖市、计划单列市和中国服务外包示范城市人民政府：

　　根据党的十九大报告关于深化供给侧结构性改革优化资源配置的精神和国务院关于建立中国服务外包示范城市（以下简称示范城市）动态调整机制的工作要求，为充分发挥示范城市激励示范的作用，商务部会同发展改革委、教育部、科技部、工业和信息化部、财政部、人力资源社会保障部、税务总局和外汇局等部门研究制订了《中国服务外包示范城市动态调整暂行办法》（以下简称《暂行办法》）。经国务院批准，现将《暂行办法》印发给你们。请相关省级人民政府依据要求，指导本地示范城市建设和申请城市创建工作；请申请城市每年 4 月底前向商务部报送创建示范城市的材料，并参加当年示范城市综合评价工作。

商务部

发展改革委

教育部

科技部

工业和信息化部

财政部

人力资源社会保障部

税务总局

外汇局

2018 年 3 月 15 日

中国服务外包示范城市动态调整暂行办法

  第一条 为充分发挥中国服务外包示范城市（以下简称示范城市）在产业集聚、引领示范、创新发展方面的积极作用，激发发展活力，形成主动作为、竞相发展的良好局面，促进我国服务外包产业更好更快发展，经国务院同意，商务部会同发展改革委、教育部、科技部、工业和信息化部、财政部、人力资源社会保障部、税务总局和外汇局等相关部门制订示范城市动态调整暂行办法。

  第二条 根据《国务院关于促进服务外包产业加快发展的意见》（国发〔2014〕67 号）优化国内市场布局的要求，商务部会同相关部门对东部、中西部和东北地区示范城市进行分类指导。

  第三条 示范城市动态调整遵循的工作原则：动态调整、激发活力、分类指导、末位淘汰。

  第四条 依据国家统计局经济区域划分标准，东部地区包括北京、天津、河北、上海、江苏、浙江、福建、山东、广东和海南等 10 个省（直辖市），中西部和东北地区包括山西、安徽、江西、河南、湖北、湖南、内蒙古、广西、重庆、四川、贵州、云南、西藏、陕西、甘肃、青海、宁夏、新疆、辽宁、吉林和黑龙江等 21 个省（自治区、直辖市）。

  第五条 根据《中国服务外包示范城市综合评价办法》，商务部委托专业机构开展示范城市综合评价工作，形成综合评价结果。

  第六条 商务部将综合评价结果书面通报示范城市人民政府。

  第七条 对连续两年分别列东部、中西部和东北地区综合评价末位的示范城市，由商务部会同相关部门按程序报请国务院批准后，取消其示范城市资格。

  第八条 创建示范城市的申请城市，应于每年 4 月底前通过省级人民政府向商务部报送申请，内容包括但不限于申请城市的产业概况、发展优势、发展规划和具体设想等。申请城市必须具备省级服务外包示范城市资质。

  第九条 申请城市应对照示范城市的要求，加强统计等基础工作，加大对服务外包产业的支持，开展体制和政策创新，提升公共服务水平。

  第十条 根据《中国服务外包示范城市综合评价办法》，对申请城市参照示范城市的评价方法进行综合评价，并依据东部地区、中西部和东北地区进行分类指导。

  第十一条 申请城市每两年进行一次综合排序，拟将当年和前一年综合评价总得分排名分列东部、中西部和东北地区前 3 位的申请城市列入示范城市备选名单。

  第十二条 对列入示范城市备选名单的申请城市，由商务部会同相关部门按照综合评价总得分排名综合考虑产业发展情况和区域布局，研究提出新增示范城市数量及建议名单，按程序报请国务院确定。

  第十三条 被末位淘汰的示范城市，两年内不得报送创建示范城市的申请。

  第十四条 本办法在实施过程中，由商务部会同相关部门解释并适时进行完善。

  第十五条 本办法自印发之日起施行。

中国（上海）自由贸易试验区
跨境服务贸易特别管理措施（负面清单）
（2018 年）

上海市人民政府公告 2018 年第 1 号

　　根据有关法律法规和国务院批准的《全面深化中国（上海）自由贸易试验区改革开放方案》《上海市贯彻落实国家进一步扩大开放重大举措加快建立开放型经济新体制行动方案》《中国（上海）自由贸易试验区跨境服务贸易负面清单管理模式实施办法》，现予公布《中国（上海）自由贸易试验区跨境服务贸易特别管理措施（负面清单）（2018 年）》，自 2018 年 11 月 1 日起施行。

　　特此公告。

上海市人民政府

2018 年 9 月 29 日

说　　明

　　一、《中国（上海）自由贸易试验区跨境服务贸易特别管理措施（负面清单）（2018 年）》（以下简称《跨境服务贸易负面清单》）依据现行法律、法规、规章和国家有关规定编制。《跨境服务贸易负面清单》所称跨境服务贸易，是指：

　　（一）自境外向中国（上海）自由贸易试验区（以下简称"自贸试验区"）内提供服务，即跨境交付模式；

　　（二）在境外向来自自贸试验区内的消费者提供服务，即境外消费模式；

　　（三）境外服务提供者通过在自贸试验区内的自然人存在提供服务，即自然人流动模式。

　　二、《跨境服务贸易负面清单》统一列明跨境服务贸易领域对境外服务和服务提供者采取的与国民待遇不一致、市场准入限制、当地存在要求等特别管理措施，适用于自贸试验区。

　　对列入《跨境服务贸易负面清单》的跨境服务贸易行为，由各部门按照相应规定实施管理。

　　对《跨境服务贸易负面清单》以外的跨境服务贸易行为，在自贸试验区内，按照境外服务及服务提供者与境内服务及服务提供者待遇一致原则实施管理。

　　三、《跨境服务贸易负面清单》根据《国民经济行业分类》（GB/T 4754—2017）划分为 13 个门类，共159 项特别管理措施，包括具体行业措施、有关职业资格的限制措施和适用于所有行业的水平措施。

　　四、《跨境服务贸易负面清单》中未列出的与国家安全、公共秩序、文化、金融、政府采购等相关措施，按照现行规定执行。

　　五、香港特别行政区、澳门特别行政区、台湾地区的服务和服务提供者，参照境外服务和服务提供者执行。

　　六、《跨境服务贸易负面清单》实施后，有关法律、法规、规章及规定对跨境服务贸易特别管理措施作出修改调整的，国家在跨境服务贸易领域制定新措施的，或者国家批准在自贸试验区进行跨境服务贸易改革试点的，按照相关规定执行。

七、《内地与香港关于建立更紧密经贸关系的安排》及其后续协议、《内地与澳门关于建立更紧密经贸关系的安排》及其后续协议、《海峡两岸经济合作框架协议》及其后续协议、我国与有关国家签订的自由贸易区协议和投资协定、我国参加的国际条约对跨境服务贸易有更优惠开放措施的,按照相关协议或协定执行。

中国(上海)自由贸易试验区跨境服务贸易特别管理措施(负面清单)(2018年)

代码	类别名称	序号	特别管理措施
A	农、林、牧、渔业		
05	农、林、牧、渔专业及辅助性活动	1	在中国境内没有经常居所或者营业场所的境外机构、个人在境内申请种子品种审定或者登记的,须委托具有法人资格的境内种子企业代理
		2	境外人员在中国境内采集农作物种质资源、中外联合考察农作物种质资源,须经批准。从境外引进农作物种质资源,按有关规定办理
		3	外国人、外国渔业船舶进入中国管辖水域,从事渔业资源调查活动,须经批准;经批准从事生物资源调查活动,须采用与中方合作方式
		4	从境外引进畜禽遗传资源的,须经畜牧兽医行政主管部门批准
E	建筑业		
48	土木工程建筑业	5	外国监理公司承揽水运工程施工监理,须经交通主管部门认可,并在工程所在地工商行政管理部门登记注册
F	批发和零售业		
51、52	批发业、零售业	6	出版物进口业务,须由中国出版物进口经营单位经营
		7	进口电子出版物成品,须经新闻出版主管部门批准
		8	进口出版物及用于展览、展示的音像制品,须经出版行政主管部门批准
		9	文化产品进口,由中国文化产品进口企业经营
		10	境外申请人办理进口药品注册,须由其驻中国境内的办事机构办理,或者委托中国境内代理机构办理
		11	境外申请人或者备案人办理进口医疗器械(或体外诊断试剂)注册或者备案的,须通过其在中国境内设立的代表机构办理,或委托中国企业法人代理
		12	境外申请人在中国进行国际多中心药物临床试验,须经药品监督管理部门批准,并遵守临床试验药物、不良反应报告、试验报告、试验数据、研究资料等方面的管理要求
		13	进口第一类监控化学品和第二类、第三类监控化学品及其生产技术、专用设备,须委托中国政府指定单位代理
G	交通运输、仓储和邮政业		
53	铁路运输业	14	在中国境内从事铁路旅客、货物公共运输营业,须为中国铁路运输企业

续　表

代码	类别名称	序号	特别管理措施
54	道路运输业	15	在中国境内运营城市公共汽电车线路,须为中国公共汽电车线路运营企业
		16	在上海市从事巡游出租车、网络预约出租汽车驾驶的自然人须为本市户籍
		17	外国国际道路运输经营者不得从事中国国内道路旅客和货物运输经营,不得在中国境内自行承揽货物或者招揽旅客
		18	外国国际道路运输经营者的车辆在中国境内运输,应符合国籍识别标志、车辆登记、运输线路等相关规定。驾驶人员应持有与其驾驶的车辆类别相符的本国或国际驾驶证件
55	水上运输业	19	在中国境内经营无船承运和报关业务,须为中国企业法人
		20	中国籍船舶的船长须由中国籍船员担任
		21	境外相关企业、组织和个人不得经营或变相经营中国国内水路运输业务及水路运输辅助业务;水路运输经营者使用外国籍船舶经营国内水路运输业务须经许可;外国籍船舶经营中国港口之间的海上运输和拖航,须经交通主管部门批准
		22	境外相关企业、组织和个人不得经营中国国内船舶管理、船舶代理、水路旅客运输代理和水路货物运输代理等水路运输辅助业务
		23	外国公司、企业和其他经济组织或者个人在中国内海、领海铺设海底电缆、管道以及为铺设所进行的路由调查、勘测等活动,须经海洋管理部门批准;在中国大陆架上进行上述活动,其确定的海底电缆、管道路由,须经海洋管理部门批准;外国船舶进入中国内海、领海进行海底电缆、管道的维修、改造、拆除活动,须经海洋管理部门批准
		24	外国船舶检验机构在中国境内开展船舶检验活动,须在中国设立验船公司
		25	在中国从事内河船舶船员服务业务,须为中国法人
		26	外国籍船舶在中国引航区内航行或者靠泊、离泊、移泊(顺岸相邻两个泊位之间的平行移动除外)以及靠窗引航区外系泊点、装卸站,须申请引航
		27	外国的企业或者其他经济组织或者个人参与打捞中国沿海水域沉船沉物,应与中方签订共同打捞合同或成立中外合作打捞企业
		28	在中国境内从事港口经营、港口理货业务,须为中国企业
56	航空运输业	29	在中国境内从事公共航空运输,须为中国公司;外国民用航空器的经营人经营中国政府与该外国政府签订的协定、协议规定的国际航班运输或者中国境内一地和境外一地之间的不定期航空运输,须经其本国政府指定,并经中国民用航空主管部门批准
		30	外国民用航空器经营人,须依法制定安全保卫方案,报民用航空主管部门备案
		31	外国民用航空器的经营人,不得经营中国境内两点之间的航空运输
		32	在中国航空器上担任驾驶员,须持有民用航空主管部门颁发或认可的驾驶员执照。担任中国航空器的领航员、飞行机械员、飞行通信员,须持有民用航空主管部门颁发的执照;当该航空器在外国运行时,外籍领航员、飞行机械员、飞行通信员可使用航空器运行所在国颁发的有效执照,但须持有民用航空主管部门颁发的认可证书;担任在中国境内运行的外国航空器的领航员、飞行机械员、飞行通信员,须持有民用航空主管部门颁发的执照或认可证书
		33	境外通用航空企业在中国境内开展经营活动的管理办法,由民航局另行规定
		34	经营无人驾驶航空器业务,须为中国企业法人,且法定代表人为中国籍公民

续　表

代码	类别名称	序号	特别管理措施
56	航空运输业	35	外籍航空器或者由外籍人员单独驾驶的中国航空器,不得在中国境内从事航空摄影、遥感测绘、矿产资源勘查等重要专业领域的通用航空飞行
		36	外国航空公司驻中国民用航空机场的工作人员在中国境内使用的无线电通信设备,外国航空公司在中国境内使用的地空通信无线电台,须由民航主管部门提供、设置;外国民用航空器载有的无线电台设备在中国境内停机坪停留期间的使用,须经特许
		37	外国航空运输企业委托其在中国境内指定的销售代理直接进入和使用外国计算机订座系统并使用该外航票证销售相关国际客票,须经民航主管部门许可
		38	在中国境内经营国内航空服务,须为中国公共航空运输企业
		39	为中国航空运营人进行驾驶员执照和等级训练的境外驾驶员学校,其所在国须为国际民用航空公约缔约国,该校具有其所在国民航当局颁发的航空运行合格证或类似批准书,并获得中国民航主管部门认可
		40	在中国境内经营民用机场管理业务,须为中国法人
58	多式联运和运输代理业	41	在中国境内从事国际货物运输代理业务,须为中国企业法人
60	邮政业	42	在中国境内经营快递业务,须为中国企业法人
		43	境外邮政不得在中国境内提供邮政服务
I	信息传输、软件和信息技术服务业		
63	电信、广播电视和卫星传输服务	44	在中国境内经营电信业务,须为中国电信业务经营公司
		45	在中国境内从事国际通信业务须通过国际通信出入口局进行。在中国境内设置、维护国际通信出入口,须由中国电信业务经营者进行
		46	境外组织或个人不得在中国境内进行电波参数测试或电波监测
		47	国家广播电视主管部门指定国有广播电视机构根据规划,统一代理用于传输广播电视节目的卫星转发器租用或使用事宜;境外卫星公司在国内提供卫星转发器出租服务,须通过符合条件的中国卫星公司转租,并负责技术支持、市场营销、用户服务和用户监管等;境外卫星公司直接向中国国内用户经营卫星转发器出租业务,须经通信主管部门批准
		48	在中国境内从事卫星地面接收设施安装服务,须为中国法人
		49	境外卫星电视频道在中国境内落地,须经广播电视主管部门批准,并符合范围、类别等相关规定
		50	引进境外电视节目、专门用于信息网络传播的境外影视剧,须经广播电视主管部门批准,并符合有关总量、题材、产地等相关规定;不得利用信息网络转播境外广播电视节目、链接或集成境外互联网站的视听节目
64	互联网和相关服务	51	关键信息基础设施的运营者应当在中国境内存储在运营中收集和产生的个人信息和重要数据;因业务需要,确需向境外提供,须依法进行安全评估;在中国境内收集的个人金融信息的储存、处理和分析须在中国境内进行
65	软件和信息技术服务业	52	在中国没有经常居所或者营业所的外国人、外国企业或者外国其他组织在中国申请布图设计登记和办理其他与布图设计有关的事务,须委托知识产权主管部门指定的专利代理机构办理
J	金融业		

续 表

代码	类别名称	序号	特别管理措施
66	货币金融服务	53	除提供和转让金融数据信息、金融数据处理、与其他金融服务提供者有关的软件、咨询、中介等附属服务外,在中国境内经营银行及其他金融服务(不包括保险和证券),须为中国金融机构;跨境金融网络与信息服务提供者须履行事前事项报告、变更事项报告、应急事项报告等合规义务;境外提供人不得在境内建设专用金融网络提供金融信息传输等服务
		54	在中国境内从事货币经纪业务,须为中国货币经纪公司
67	资本市场服务	55	除以下情形,在中国境内经营证券业务,须为中国证券公司: (1) 经批准取得境外上市外资股(B股)业务资格的境外证券经营机构可通过与境内证券经营机构签订代理协议,或者证券交易所规定的其他方式从事境内上市外资股经纪业务; (2) 经批准取得境内上市外资股业务资格的境外证券经营机构担任境内上市外资股主承销商、副主承销商和国际事务协调人; (3) 境外证券服务机构代理合格境内机构投资者买卖境外证券; (4) 符合法定条件的境外投资顾问代理合格境内机构投资者进行境外证券投资; (5) 符合法定条件的境外资产托管人代理境外资产托管业务
		56	公开募集证券投资基金的管理机构,须为在中国境内依法设立的证券公司、保险资产管理公司及专门从事非公开募集证券投资基金管理业务的资产管理机构
		57	在中国境内从事公开募集证券投资基金管理业务,须为中国基金管理公司或经国务院证券监督管理机构核准的其他机构
		58	仅符合条件在中国境内设立的公司可申请登记为私募证券基金管理人在中国境内开展私募证券基金管理业务
		59	在中国境内从事证券投资基金托管业务,须为取得基金托管资格的中国商业银行或其他金融机构
		60	境外基金管理机构、保险公司、证券公司以及其他资产管理机构投资中国境内证券,须经证券管理部门批准并取得外汇管理部门额度批准,并须委托符合法定条件的中国商业银行托管资产,委托境内证券公司办理境内证券交易活动
		61	在中国境内从事基金销售业务,须为中国基金管理人及经证券管理部门及其派出机构注册的其他机构
		62	仅依据中国法成立的证券经营机构、期货经纪机构、其他从事咨询业务的机构经批准可从事证券、期货投资咨询业务
		63	境外证券服务贸易提供者须为合格境外机构投资者
		64	在中国境内从事证券市场资信评级业务,须为中国法人
		65	境外证券经营机构不得成为中国证券交易所的会员,境外证券经营机构设立的驻华代表处,经申请可以成为交易所特别会员
		66	中央国债登记结算有限责任公司、上海清算所为银行间债券市场提供登记、托管、结算服务
		67	在中国境内从事国债承销业务,须为中国债券承销机构
		68	中国境内信托登记业务,由中国信托登记有限责任公司负责
		69	期货交易所会员须为中国企业法人或其他经济组织

续　表

代码	类别名称	序号	特别管理措施
67	资本市场服务	70	境外期货交易所及境外其他机构不得在境内指定或者设立商品期货交割仓库以及从事其他与商品期货交割业务相关的活动
		71	境外央行(货币当局)和其他官方储备管理机构、国际金融组织、主权财富基金进入中国银行间外汇市场,须通过人民银行代理或通过中国银行间外汇市场会员代理或直接成为中国银行间外汇市场境外会员
		72	除上海黄金交易所和上海期货交易所外,任何机构、个人均不得设立黄金交易所(交易中心),也不得在其他交易场所(交易中心)内设立黄金交易平台。外国黄金交易市场不得跨境直接招揽中国客户,中国居民参与境外黄金市场交易,须通过取得 QDII 资质的机构和上海黄金交易所
		73	银行参加外币支付系统应以境内法人或管理行为单位接入外币支付系统,并在代理结算银行开立外币结算账户
		74	境外机构投资者投资中国银行间债券市场,须为符合要求的境外金融机构,上述金融机构发行的投资产品,及中国人民银行认可的其他中长期机构投资者
68	保险业	75	在中国境内经营保险业务,须为中国保险公司及法律、行政法规规定的其他保险组织;以境外消费方式提供的除保险经纪外的保险服务不受上述限制;以跨境交付方式提供的下列保险服务,不受上述限制;再保险;国际海运、空运和运输保险;大型商业险经纪、国际海运、空运和运输保险经纪、再保险经纪
		76	禁止非法销售境外保险产品
69	其他金融业	77	仅中国期货公司可根据国务院期货监督管理机构按照其商品期货、金融期货业务种类颁发的许可证,经营下列期货业务:境内期货经纪业务、境外期货经纪、期货投资咨询以及国务院期货监督管理机构规定的其他期货业务;仅中国期货公司可根据国务院期货监督管理机构的要求,在依法登记备案后,从事资产管理业务
		78	经期货交易所批准,符合条件的境外经纪机构可以接受境外交易者委托,直接在期货交易所以自己的名义为境外交易者进行境内特定品种期货交易。前述直接入场的境外经纪机构所在国(地区)期货监管机构应已与中国证监会签署合作谅解备忘录。境外经纪机构不得接受境内交易者委托,为其进行境内期货交易
		79	在中国境内申请期货保证金存管业务资格,须为中国境内设立的全国性银行业金融机构法人
		80	仅为跨境交易提供外币的银行卡清算服务的境外机构,原则上可不在中国境内设立银行卡清算机构,但对境内银行卡清算体系稳健运行或公众支付信心具有重要影响的,须在中国境内设立法人,依法取得银行卡清算业务许可证
		81	从事企业年金基金管理业务的法人受托机构、账户管理人、托管人和投资管理人须经金融监管部门批准,并为中国法人
		82	在中国境内从事非金融机构支付业务,须为中国有限责任公司或股份有限公司,且为非金融机构法人
		83	外国机构在中国境内提供金融信息服务,须经新闻出版主管部门批准
L	租赁和商务服务业		
72	商务服务业	84	外国律师事务所、其他组织或者个人不得在中国境内从事法律服务活动
		85	在中国境内从事法定审计业务,须取得中国注册会计师执业资格,并加入中国会计师事务所
		86	在中国境内从事拍卖业务,须为中国拍卖公司
		87	在中国境内从事代理记账业务,须为取得代理记账许可的中国机构

续 表

代码	类别名称	序号	特别管理措施
72	商务服务业	88	境外组织、个人在中国境内进行统计调查活动,须委托中国境内具有涉外统计调查资格的机构进行,并经统计主管部门批准;涉外社会调查项目,须经统计主管部门批准
		89	境外组织和个人不得在境内直接进行市场调查和社会调查,不得通过未取得涉外调查许可证的机构进行市场调查和社会调查
		90	外国公司、企业和其他经济组织在中国境内从事人才中介服务活动,须与中国公司、企业和其他经济组织合资经营,设立专门的人才中介机构
		91	在中国境内从事因私出入境中介活动,须为中国因私出入境中介企业
		92	境外企业、自然人及外国驻华机构不得在中国境内从事境外就业中介活动,不得直接在中国境内招收劳务人员或境外就业人员
		93	境外机构在中国境内举办经济技术展览会,须联合或委托中国境内有主办资格的单位进行
		94	境外征信机构在中国境内从事征信业务,须经征信业监督管理部门批准
M	科学研究和技术服务业		
73	研究和试验发展	95	属于禁止进口的技术,不得进口;属于限制进口的技术,实行许可证管理
		96	任何国际组织、外国的组织或者个人在中国领海、专属经济区、大陆架进行科学研究,或者在中国领海进行海洋作业,或者对中国的专属经济区和大陆架的自然资源进行勘查、开发活动,或者在中国的大陆架上进行钻探,须经批准
		97	外国人、外国组织在中国领域和中国管辖的其他海域发掘古生物化石,须经国土资源主管部门批准,采取与符合条件的中方单位合作的方式,并遵守有关古生物化石发掘、收藏、进出境的规定
		98	人类遗传资源采集、收集、买卖、出口、出境,包括我国人类遗传资源的国际合作项目,须由中方合作单位办理报批手续,经审核批准后方可正式签约
74	专业技术服务业	99	在中国境内从事认证活动,须为中国认证机构。境外认证机构在中国境内从事与机构业务范围相关的推广活动,须通过其在中国设立的代表机构进行;境内的认证机构、检查机构、实验室取得境外认可机构认可的,须向认证认可监督管理部门备案
		100	在中国境内从事向社会出具具有证明作用的数据、结果的检验检测活动,须为中国检验检测机构
		101	外国企业和其他经济组织或者个人在中国从事城乡规划编制服务的,须设立外商投资企业,取得城乡规划编制单位资质证书,在相应资质等级许可范围内,承揽城市、镇总体规划服务以外的城乡规划编制工作
		102	国际组织、外国的组织或者个人对中国的专属经济区和大陆架的自然资源进行勘查、开发活动或者在中国的大陆架上进行钻探,须经批准
		103	外国的组织和个人在中国领域和中国管辖的其他海域从事气象活动,须经气象主管机构会同有关部门批准
		104	外国的组织或者个人在中国领域和中国管辖的其他海域从事地震监测活动,须经地震工作主管部门会同有关部门批准,并采取与中外合作的形式进行
		105	外国的组织或者个人在中国领域和管辖的其他海域从事测绘活动,须经测绘行政主管部门会同军队测绘主管部门批准,并采取中外合作的形式进行

代码	类别名称	序号	特别管理措施
74	专业技术服务业	106	禁止外国企业参与设计保密工程、抢险救灾工程和我国未承诺对外开放的其他工程;外国企业承担境内建设工程设计,须选择至少一家持有建设行政主管部门颁发的建设工程设计资质的中方设计企业进行中外合作设计,且在所选择的中方设计企业资质许可的范围内承接设计业务
75	科技推广和应用服务业	107	外国人或者外国企业在中国申请商标注册和办理其他商标事宜的,须委托中国商标代理机构办理;在中国没有经常居所或者营业所的外国人、外国企业或者外国其他组织在中国申请专利,须依照其所属国同中国签订的协议或者共同参加的国际条约,或依照互惠原则,委托中国专利代理机构办理
N	水利、环境和公共设施管理业		
76	水利管理业	108	外国组织或者个人在中国从事水文活动的,须经水行政主管部门会同有关部门批准
77	生态保护和环境治理业	109	在中国境内从事放射性固体废物处置活动的,须为中国企业法人
		110	外国人进入自然保护区及在自然保护区内从事采集标本等活动,须经自然保护区管理机构批准
		111	外国人在中国境内狩猎,须在林业行政主管部门批准的对外国人开放的狩猎场所内进行
		112	外国人在中国对国家重点保护野生动物进行野外考察或者在野外拍摄电影、录像,须经野生动物保护主管部门批准
		113	外国人不得在中国境内采集或者收购国家重点保护野生植物
O	居民服务、修理和其他服务业		
80	居民服务业	114	在中国境内从事典当活动,须为中国典当公司
		115	在中国境内从事印章刻制、音像制品复制等特种行业,须为中国法人和组织;特种行业和公共场所单位聘用的境外从业人员须持有合法的身份证明以及国家和本市规定的其他条件
P	教育		
83	教育	116	各级各类学校(除高等学校)一般不聘请外籍教师来校任教。高等学校聘请专家、外教,须经教育主管部门批准。宗教院校聘用外籍专业人员以短期讲学为主,时间限半年以内;长期任教时间限一年以内;不得聘用外籍专业人员担任宗教院校的行政领导职务
		117	外国教育服务提供者除通过其在中国境内设立的中外合作办学机构外,不得以跨境提供方式向中国境内提供远程教育服务
		118	外国宗教组织、宗教机构、宗教院校和宗教教职人员不得在中国境内从事合作办学活动
		119	国外职业资格证书机构、有关法人团体以及国际组织在中国境内开展职业资格证书考试发证和活动,须与中方机构合作
		120	境外机构不得单独在中国境内举办教育考试
		121	境外机构和个人不得在中国境内从事自费出国留学中介服务活动
Q	卫生和社会工作		
84	卫生	122	外国医师来华短期行医须注册并取得短期行医许可证
R	文化、体育和娱乐业		

续　表

代码	类别名称	序号	特别管理措施
86	新闻和出版业	123	新闻出版中外合作项目,须经新闻出版主管部门批准
		124	外国通讯社在中国境内发布新闻信息,须经新华通讯社批准,并由新华通讯社指定的机构代理。外国通讯社不得在中国境内直接发展新闻信息用户;外国新闻机构在中国境内设立常驻新闻机构、向中国派遣常驻记者,须经外交部批准,并办理外国常驻记者证以及居住证;常驻或短期采访,应办理记者签证
		125	网络出版服务单位与境外组织及个人进行网络出版服务业务的项目合作,须经新闻出版主管部门批准
		126	在中国境内提供互联网新闻信息服务,须为取得互联网新闻信息服务许可的中国法人;主要负责人、总编辑须为中国公民
		127	互联网站链接境外新闻网站,登载境外新闻媒体和互联网站发布的新闻,须经互联网信息主管部门批准
		128	境外出版机构在中国境内设立办事机构,须经新闻出版主管部门批准;著作权涉外机构、国(境)外著作权认证机构、外国和国际著作权组织在华设立代表机构,须经版权主管部门批准
		129	出版境外著作权人授权的电子出版物(含互联网游戏作品),进口用于出版的音像制品,以及进口用于批发、零售、出租等的音像制品成品,须经新闻出版主管部门审查批准
		130	在中国境内举办境外出版物展览,须经出版行政主管部门批准
		131	境外出版机构在中国境内与中国出版机构开展合作出版,须经新闻出版主管部门批准;图书和电子出版物出版单位出版境外著作权人的图书和电子出版物,须向版权主管部门办理出版合同登记
		132	网络出版服务单位在网络上出版境外著作权人授权的网络游戏,须经新闻出版主管部门批准
		133	外国的组织或者个人不得在中国境内从事互联网地图编制和出版活动
87	广播、电视、电影和影视录音制作业	134	聘用外国人参加广播影视节目制作的单位限定于中央和各省、自治区、直辖市、省会市、计划单列市的广播电台、电视台和其他广播电视节目制作单位,以及电影制片厂和具有摄制电影许可证或电视剧制作许可证的单位。聘用外国人参加广播影视节目制作活动,须经广播影视主管部门批准;邀请外国人参加临时性不支付报酬的广播影视节目制作活动,须向广播影视主管部门备案;广播电台、电视台不得聘请外国人主持新闻类节目
		135	广播电台、电视台以卫星等传输方式进口、转播境外广播电视节目,须经广播影视主管部门批准
		136	境外组织不得在中国境内独立从事电影摄制活动;境外个人不得在中国境内从事电影摄制活动
		137	国产故事片原则上不得聘用境外导演,其他主创人员一般也须是我国公民。中外合作摄制的故事片,因题材、技术、角色等特殊需要聘用境外主创人员的,须经广播影视主管部门批准,并符合有关演员比例要求
		138	在中国境内从事中外合作制作电视剧(含电视动画)活动,须经广播影视主管部门批准,并符合有关主创人员比例要求
		139	中外合作摄制电影片中聘用境外主创人员的,须经广播影视行政部门批准,并符合有关演员比例要求

代码	类别名称	序号	特别管理措施
87	广播、电视、电影和影视录音制作业	140	在中国境内从事互联网视听节目服务和专网及定向传播视听节目服务,须为中国信息网络传播法人
		141	电影进口业务由指定单位经营
		142	用于广播电台、电视台播放的境外电影、电视剧,须经广播影视主管部门批准。用于广播电台、电视台播放的境外其他广播电视节目,须经广播影视主管部门或者其授权的机构批准
		143	引进境外纪录片实行总量控制,并须符合相关播出规定
		144	境外动画片的引进,须为生产国产动画片的省级电视台、省会城市电视台、计划单列市电视台和国家新闻出版主管部门指定机构;境外动画片的引进、播放须符合比例、时段等规定
		145	在中国举办国际性广播影视节(展)、中外政府间广播影视节(展)、节目交流活动和设评奖的全国性广播影视节(展),须经广播影视主管部门批准,由广播影视主管部门举办或与国家相关政府部门、地方政府等联合举办
88	文化艺术业	146	外国人入境完成短期营业性演出活动,须经文化行政部门批准
		147	中国与外国进行的商业和有偿文化艺术表演及展览(展销)活动,须由经文化主管部门认定的有对外经营商业和有偿文化艺术表演及展览(展销)资格的机构、场所或团体提出申请,经文化主管部门批准
		148	外国的文艺表演团体、个人不得在中国境内自行举办营业性演出,但可参加由中国境内的演出经纪机构举办的营业性演出,或受中国境内的文艺表演团体邀请参加该文艺表演团体自行举办的营业性演出。外国人不得从事营业性演出的居间、代理活动
		149	境外组织或个人在中国境内进行非物质文化遗产调查,须与境内非物质文化遗产学术研究机构合作,经文化主管部门批准,并符合相关报告、资料规定
89	体育	150	外国人来华登山,须经体育主管部门批准
		151	除商业性、群众性国际体育赛事外,在中国举办国际体育赛事须经体育主管部门批准。境外非政府组织在中国境内开展体育活动,须经体育主管部门批准,并设立代表机构;境外非政府组织未设立代表机构,在中国境内开展临时体育活动的,须与中方合作,并经体育主管部门等批准后,向公安机关备案
90	娱乐业	152	福利彩票、体育彩票发行和组织销售,由中国彩票发行机构、彩票销售机构负责;境外彩票不得在中国境内发行、销售
	有关职业资格的限制措施	153	申请以下职业资格应为中华人民共和国公民:注册安全工程师执业资格、注册土木工程师(岩土)执业资格、勘察设计注册石油天然气工程师资格、勘察设计注册冶金工程师资格、勘察设计注册采矿/矿物工程师资格、勘察设计注册机械工程师资格、勘察设计注册环保工程师资格、勘察设计注册化工工程师执业资格、勘察设计注册电气工程师执业资格、勘察设计注册公用设备工程师执业资格、房地产估价师执业资格、造价工程师执业资格、注册消防工程师、法律职业资格、注册会计师、税务师职业资格、导游资格、注册设备监理执业资格、注册城乡规划师职业资格、专利代理人、教师资格、社会工作者职业资格、拍卖师执业资格、保安员、资产评估师、注册验船师、房地产经纪专业人员职业资格
		154	境外自然人申请参加中国注册建筑师、勘察设计注册土木工程师(道路工程)、勘察设计注册土木工程师(港口与航道工程)、注册测绘师、医师、注册计量师、机动车检测维修专业技术人员、通信专业技术人员、执业兽医职业资格考试,按照特殊规定执行

续 表

代码	类别名称	序号	特别管理措施
		155	外国企业、非企业经济组织在中国设立常驻代表机构的,须经批准,并办理登记手续
		156	个人、法人和其他组织使用的计算机或者计算机信息网络,须通过接入网络进行国际联网
	所有服务部门	157	登记为个体工商户的须为中国公民
		158	外国人入境,除特殊规定,须申请办理签证,所持签证需办理居留证件的,须申请办理外国人居留证件
		159	外国人入境后,须办理住宿登记

上海市人民政府关于印发
《中国(上海)自由贸易试验区跨境服务贸易
负面清单管理模式实施办法》的通知

沪府规〔2018〕19 号

各区人民政府,市政府各委、办、局:

现将《中国(上海)自由贸易试验区跨境服务贸易负面清单管理模式实施办法》印发给你们,请认真按照执行。

上海市人民政府

2018 年 9 月 29 日

(此件公开发布)

中国(上海)自由贸易试验区跨境服务贸易
负面清单管理模式实施办法

第一条 （目的与依据）

为推进中国(上海)自由贸易试验区(以下简称"自贸试验区")建设,进一步扩大服务贸易领域对外开放,根据相关法律法规和《全面深化中国(上海)自由贸易试验区改革开放方案》(国发〔2017〕23号)、《国务院关于同意深化服务贸易创新发展试点的批复》(国函〔2018〕79号),探索自贸试验区跨境服务贸易负面清单管理模式,制定本办法。

第二条 （定义与适用范围）

本办法适用于自贸试验区内跨境服务贸易的管理和开放。

本办法所称跨境服务贸易,是指由境外服务提供者向自贸试验区内消费者提供服务的商业活动,包含自境外向自贸试验区内提供服务,即跨境交付模式;在境外向来自自贸试验区内的消费者提供服务,即境外消费模式;境外服务提供者通过在自贸试验区内的自然人存在提供服务,即自然人流动模式。

第三条 （基本原则）

坚持"大胆闯、大胆试、自主改"。通过在自贸试验区探索跨境服务贸易负面清单管理模式等,构建自贸试验区服务贸易法治化、国际化、便利化的营商环境,为服务贸易领域进一步扩大开放进行压力测试,为建设国际经济、金融、贸易、航运、科技创新"五个中心",服务"一带一路"倡议和长江经济带建设提供支持。

坚持法治理念。遵循权责法定,推进负面清单管理模式的法治化、制度化、规范化、程序化,做到于法有据、便捷适度、监管到位。

坚持制度创新。发挥自贸试验区改革开放试验田的作用,率先在跨境服务贸易领域扩大开放及事中事后监管与风险防控领域,形成一批可复制推广的经验成果。

第四条 （管理模式）

依据现行法律、法规、规章和国家有关规定,本市在自贸试验区编制发布《中国(上海)自由贸易试验区跨境服务贸易特别管理措施(负面清单)》(以下简称《负面清单》),构建与《负面清单》管理模式相匹配,权责明确、公平公正、透明高效、法治保障的跨境服务贸易监管体系。

《负面清单》根据国民经济行业分类,统一列明跨境服务贸易领域对境外服务和服务提供者采取的与国民待遇不一致、市场准入限制、当地存在要求等特别管理措施。

第五条 （部门职责）

自贸试验区推进工作领导小组统筹协调跨境服务贸易扩大开放与事中事后监管。

各行业主管部门依法履行对跨境服务贸易的监管职责,并逐步完善本行业跨境服务贸易管理措施。

自贸试验区管委会负责会同相关部门实施《负面清单》,完善跨境服务贸易统计分析制度,监测运行情况,适时提出符合自贸试验区跨境服务贸易发展方向的建议。

外汇、税务、出入境、通信、海关等管理部门配合跨境服务贸易领域管理措施的具体实施。

第六条 （清单内管理）

对列入《负面清单》的跨境服务贸易行为,由各有关部门按照相应规定实施管理。

各有关部门应本着"程序简化、流程优化、精简便利"的原则,不断推动跨境服务贸易便利化改革。

第七条 （清单外管理）

对《负面清单》以外的跨境服务贸易行为，在自贸试验区内，按照境外服务及服务提供者与境内服务及服务提供者待遇一致的原则实施管理。

《负面清单》中未列出的与国家安全、公共秩序、文化、金融、政府采购等相关措施，按照现行规定执行。

第八条 （改革措施）

本市积极推进自贸试验区跨境服务贸易对外开放，对《负面清单》所列特别管理措施，根据实践情况，适时向国家提出调整建议，并配套完善《负面清单》相关内容。

对于跨境服务贸易进一步开放试点领域，由自贸试验区管委会会同相关管理部门探索在资金流动、信息跨境、人员流动等方面，建立相应事中事后监管制度。

第九条 （风险防范）

各行业主管部门应针对试点开放领域与关键环节，建立风险防控机制，防范产业、数据、资金、人员等方面的安全风险。

第十条 （部门联动）

发挥市服务贸易发展联席会议功能，建立跨部门信息通报及联动制度，深化跨境服务贸易开放与创新，落实开放过程中的风险监测、分析与预警，提升跨境服务贸易协同监管水平。

第十一条 （协同促进）

鼓励和支持在跨境服务贸易领域构建市场主体主导、协会组织配合、政府部门推动的协同促进格局，全面提升自贸试验区开放条件下的服务贸易竞争力。

第十二条 （实施情况评估）

综合运用第三方评估、社会监督评价等方式，科学评估《负面清单》实施情况，并根据评估情况，推进扩大开放，完善试点内容，出台制度创新措施。

第十三条 （参照执行）

香港特别行政区、澳门特别行政区、台湾地区的服务和服务提供者，参照境外服务和服务提供者执行。

第十四条 （效力说明）

本办法实施后，有关法律、法规、规章及规定对跨境服务贸易特别管理措施作出修改调整的，国家在跨境服务贸易领域制定新措施的，或者国家批准在自贸试验区进行跨境服务贸易改革试点的，按照相关规定执行，并适时对《负面清单》进行修订。

根据《内地与香港关于建立更紧密经贸关系的安排》及其后续协议、《内地与澳门关于建立更紧密经贸关系的安排》及其后续协议、《海峡两岸经济合作框架协议》及其后续协议、我国与有关国家签订的自由贸易区协议和投资协定、我国参加的国际条约对跨境服务贸易有更优惠开放措施的，按照相关协议或协定的规定执行。

第十五条 （施行日期）

本实施办法自 2018 年 11 月 1 日起施行。

上海市人民政府关于印发《上海市深化服务贸易创新发展试点实施方案》的通知

沪府规〔2018〕20号

各区人民政府,市政府各委、办、局:

现将《上海市深化服务贸易创新发展试点实施方案》印发给你们,请认真按照执行。

上海市人民政府
2018年9月29日

上海市深化服务贸易创新发展试点实施方案

为深入贯彻《国务院关于同意深化服务贸易创新发展试点的批复》(国函〔2018〕79号),进一步深化本市服务贸易创新发展试点,积极推进服务贸易领域供给侧结构性改革,建立和完善适应服务贸易创新发展的体制机制,制定本实施方案。

一、指导思想和主要目标

(一)指导思想

以习近平新时代中国特色社会主义思想为指导,全面贯彻党的十九大和十九届二中、三中全会精神,坚持创新、协调、绿色、开放、共享"五大"发展理念,全面开展深化服务贸易创新发展试点,提高服务贸易开放程度和便利化水平,增强服务出口能力;积极推动服务贸易技术创新和商业模式创新,拓展服务贸易发展领域,提升传统服务的可贸易性;注重服务贸易与服务业、货物贸易、国际投资合作协调发展,不断夯实服务贸易发展的产业基础和国际经贸合作基础;深入结合本市发展战略,围绕"五个中心"和"四个品牌"建设打造核心功能,聚焦服务"一带一路"倡议,拓展全球市场,打造服务贸易制度创新高地,使服务贸易对本市经济结构调整和贸易转型升级的带动作用稳步提升,全面形成"开放透明、价值提升、市场多元、区域联动、人才集聚"的服务贸易开放发展体系。

(二)主要目标

——扩大规模、优化结构。进一步扩大本市服务进出口规模,巩固提升传统服务贸易,培育引导新兴服务贸易,发展壮大特色服务贸易。到2020年,服务进出口规模继续保持全国领先地位,占全国服务贸易总额的比重达到25%左右,占本市对外贸易总额的比重保持在30%左右,形成更加合理的服务贸易结构,专业服务、技术贸易、文化贸易等新兴服务贸易能级不断提升,新兴服务贸易年平均增长率高于同期全市服务贸易平均水平,其中新兴服务出口占全市服务出口总额的比重保持在70%左右。

——培育主体、完善功能。进一步发挥市场在服务贸易领域资源配置中的决定性作用,以培育具有跨国经营能力及国际影响力的品牌企业为核心,以完善的公共服务载体功能为支撑,全面打造"上海服务"品牌。到2020年,培育200家千万美元级服务贸易品牌企业;打造20个具有行业引领优势的服务贸易示范区;建成20个国际化服务贸易专业服务平台。

——开放引领、创新驱动。充分发挥中国(上海)自由贸易试验区(以下简称"上海自贸试验区")改革创新优势,探索形成以跨境服务贸易负面清单为核心的管理模式和开放体系,以开放促创新,以开放促发展,大力推动服务贸易领域新技术、新产业、新业态、新模式蓬勃发展。到2020年,初步形成兼顾风险控制和资源配置效率的服务贸易双向开放管理体系,开放程度不断提高,便利化水平显著提升,形成一批在全国可复制可推广的制度创新案例和开放便利举措,并持续推动上海服务贸易发展模式从成本驱动向创新驱动转变、从依赖传统服务领域向培育高附加值领域转变、从较为集中的市场结构向多元化市场结构转变。

二、主要任务

(一)围绕多方联动机制,完善以跨部门协同配合为基础的管理体制

进一步强化上海市服务贸易发展联席会议的统筹、协调和决策功能,依托服务贸易大数据综合服务平台,逐步完善商务、金融、税务、海关和行业主管部门等共同组成的服务贸易信息共享和数据交换机制,强化对服务贸易总体情况和重点领域的动态跟踪,全面提升服务贸易管理决策的科学性。建立市、区联动的服务贸易发展绩效评价与考核机制,加快形成新型政府服务模式。探索建立长三角服务贸易一体化发展机制,开展服务贸易长三角一体化发展模式研究,加快形成长三角服务贸易优势互补、联动发展的格局。

(二)围绕负面清单管理模式,构建兼顾风险控制和资源配置效率的双向开放体系

探索发布跨境服务贸易负面清单,试点在金融、电信、互联网、旅行、航运服务、专业服务等领域逐步放宽和取消与跨境交付、境外消费、自然人移动等模式相关的限制性措施。探索服务贸易负面清单管理模式下试点开放领域事中事后监管与风险防范制度。不断深化上海自贸试验区改革,实施外商投资负面清单制度,加快提升商业存在模式下服务贸易开放度和透明度,全面营造现代化的服务贸易投资环境。

(三)围绕"上海服务"品牌建设,实施全方位多维度的主体培育计划

实施服务贸易潜力企业培育计划,分批培育200家"高端化、国际化、品牌化"的服务贸易品牌企业,重点给予融资、项目、市场、人才等方面的政策支持,形成重点企业引领出海、中小企业积极创新的发展格局,并鼓励标杆企业开展"上海品牌"认证,打造一批高端"上海服务"品牌。发布年度《服务贸

易促进指导目录》，聚焦技术、文化、国际物流、服务外包、专业服务等重点领域，明确市场主体发展目标和培育标准，加强对服务贸易潜力企业的宏观引导。推荐并支持国家服务贸易创新发展基金参投本市服务贸易重点企业和重点项目，鼓励各类资本创设数字贸易、技术贸易、文化贸易等领域的创新发展基金、信用保证基金、并购引导基金和中小企业创新创业基金，探索形成与服务贸易潜力企业培育路径相适应的基金合作机制。

（四）围绕区域资源集聚，培育各具特色、错位发展的服务贸易示范区

加快提升服务贸易集聚度，根据《上海市服务贸易示范基地和示范项目认定管理办法》，认定和培育上海漕河泾开发区、上海浦东软件园、上海张江生物医药基地等一批服务贸易示范基地和示范项目，发挥服务贸易要素集聚的引领功能。结合各区产业发展特点，培育文化贸易特色示范区、生物医药研发核心区、数字化服务发展引领区、技术贸易转型升级试验区、邮轮旅游要素集聚区等一批主体集聚、功能完善的服务贸易示范区，加快形成错位发展格局。

（五）围绕中国国际进口博览会带动效应，打造功能完善的国际化公共服务平台

依托中国国际进口博览会（以下简称"进博会"）的优势，用好进博会功能平台资金支持政策，打造线上线下相结合的"6天＋365天"服务贸易交易促进平台，吸引国际知名服务贸易企业来沪开展项目合作，搭建向外推介、展示和沟通渠道，积极引进先进服务、技术、标准和管理经验，提升本土服务贸易载体能级，充分放大进博会的带动效应和溢出效应。探索建立服务贸易公共服务平台集群，提升国家对外文化贸易基地（上海）、国家文化出口基地（徐汇）、上海中医药国际服务贸易促进中心等公共服务平台国际交流、交易促进功能，加快境外布局。争取将上海文化贸易语言服务基地等公共服务平台升级为国家级服务贸易专业服务平台。建设服务贸易知识产权预警平台，开发海外知识产权公益服务产品，提供相关的信息和预警服务，推动上海服务贸易企业的马德里商标国际注册和海外商标维权，加强境外服务贸易知识产权和品牌建设。

（六）围绕服务"一带一路"倡议，构建以海外促进联盟为载体的市场开拓体系

打造上海服务贸易全球促进联盟，推进国际间服务贸易领域创新合作，发挥境内外交流研讨、项目对接、资源共享等功能。建设服务外包、技术贸易、文化贸易等重点领域服务贸易境外促进中心，探索推动海外中国文化中心建立文化装备示范体验厅，加快形成以"一带一路"国家和地区市场为重点的服务贸易海外市场拓展体系。发布服务贸易海外重点市场拓展系列指南与上海服务海外宣传册，搭建以传统媒体和互联网平台为支撑的海外拓展渠道，实现与重点国别一对一的合作对接。支持服务业企业通过新设、并购、合作等方式开展境外投资合作，推动专业服务机构跟随境外投资项目出海，完善服务贸易海外合作和项目推进的配套服务体系，打造基于互联网协同推进的宣传推广与交流对接模式。

（七）围绕数字化转型升级，着力构筑数字贸易的先发优势

加快发展数字金融、数字文化产业等新业态，鼓励发展跨境支付业务，积极引进境外跨境支付机

构。试点建设数字贸易交易促进平台,拓展与国际标准相接轨的数字版权确权、估价和交易流程服务功能,建设数字内容和产品资源库。提升服务外包和技术贸易数字化业务占比,以"一带一路"沿线国家与城市以及上海友好城市的数字贸易采购商和服务商为对象,搭建数字化服务外包资源配置和接发包功能平台,逐步扩大平台交易类型和规模。推动数字贸易领域扩大开放,将上海自贸试验区原范围内开放的增值电信业务在扩区范围适用,并争取进一步扩大实施范围;对最终服务对象和委托客户均在境外的服务外包企业经营呼叫中心业务,不设外资股权比例限制;探索建设上海自贸试验区至国际通信出入口局的国际互联网数据专用通道,积极推动建立畅通的国际通信设施,构筑上海数字贸易领域的制度和战略优势。

(八)围绕科技创新中心建设,打造技术贸易聚焦高端的引领优势

持续推动跨国公司在沪设立外资研发中心,鼓励其转型升级成为聚焦高端技术研发的全球性研发中心和开放式创新平台。鼓励吸收全球先进技术成果,构建国际技术转移网络。以上海闵行国家科技成果转移转化示范区为核心,长三角为主要辐射区,建设上海国际技术交易市场,搭建国际技术转移交流展示平台,开展对接海外优质项目落地的"一站式"服务。进一步强化中国(上海)国际技术进出口交易会高端技术的展示、供需对接功能。建设"国际创新港"等公共服务新载体,强化与以色列、新加坡等"一带一路"沿线国家和地区的高端技术项目合作。建设产业计量测试服务体系,推动建立产业计量创新联盟,开展前瞻性技术研究,强化对战略性新兴产业提供全寿命周期、全量传链、全产业链的质量技术服务支撑能力。

(九)围绕"上海文化"品牌建设,突出文化服务的创新优势

重点布局高科技影视基地、国际性电竞赛馆群、文创产业园区、高科技文化装备产业基地、重大功能性文体设施等。健全影视作品授权交易模式,探索影视作品国际预售融资模式,鼓励各类影视主体积极搭建国产影视海外推广平台;开发具有文化旅游特色的巡演作品,提升本土原创赛事影响力;支持原创网络作品等海内外优秀文化产品在沪首发。探索引进国内外知名演艺公司、艺术拍卖机构等;建设具有国际影响力的中外时尚设计师集聚平台、时尚品牌国内外发布推广平台和时尚产业"亚洲订货季"平台;举办 ChinaJoy、"上海时装周"、上海国际文化装备博览会、长三角国际文化产业博览会等具有国际顶尖水平的文化节展活动和产业博览会。拓展国家对外文化贸易基地(上海)、国家文化出口基地(徐汇)艺术品保税展示交易功能,缩短艺术品内容审核时限,试点探索艺术品异地保税展示,完善邮递、跨境电子商务通关和出口保险服务。

(十)围绕挖掘特色旅游潜力,巩固旅游服务的规模优势

加快发展文化、保健、教育等特色旅游项目,探索境外游客移动消费支付便捷化,加大对境外旅客购物离境退税支持力度,探索对外商投资旅游类项目试行分级下放核准事权。推进医疗健康和旅游服务的融合发展,鼓励医疗机构与国际商业健康保险公司开展合作,推进国际医疗保险结算。细化来沪就医签证政策工作方案,完善工作机制。统筹区域健康医疗服务资源配置,打造"5+X"健康医疗服务业布局,发展若干健康旅游基地。挖掘城市旅游与自驾旅游发展潜力,完善跨境自驾游监管举措,允许境外旅行社与国内企业合作,拓展自驾游旅游产品;完善自驾游艇、车辆等交通工具出入境手续、担保制度,降低入境游成本。推动邮轮旅游产业发展,深化上海中国邮轮旅游发展实验区建设。

完善 144 小时过境免签政策和国际邮轮入境外国旅游团 15 天免签政策,全面实施混合验放通关模式。积极推进邮轮旅游船票试点,搭建全国邮轮船票管理服务平台。支持上海港邮轮口岸设立出境和进境免税店,打造邮轮跨境购物平台。

(十一)围绕"走出去"配套体系,发挥专业服务的出口优势

结合国家"一带一路"倡议,探索实施与专业服务"走出去"相配套的开放举措,搭建服务支撑体系,不断扩大专业服务出口规模,增强专业服务的辐射带动作用。取消外商投资建设工程设计企业外籍技术人员的比例要求;对没有执业资格准入要求的业务,允许符合条件外籍人士在本市执业提供工程咨询服务;探索为本市提供设计服务的外商投资建设工程设计企业首次申请建设工程设计资质时,不考核外方投资者工程设计业绩。鼓励本市专业服务单位在境外设立分支机构或办事处,推动中外律师事务所联营与互派法律顾问试点推广,扩大内地与港澳合伙型联营律师事务所设立范围。探索建立"涉外法律服务云平台"、上海企业涉外法律联合培训中心等培训平台及实践基地,积极建设上海东方域外法律查明服务中心与上海企业"走出去"综合服务平台等。

(十二)围绕自贸试验区制度创新,营造高效、透明、便捷的贸易环境

依托上海自贸试验区改革创新优势,结合简政放权、放管结合、优化服务改革,在上海自贸试验区内试点推出一批服务贸易便利化举措,探索形成可复制可推广的制度安排。优化技术贸易和服务外包管理事项纳入国际贸易"单一窗口"后的相关办理流程,探索实施无纸化受理方式,推动商务与税务部门业务管理系统数据对接,打造高效便捷的服务贸易管理流程。探索出台上海自贸试验区跨境生物医药研发发展意见,推进生物医药全球协同研发的实验用生物材料和特殊物品通关便利,依托张江跨境科创监管服务中心在张江率先探索实施跨境生物医药保税监管。优化外国医师来沪行医注册审批程序,简化审批材料,为外国医师来沪行医提供便利。提高与服务贸易相关的货物暂时进口便利,探索扩大 ATA 单证册制度适用范围,在 ATA 单证册的有效期内,暂时进口货物可按海关现行规定办理延期手续。创新国际会展通关便利化举措,对世界顶级艺术博览会来沪举办展示交易会给予通关便利及保证金减免,为国际大型展会设立服务窗口,"一窗办理"海关相关业务,对展品简化强制性认证免办手续。对科研测试所需的样品免于办理 CCC 认证,将审核时间从五个工作日缩短为一天。探索入境维修产品检验监管模式,推动飞机整机、船舶维修等高附加值检测维修业务发展。研究推动开展飞机融资租赁海关异地委托监管。健全境外专业人士流动机制,完善签证和居留便利化政策,逐步形成高水准的服务贸易人才服务机制。

(十三)围绕提升市场主体竞争力,形成模式多元、重点突出的政策体系

用好中央外经贸发展专项资金支持服务贸易发展,加大对技术出口、人才培训、自主研发、跨国并购和新兴服务出口贴息等项目的支持力度,鼓励先进技术进口,支持服务贸易示范基地、示范项目和海外促进中心等公共服务平台;优化完善上海市服务贸易专项资金的支持内容和范围,聚焦服务贸易重点领域和关键环节,对中高端人才培养、海外设点、促进活动、总部经济等予以支持;鼓励各行业主管部门、各区结合实际制定相关支持政策,打造与上海服务贸易特色相结合的政策体系。进一步落实技术先进型服务企业所得税政策,对符合条件的服务出口实行增值税零税率或免税。

（十四）围绕金融服务业开放，构建金融支持服务贸易的综合服务体系

加快推进金融服务业开放，允许外商独资银行、中外合资银行、外国银行分行在提交开业申请时，同步申请人民币业务；支持外商独资银行、中外合资银行开展代理发行、代理兑付、承销政府债券（含外国政府在中国境内发行的债券）业务；扩大合资券商业务范围，允许其从事经纪、咨询等业务。创新适合服务贸易发展特点的金融产品，大力发展出口信用保险保单融资、供应链融资、海外并购融资、知识产权质押融资、应收账款质押融资和融资租赁等业务；完善知识产权质押登记制度与质押融资风险分担机制，扩大知识产权质押为基础的融资；加大出口信用保险和进出口信贷对服务贸易的支持力度，创新出口信用保险服务方式，扩大出口信用保险覆盖范围，将文化贸易、服务外包、技术贸易、运输、旅游、电信服务、工程承包等列为重点支持行业。搭建功能完善的综合金融服务平台，探索"互联网＋金融"模式，完善上海自贸试验区银行业务创新监管互动平台，鼓励商业银行建设以服务贸易为特色的试点支行，探索推出国际物流运输服务贸易贷款、文化产品和服务出口信贷、境外投资贷款、高新技术产品进出口信贷等产品。推广跨境人民币结算在服务贸易中的使用，打造便捷的服务贸易支付通道。

（十五）围绕大数据技术支撑，建设覆盖重点领域和区域的综合统计服务体系

落实商务部、国家统计局制订的《国际服务贸易统计监测制度》，依托商务部"服务贸易统计监测管理信息系统"，开展服务贸易统计直报，做到应统尽统。建立服务贸易大数据综合服务平台，健全服务贸易重点企业联系机制，编制服务贸易动态分析报告，加强对服务贸易总体情况和重点领域的动态监测。研究发布"上海服务贸易国际竞争力指数"，推进数字贸易、中医药服务、邮轮旅游和跨境电商等新兴领域的专项统计试点工作。研究跨境支付和结算服务的境外业务占比，将最终服务方为境外主体的金融业务纳入服务贸易统计。加强重点区域服务贸易统计工作指导，探索发布各区服务贸易统计数据。

三、保障机制

（一）加强组织领导

完善定期召开市服务贸易发展联席会议工作会议的机制，强化信息通报，强化统筹协调，研究深化服务贸易创新发展试点工作中的重大问题，研究制定重要政策，分解相关工作任务；科学编制服务贸易专项发展规划，积极营造有利于服务贸易创新发展的体制机制、政策环境与社会舆论环境；探索建立服务贸易市场主体信用信息共享机制，并纳入上海市商务诚信公众服务平台，进一步建设诚信守法的服务贸易营商环境。

（二）加强人才建设

加大海内外高端人才引进力度，依托上海自贸试验区，完善签证和居留便利化政策，开设高端人才便捷服务通道，利用多双边税收和社保协定等手段，建设国际化人才集聚区；依托大专院校智力资

源,探索搭建服务贸易国际人才校企合作培养基地。创新推行国际服务贸易人才培育计划,研究制订国际服务贸易人才标准。在重点领域,系统开展"通用技能＋专业技术＋岗位实训"的培训项目。

（三）加强考核评估

建立市、区联动的服务贸易创新发展联络员制度,增加服务贸易发展情况在区政府考核评价指标体系中的权重;建立科学的服务贸易创新试点工作评估机制,综合运用第三方评估、社会监督评价等方式,科学评估服务贸易创新发展试点工作成效,推动各项任务和措施落到实处。

本实施方案自 2018 年 11 月 1 日起施行。

附件:任务分工表

附件

任务分工表

序号	任　务	工　作　内　容	负责单位
1	围绕多方联动机制,完善以跨部门协同配合为基础的管理体制	进一步强化上海市服务贸易发展联席会议的统筹、协调和决策功能,依托服务贸易大数据综合服务平台,逐步完善商务、金融、税务、海关、质检以及行业主管部门等共同组成的服务贸易信息共享和数据交换机制,强化对服务贸易总体情况和重点领域的动态跟踪,全面提升服务贸易管理决策的科学性。	市服务贸易发展联席会议相关成员单位
2		建立市区联动的服务贸易发展绩效评价与考核机制,加快形成新型政府服务模式。	市商务委、各区政府
3		探索建立长三角服务贸易协同发展机制,开展服务贸易长三角一体化模式和地方性法规立法研究。	市服务贸易发展联席会议相关成员单位
4	围绕负面清单管理模式,构建兼顾风险控制和资源配置效率的双向开放体系	探索发布跨境服务贸易负面清单,试点在金融、电信、互联网、旅行、航运服务、专业服务等领域逐步放宽和取消与跨境交付、境外消费、自然人移动等模式相关的限制性措施。	市服务贸易发展联席会议相关成员单位
5		探索服务贸易负面清单管理模式下试点开放领域事中事后监管与风险防范制度。	市服务贸易发展联席会议相关成员单位
6		不断深化中国(上海)自由贸易试验区(以下简称"上海自贸试验区")改革,实施外商投资负面清单制度,加快提升商业存在模式下服务贸易开放度和透明度,全面营造现代化的服务贸易投资环境。	市商务委、上海自贸试验区管委会
7	围绕"上海服务"品牌建设,实施全方位多维度的主体培育计划	实施服务贸易潜力企业培育计划,分批培育 200 家"高端化、国际化、品牌化"的服务贸易品牌企业,重点给予融资、项目、市场、人才等方面的政策支持,并鼓励标杆企业开展"上海品牌"认证。	市商务委、市质量技监局

序号	任　务	工　作　内　容	负责单位
8	围绕"上海服务"品牌建设,实施全方位多维度的主体培育计划	发布年度《服务贸易促进指导目录》,聚焦技术、文化、国际物流、服务外包、专业服务等重点领域,明确市场主体发展目标和培育标准,加强对服务贸易潜力企业的宏观引导。	市服务贸易发展联席会议相关成员单位
9		推荐并支持国家服务贸易创新发展基金参投本市服务贸易重点企业和重点项目,鼓励各类资本创设数字贸易、技术贸易、文化贸易等领域的创新发展基金、信用保证基金、并购引导基金和中小企业创新创业基金。	市商务委、市财政局、市金融办
10	围绕区域资源集聚,培育各具特色、错位发展的服务贸易示范区	根据《上海市服务贸易示范基地和示范项目认定管理办法》,认定和培育漕河泾开发区、浦东软件园、张江生物医药基地等示范基地和示范项目。	各区政府、市商务委
11		结合各区产业发展特点,培育文化贸易特色示范区、生物医药研发核心区、数字化服务发展引领区、技术贸易转型升级试验区、邮轮旅游要素集聚区等一批主体集聚、功能完善的服务贸易示范区。	各区政府、市商务委
12	围绕中国国际进口博览会带动效应,打造功能完善的国际化公共服务平台	用好中国国际进口博览会功能平台资金支持政策,打造线上线下相结合的"6天+365天"服务贸易交易促进平台,吸引国际知名服务贸易企业来沪开展项目合作,搭建推介、展示和沟通渠道,积极引进先进服务、技术、标准和管理经验,提升本土服务贸易载体能级。	市商务委
13		探索建立服务贸易公共服务平台集群,提升国家对外文化贸易基地(上海)、国家文化出口基地(徐汇)、上海中医药国际服务贸易促进中心等公共服务平台国际交流、交易促进功能,加快境外布局。	市商务委、市委宣传部、市文广影视局、市新闻出版局、市卫生计生委、市中医药发展办
14		争取将上海文化贸易语言服务基地等公共服务平台升级为国家级服务贸易专业服务平台。	市商务委、市委宣传部、市文广影视局、市新闻出版局
15		建设服务贸易知识产权预警平台,开发海外知识产权公益服务产品,提供相关的信息和预警服务,推动上海服务贸易企业的马德里商标国际注册和海外商标维权,加强境外服务贸易知识产权和品牌建设。	市商务委、市知识产权局、市工商局
16	围绕服务"一带一路"倡议,打造以海外促进联盟为载体的促进体系	打造上海服务贸易全球促进联盟,推进国际间服务贸易领域创新合作,发挥境内外交流研讨、项目对接、资源共享等功能。	市商务委
17		建设服务外包、技术贸易、文化贸易等重点领域服务贸易境外促进中心,探索推动海外中国文化中心建立文化装备示范体验厅。	市委宣传部、市文广影视局、市新闻出版局、市发展改革委、市经济信息化委、市科委、市商务委
18		发布服务贸易海外重点市场拓展系列指南与上海服务海外宣传册,搭建以传统媒体和互联网平台为支撑的海外拓展渠道,实现与重点国别一对一的合作对接。	市商务委、市政府外办
19		支持服务业企业通过新设、并购、合作等方式,开展境外投资合作,推动专业服务机构跟随出海,完善服务贸易海外合作和项目推进的配套服务体系,打造基于互联网协同推进的宣传推广与交流对接模式。	市商务委、市发展改革委、市司法局、市财政局

续　表

序号	任　务	工　作　内　容	负责单位
20	围绕数字化转型升级,着力构筑数字贸易的先发优势	鼓励发展跨境支付业务,积极引进境外跨境支付机构。	人民银行上海总部、外汇管理局上海市分局、市金融办
21		试点建设数字贸易交易促进平台,拓展与国际标准相接轨的数字版权确权、估价和交易流程服务功能,建设数字内容和产品资源库。	市商务委、市新闻出版局、市经济信息化委、市税务局
22		提升服务外包和技术贸易数字化业务占比,以"一带一路"沿线国家与城市以及上海友好城市的数字贸易采购商和服务商为对象,搭建数字化服务外包资源配置和接发包功能平台,逐步扩大平台交易类型和规模。	市商务委、市发展改革委、市经济信息化委、市科委
23		将上海自贸试验区原范围内开放的增值电信业务在扩区范围适用,并争取进一步扩大实施范围。对于最终服务对象和委托客户均在境外的服务外包企业经营呼叫中心业务,不设外资股权比例限制。	市通信管理局
24		探索建设上海自贸试验区至国际通信出入口局的国际互联网数据专用通道,积极推动建立畅通的国际通信设施。	市委网信办、市通信管理局
25	围绕科技创新中心建设,打造技术贸易聚焦高端的引领优势	持续推动跨国公司在沪设立外资研发中心,鼓励其转型升级成为全球性研发中心和开放式创新平台。	市商务委、市发展改革委、市科委、市经济信息化委
26		鼓励吸收全球先进技术成果,构建国际技术转移网络。以上海闵行国家科技成果转移转化示范区为核心,长三角为主要辐射区,建设上海国际技术交易市场,搭建国际技术转移交流展示平台,开展对接海外优质项目落地的"一站式"服务。	市科委、闵行区政府、市商务委
27		进一步强化中国(上海)国际技术进出口交易会技术展示、供需对接功能,建设"国际创新港"等公共服务新载体,强化与以色列、新加坡等"一带一路"技术贸易重点国别的项目合作。	市商务委、市发展改革委、市科委、市经济信息化委
28		建设产业计量测试服务体系,推动建立产业计量创新联盟,开展前瞻性技术研究,强化对战略性新兴产业提供全寿命周期、全量传链、全产业链的质量技术服务支撑能力。	市质量技监局、市经济信息化委、市科委
29	围绕"上海文化"品牌建设,突出文化服务的创新优势	重点布局高科技影视基地、国际性电竞赛馆群、文创产业园区、高科技文化装备产业基地、重大功能性文体设施等。	市委宣传部、市文广影视局、市新闻出版局、市体育局
30		健全影视作品授权交易模式,探索影视作品国际预售融资模式,鼓励各类影视主体积极搭建国产影视海外推广平台;开发具有文化旅游特色的巡演作品,提升本土原创赛事影响力;支持原创网络作品等在沪首发。	市委宣传部、市文广影视局、市新闻出版局、市体育局
31		探索引进国内外知名演艺公司、艺术拍卖机构等。	市委宣传部、市文广影视局、市新闻出版局、市商务委
32		建设具有国际影响力的中外时尚设计师集聚平台、时尚品牌国内外发布推广平台和时尚产业"亚洲订货季"平台,举办"上海时装周"等活动。	市商务委

续　表

序号	任　务	工　作　内　容	负责单位
33	围绕"上海文化"品牌建设,突出文化服务的创新优势	举办 ChinaJoy、上海国际文化装备博览会、长三角国际文化产业博览会等具有国际顶尖水平的文化节展活动和产业博览会。	市委宣传部、市文广影视局、市新闻出版局
34		拓展国家对外文化贸易基地(上海)、国家文化出口基地(徐汇)艺术品保税展示交易功能,缩短艺术品内容审核时限,试点探索艺术品异地保税展示,完善邮递、跨境电子商务通关和出口保险服务。	市委宣传部、市文广影视局、市新闻出版局、浦东新区政府、徐汇区政府、市商务委
35	围绕挖掘特色旅游潜力,巩固旅游服务的规模优势	探索境外游客移动消费支付便捷化,加快发展文化、保健、教育等特色旅游项目。	人民银行上海总部、上海边检总站、市旅游局
36		加大对境外旅客购物离境退税支持力度。	市财政局、市税务局、市旅游局、市商务委、上海海关
37		探索对外商投资旅游类项目试行分级下放核准事权。	市发展改革委、市旅游局
38		鼓励医疗机构与国际商业健康保险公司开展合作,推进国际医疗保险结算。细化来沪就医签证政策工作方案,完善工作机制。	市卫生计生委、市公安局、市旅游局、市商务委
39		统筹区域健康医疗服务资源配置,打造"5＋X"健康医疗服务业布局,发展若干健康旅游基地,推进医疗健康和旅游服务的融合发展。	市卫生计生委、市旅游局
40		允许境外旅行社与国内企业合作,拓展自驾游旅游产品;完善自驾游艇、车辆等交通工具出入境手续、担保制度,降低入境游成本。	市公安局、上海海关、市交通委、市旅游局
41		推动邮轮旅游产业发展,深化上海中国邮轮旅游发展实验区建设。	市旅游局、市发展改革委、市交通委、市口岸办、上海海关
42		完善 144 小时过境免签政策和国际邮轮入境外国旅游团 15 天免签政策,全面实施混合验放通关模式。	上海边检总站、市公安局、上海海关、市口岸办、市旅游局
43		积极推进邮轮旅游船票试点,搭建全国邮轮船票管理服务平台。	市交通委、市旅游局、市口岸办
44		支持上海港邮轮口岸设立出境和进境免税店,打造邮轮跨境购物平台。	市商务委、市税务局
45	围绕"走出去"配套体系,发挥专业服务的出口优势	取消外商投资建设工程设计企业外籍技术人员的比例要求;对没有执业资格准入要求的业务,允许符合条件外籍人士在本市执业提供工程咨询服务;探索为本市提供设计服务的外商投资建设工程设计企业首次申请建设工程设计资质时,不考核外方投资者工程设计业绩。	市住房城乡建设管理委
46		鼓励专业服务单位境外设立分支机构,推动中外律师事务所联营与互派法律顾问试点推广,扩大内地与港澳合伙型联营律师事务所设立范围。	市司法局、市财政局、市商务委
47		探索建立"涉外法律服务云平台"、上海企业涉外法律联合培训中心、上海东方域外法律查明服务中心与上海企业"走出去"综合服务平台等。	市司法局、市经济信息化委、市贸促会、市商务委

续　表

序号	任　务	工　作　内　容	负责单位
48		优化技术贸易和服务外包纳入国际贸易"单一窗口"相关办理流程，探索实施无纸化受理方式，推动商务与税务部门业务管理系统数据对接。	市口岸办、市商务委、市税务局
49		出台上海自贸试验区支持跨境生物医药研发发展的若干意见，推进生物医药全球协同研发的实验用生物材料和特殊物品通关便利，依托张江跨境科创监管服务中心在张江率先探索实施跨境生物医药保税监管。	市商务委、上海自贸试验区管委会、上海海关、市食品药品监管局、市科委
50		优化外国医师来沪行医注册审批程序，简化审批材料，为外国医师来沪行医提供便利。	市卫生计生委
51	围绕自贸试验区制度创新，营造高效、透明、便捷的贸易环境	探索扩大 ATA 单证册制度适用范围，在 ATA 单证册的有效期内，暂时进口货物可按海关现行规定办理延期手续。	上海海关
52		创新国际会展通关便利化举措，对世界顶级艺术博览会来沪举办展示交易会给予通关便利及保证金减免，为国际大型展会设立服务窗口，"一窗办理"海关相关业务，对展品简化强制性认证免办手续。	上海海关、市商务委、市科委、市教委、市文广影视局、市贸促会
53		对科研测试所需的样品免于办理 CCC 认证，将审核时间从五个工作日缩短为一天。	市质量技监局
54		探索入境维修产品检验监管模式，推动飞机整机、船舶维修等高附加值检测维修业务发展。	市商务委、上海海关
55		研究推动开展飞机融资租赁海关异地委托监管。	市金融办、上海海关、市商务委、市发展改革委
56		健全境外专业人士流动机制，完善签证和居留便利化政策。	市公安局、市人力资源社会保障局
57	围绕提升市场主体竞争力，形成模式多元、重点突出的政策体系	用好中央外经贸发展专项资金支持服务贸易发展，加大对技术出口、人才培训、自主研发、跨国并购和新兴服务出口贴息等项目的支持力度，鼓励先进技术进口，支持服务贸易示范基地、示范项目和海外促进中心等公共服务平台。	市财政局、市商务委
58		优化完善上海市服务贸易专项资金支持内容和范围，聚焦服务贸易重点领域关键环节，支持中高端人才培养、海外设点、促进活动、总部经济。	市商务委、市发展改革委、市财政局
59	围绕提升市场主体竞争力，形成模式多元、重点突出的政策体系	鼓励各行业主管部门、各区结合实际制定相关扶持政策，打造与上海服务贸易特色相结合的政策体系。	市服务贸易发展联席会议相关成员单位、各区政府
60		进一步落实技术先进型服务企业所得税政策。	市科委、市税务局、市商务委
61		对符合条件的服务出口实行零税率或免税。	市税务局

续 表

序号	任 务	工 作 内 容	负责单位
62	围绕金融服务业开放,构建金融支持服务贸易的综合服务体系	允许外商独资银行、中外合资银行、外国银行分行在提交开业申请时同时申请人民币业务。	上海银监局、市金融办
63		支持外商独资银行、中外合资银行开展代理发行、代理兑付、承销政府债券(含外国政府在中国境内发行的债券)业务。	上海银监局、人民银行上海总部、市财政局、市金融办
64		扩大合资券商业务范围,允许其从事经纪、咨询等业务。	上海证监局
65		大力发展出口信用保险保单融资、供应链融资、海外并购融资、知识产权质押融资、应收账款质押融资和融资租赁等业务。完善知识产权质押登记制度与质押融资风险分担机制,扩大知识产权质押为基础的融资。	人民银行上海总部、上海银监局、市金融办、市知识产权局
66		加大出口信用保险和进出口信贷对服务贸易的支持力度,创新出口信用保险服务方式,扩大出口信用保险覆盖范围,将文化贸易、服务外包、技术贸易、运输、旅游、电信服务、工程承包等列为重点支持行业。	上海保监局、人民银行上海总部、上海银监局
67		搭建功能完善的综合金融服务平台,探索"互联网+金融"模式。	市金融办、人民银行上海总部、上海银监局、上海保监局、上海证监局
68		完善上海自贸试验区银行业务创新监管互动平台。	上海银监局
69		鼓励商业银行建设以服务贸易为特色的试点支行,探索推出国际物流运输服务贸易贷款、文化产品和服务出口信贷、境外投资贷款、高新技术产品进出口信贷等产品。	上海银监局、人民银行上海总部
70		推广跨境人民币结算在服务贸易中的使用,打造便捷的服务贸易支付通道。	人民银行上海总部、外汇管理局上海市分局
71	围绕大数据技术支撑,建设覆盖重点领域和区域的综合统计服务体系	落实商务部、国家统计局制订的《国际服务贸易统计监测制度》,依托商务部"服务贸易统计监测管理信息系统",开展服务贸易统计直报,做到应统尽统。	市商务委、市统计局
72		建立服务贸易大数据综合服务平台,健全服务贸易重点企业联系机制,编制服务贸易动态分析报告,加强对服务贸易总体情况和重点领域的动态监测。	市商务委
73		研究发布"上海服务贸易国际竞争力指数",推进数字贸易、中医药服务、邮轮旅游和跨境电商等新兴领域的专项统计试点工作。	市商务委、外汇管理局上海市分局、市统计局
74		研究跨境支付和结算服务的境外业务占比,将最终服务方为境外主体的金融业务纳入服务贸易统计。	外汇管理局上海市分局、市商务委、市统计局
75		加强重点区域服务贸易统计工作指导,探索发布各区服务贸易统计数据。	各区政府、市商务委

市商务委、市委宣传部、市经济信息化委、市司法局、市财政局、市卫生计生委、市旅游局、市体育局关于印发《上海市服务贸易促进指导目录（2017年版）》的通知

沪商服贸〔2018〕48号

各有关单位：

为推动本市传统服务贸易领域提升能级，促进新型服务贸易业态快速成长，现将《上海市服务贸易促进指导目录（2017年版）》印发给你们，请遵照执行。

上海市商务委员会

中共上海市委宣传部

上海市经济和信息化委员会

上海市司法局

上海市财政局

上海市卫生和计划生育委员会

上海市旅游局

上海市体育局

2018年2月14日

上海市服务贸易促进指导目录（2017 年版）

一、运输服务贸易

促进目标：结合上海国际航运中心建设，充分发挥上海靠近国际主航线及长三角集疏运体系的优势，不断拓展运输服务贸易领域，扩大贸易规模，打造一批主营业务突出、经营模式先进、海外网络健全、具有较强竞争力的运输服务贸易企业。逐步在上海形成结构合理、业态多样、服务优质、竞争有序的运输服务贸易市场。

培育重点：

（一）以综合服务为主的企业上年度年销售额 1 亿元人民币以上（含本数，下同），其中主营国际货代业务收入所占比例不低于 70%；具有一定规模的、独立操作功能的物流服务网点，国内外网点数不少于 5 个；

以专业化服务为主的企业上年度年销售额 5 000 万元人民币以上，如汽车物流企业、冷链物流企业、化工物流企业以及为国际贸易服务的电商物流企业等；

（二）具有 1 个以上较为稳定的、协议服务期在 1 年以上的国内外知名客户；

（三）主要生产设施与设备具有一定先进性，拥有自行开发或引进的国际物流（货代）管理信息系统，能与主要客户实现电子数据交换，信息共享，并能实现对物流活动的实时跟踪、信息反馈。

二、旅游服务贸易

促进目标：建设结构合理、多种所有制经营协调发展、日益繁荣的旅游市场。建成一批实力雄厚、业务广泛的重点企业，鼓励其不断加强横向联合，积极向集团化、专业化、现代化方向发展，加快世界著名旅游城市建设。

培育重点：

（一）旅行社类

1. 上年度入境旅游营业收入 2 000 万元人民币以上；
2. 上年度入境旅游外联和接待人数在 5 000 人次以上；
3. 上海市具有独立法人的 A 级旅行社；
4. 获得市级旅游标准化示范单位称号的优先支持。

（二）住宿类

1. 上海市旅游星级酒店
（1）上年度营业收入 8 000 万元人民币以上；

（2）上年度接待境外客人比例不低于 30％；

（3）获得市级旅游标准化示范单位、绿色饭店称号的优先支持。

2. 经济型酒店连锁集团

（1）集团上年度营业额 20 亿元人民币以上；

（2）品牌直营或加盟的酒店 400 家以上；

（3）以品牌特许经营或品牌代理的模式在境外发展品牌直营店或加盟店，国外酒店上年度营业收入 50 万美元以上。

三、电信、计算机和信息服务贸易

促进目标：打造一批技术应用开发水平高、科技创新能力强、服务和产品质量好、行业发展前景佳、影响力强的行业领先企业，夯实产业基础，扩大产业规模，推动国民经济和社会信息化建设，促进服务贸易发展。

培育重点：

（一）软件开发服务

1. 从事软件咨询、设计、开发、测试、培训、维护等服务及信息化规划、信息系统设计、信息技术管理咨询、信息系统工程监理、测试评估认证和信息技术培训服务的企业，具有国际市场开发和营销能力，且具备较高技术及服务水平、具有自主知识产权产品的企业和服务出口类企业优先；

2. 取得相关软件企业资格证书，并获得 CMM（CMMI）或 ISO 系列等国际质量管理体系标准认证；

3. 上年度软件和信息技术出口额（以软件出口合同登记执行金额及银行收汇凭证为准，下同）200 万美元以上。

（二）数据处理服务和信息系统运行维护服务

1. 从事数据录入、数据处理、数据分析、数据整合、数据挖掘、数据管理、数据使用等服务、数据库管理与维护服务、数据中心基础环境以及各类信息系统的软硬件运行维护服务的企业，具有国际市场开发和营销能力，且具备较高技术及服务水平、具有自主知识产权产品的企业和服务出口类企业优先；

2. 取得相关软件企业资格证书，并获得有关系列质量管理体系标准认证；

3. 上年度软件和信息技术出口额 500 万美元以上。

（三）新兴互联网信息技术及内容服务（包括云计算服务）

1. 从事基于互联网的新兴电子商务与网络金融信息服务、网络文化娱乐服务、网络媒体服务、基础应用服务、其它软件信息服务类增值电信服务等，以及通过 IaaS、PaaS、SaaS 等模式云计算服务平台提供平台软件设计开发和平台管理运营等服务的企业，具有国际市场开发和营销能力，且具备较高技术及服务水平、具有自主知识产权产品的企业和服务出口类企业优先；

2. 取得相关软件企业资格证书并获得有关系列质量管理体系标准认证;

3. 上年度软件和信息技术出口额100万美元以上。

(四)数字内容软件及服务

1. 从事开发数字动漫、游戏设计制作等软件(主要包括数字出版软件、动漫游戏制作引擎软件和开发系统,以及图形制作处理软件、图像制作处理软件、视频制作处理软件、音频制作处理软件等多媒体软件)以及相关服务、智能电视应用等的企业,具有国际市场开发和营销能力,且具备较高技术及服务水平、具有自主知识产权产品的企业和服务出口类企业优先;

2. 取得相关软件企业资格证书并获得有关系列质量管理体系标准认证;

3. 上年度软件和信息技术出口额200万美元以上。

(五)集成电路研发设计及服务

1. 从事集成电路研发设计以及相关技术支持服务(包括为集成电路的开发运用提供测试平台服务)的企业,具有国际市场开发和营销能力,且具备较高技术及服务水平、具有自主知识产权产品的企业和服务出口类企业优先;

2. 取得认定集成电路设计企业资格证书(集成电路测试企业除外),并获得有关系列质量管理体系标准认证;

3. 上年度集成电路研发设计及技术服务出口额500万美元以上。

四、工程承包与建筑服务贸易

促进目标:"走出去"途径和方式不断创新,更好利用"两个市场、两种资源",树立上海优质工程的品牌形象,支持企业对境外技术密集型、资本密集型工程项目进行总承包和总集成,进一步推进境外项目结构调整、市场结构调整和"走出去"主体队伍结构调整,推动"走出去"工作又好又快发展。

培育重点:

(一)民用建筑

1. 承接的境外工程项目是国家支持的大型工程项目;

2. 采用BOT、PPP等模式承接境外工程项目;

3. 近两年内没有发生重大工程质量事故和较大事故以上的生产安全生产事故;

4. 按时申报商务部对外承包工程业务统计;

5. 上年度境外项目合同额1亿美元以上,或营业额5 000万美元以上。

(二)工业建设

1. 承接的境外工程项目是国家支持的大型工程项目;

2. 采用BOT、PPP等模式承接境外工程项目;

3. 近两年内没有发生重大工程质量事故和较大事故以上的生产安全生产事故；

4. 企业按时申报商务部对外承包工程业务统计；

5. 上年度境外项目合同额 2 亿美元以上，或营业额 1 亿美元以上；

6. 带动具有世界先进水平的国产成套机电产品出口的项目优先，带动项目换资源或资源回运的项目优先。

（三）工程设计

1. 拥有专利和专有技术；

2. 以设计为龙头带动项目总承包；

3. 具有熟悉国际化执业标准和比较优势的专业服务人才；

4. 具有创新本土化和国际市场开发潜力，在同行业研发能力成绩突出；

5. 已实施具有国际影响力的成功案例，在业内具有较高知名度；

6. 按时申报商务部对外承包工程业务统计；

7. 上年度境外项目合同额 3 000 万美元以上，或营业额 1 500 万美元以上。

五、专业服务贸易

（一）咨询、会计、法律专业服务

促进目标：扩大专业服务业对外开放，提高专业服务水平，提升专业服务质量，通过政策引导扶持，逐步培育管理咨询、会计、法律等重点专业服务领域的比较优势。支持本土专业服务企业扩大跨境服务，推动专业服务企业参与有关中国企业海外投资的专业服务工作，培育一批具有全球影响力的专业服务品牌。

培育重点：

1. 咨询服务

（1）实到注册资本金 50 万元人民币以上；

（2）专业服务业务上年度营业额 350 万元人民币以上，出口额 5 万美元以上。

2. 会计服务

（1）取得市财政局颁发的会计师事务所（分所）执业许可；

（2）专业服务业务上年度营业额 500 万元人民币以上，出口额 3 万美元以上。

3. 法律服务

（1）取得市司法局颁发的律师事务所执业许可证；

（2）净资产 30 万元人民币以上；专业服务业务上年度营业额 3 000 万元人民币以上，出口额 20 万美元以上。

（二）会展服务

促进目标：努力将上海打造成为国际会展之都，通过扶持、引进、合作等方式打造一批国际化水平较高的专业办展企业和会展项目;支持办展企业积极引进国内外品牌展会,培育一批符合国家产业导向的专业精品展;积极推动企业海外办展,发展和培育一批具有核心竞争力的中小型国际专业展会;大力推进网上会展业发展,打造全国领先、功能齐全、服务水平一流的网上会展平台。

培育重点:

1. 展览主(承)办

(1)展览会业务近三年内年营业收入3 000万元人民币以上,其中外汇收入50万美元以上;

(2)连续举办同一主题展览会五届以上,且该展览会已被行业协会认定为上海市国际展览会品牌展,并具有国内行业代表性、专业性强的项目;

(3)举办的国际展览会境外参展商占参展商总数的20%以上,或境外观众总数占比不低于10%。

2. 会议主(承)办

(1)会议业务近三年内年营业收入800万元人民币以上,其中外汇收入10万美元以上;

(2)每年度举办单项国际性会议规模在300人以上或至境外办会1次以上;每年度举办国际性会议3次以上;

(3)连续举办同一主题国际性会议3届以上,且该国际性会议具有发展潜力。

3. 展示工程

(1)近三年内年营业收入1 000万元人民币以上,外汇收入10万美元以上;

(2)每年度独立承办2个以上展览会主场,或净面积200平方米以上特装展位,或1个以上展示厅、博物馆的设计制作工作;

(3)完成项目的创意设计为原创,且连续两届获得市行业协会授予的优秀展台项目,或被当地政府主管部门授予优秀博物馆、展示厅、陈列室等项目。

4. 会展场馆

近三年内年营业收入在4 000万元人民币以上,外汇收入60万美元以上。

六、文化服务贸易

促进目标:以建设社会主义国际文化大都市为目标,逐步培养一批具备较强国际市场竞争力、守法经营、信誉良好的文化出口重点企业,打造一批弘扬中华民族优秀传统文化、维护国家统一和民族团结、发展中国同世界各国人民友谊、具有比较优势和鲜明民族特色的文化出口重点项目。

培育重点:

(一)新闻出版类

1. 出版物输出

(1)传统出版物上年度出口额30万美元以上,或版权输出3万美元以上,或版权输出种类达到20种;

(2)具有国际市场开发和营销能力,产品体现中华文化特色。

2. 印刷服务

(1)上年度出口额80万美元以上;

(2)独立设计能力较强,印刷技术水平居世界前列;

（3）有成熟的国际合作渠道。

（二）文广影视类

1. 电影电视

（1）上年度出口额 40 万美元以上；

（2）具有良好发展潜质,在提升电影文化产品的生产、发行、播映和后产品开发能力等方面成绩突出；

（3）积极与国外广播影视机构合作,拥有较为成熟的境外销售网络,境外宣传和推广活动效果突出。

2. 演艺及相关服务

（1）上年度出口额 5 万美元以上,或在海外高端主流演出市场产生巨大影响力的；

（2）体现中华文化特色,拥有自主知识产权,具有较高的艺术水平和国际市场开发前景。

（三）综合服务类

1. 游戏动漫

（1）上年度出口额 30 万美元以上,或版权输出金额 10 万美元以上,或游戏动漫衍生产品出口额 100 万美元以上；

（2）拥有自主知识产权的原创游戏动漫形象和内容,或核心技术。

2. 境外文化机构的新设、并购和合作

（1）在境外通过新设、收购、合作等方式,成功在境外投资设立分支机构,或成功设立演出剧场、产业园区等实体项目,或依托互联网技术成功在海外市场建立营运服务平台,经营良好；

（2）境外分支机构上年度营业额 30 万美元以上。

3. 工艺美术品、创意设计服务

（1）具有显著民族特色的工艺品或属于经认定的国家级非物质文化遗产上年度出口额 80 万美元以上,或创意设计服务上年度出口额 30 万美元以上；

（2）拥有自主知识产权,体现较高的文化附加值；

（3）保持较高的研发设计、品牌建设投入,具有持续创新和国际营销能力。

4. 文化贸易集聚服务

（1）集聚文化贸易企业 50 家以上；

（2）每年组织文化企业参加 2 次以上境外知名国际文化交易类展览推介活动（单次组织参会在 5 家企业以上）；

（3）搭建公共服务平台,帮助文化企业拓展国际市场。

七、医药卫生服务

促进目标：培育一批在高端医疗、康复医疗、老年医疗护理,中医药保健、第三方医学检验、教育培训、科研、产业、文化、旅游和中介等方面稳定持续开展服务贸易工作,具有较好工作基础,条件完备、特色突出、具备较强国际市场竞争力的服务贸易企业（机构）。引导企业（机构）积极探索,创新服务模式、拓展海外营销渠道,打造具有国际影响力的医疗服务品牌,贯彻落实《国务院关于促进健康服务业发展的若干意见》（国发〔2013〕40 号），为上海健康服务业发展作出贡献。

培育重点：

（一）具有相对稳定的业务渠道和需求市场，已与境外相关机构、国际组织或企业签署一年期以上合作协议；

（二）近三年内稳定持续开展中医药服务贸易工作，提供中医药保健、教育培训、科研、产业、文化、旅游等综合服务，上年度出口额 50 万美元以上，具有独立法人资格；

（三）在中医药服务标准化、宣传中医药文化、培养中医国际服务人才和海外市场拓展等方面有突出贡献。

八、体育服务贸易

促进目标：结合上海市打造世界一流国际体育赛事之都、国内外重要体育资源配置中心的发展定位，支持与国际体育赛事旅游等服务贸易相关市场主体发展，引导本土市场加大对国际知名体育专业公司、国际优质体育知识产权等的吸引力。通过拓宽体育服务贸易领域，扩大体育服务贸易规模，逐步培育起门类多样、健康有序的体育服务贸易市场，促进上海著名体育城市建设目标的实现。

培育重点：

（一）体育赛事

1. 引进赛事

（1）截至上年度已完成一项或多项国际知名体育赛事引进并进行运营管理的机构或企业；

（2）单项国际赛事交易额 50 万美元以上或运动员奖金设置 20 万美元以上；

（3）吸引海外观众 1 000 人次；

（4）单项赛事营业收入 500 万元人民币以上。

2. 自主赛事

（1）截至上年度已完成举办一项或多项自主培育的、拥有独立知识产权的国际性赛事并进行运营管理的机构或企业；

（2）吸引海外观众或参赛者 1 000 人次；

（3）单项赛事营业收入 500 万元人民币以上。

（二）体育中介

1. 职业体育经纪

（1）上年度在国际转会市场上有转会交易的职业体育俱乐部或机构；

（2）上年度涉及国际球员转会、海外教练员引进资金发生额 75 万美元以上；

（3）上年度涉及海外体能或医疗康复团队引进资金发生额 50 万美元以上。

2. 体育专业咨询

（1）上年度在国际咨询市场有体育咨询专业服务的机构或企业；

（2）实到注册资本金 50 万元人民币以上；

（3）体育专业服务上年度营业额 300 万人民币以上，出口额 5 万美元以上。

（三）体育知识产权服务

1. 体育赛事版权

（1）以国际优质体育赛事版权为投资标的的机构或企业；

（2）单笔赛事版权交易额 400 万美元以上。

2. 体育无形资产

（1）上年度从事国内国际优质体育组织、体育场馆、体育赛事、体育活动名称与标志等无形资产的开发与交易的机构或企业；

（2）实到注册资本金 50 万元人民币以上；

（3）上年度营业额 300 万人民币以上。

九、服务外包

促进目标： 大力发展应用先进数字技术的软件研发和开发服务、集成电路和电子电路设计、测试服务以及信息系统运营和维护服务，提升交付一体化数字解决方案的能力。大力发展基于数字技术的共享中心服务以及多语种呼叫中心服务，支持数字化技术在垂直行业的应用，通过释放各行业的外包需求加快推进国民经济和社会数字化建设。大力发展医药和生物技术研发外包、动漫及网游设计研发外包、管理咨询服务外包、工业设计外包、检验检测外包服务以及法律流程外包等领域。打造一批技术水平高、创新能力强、服务质量好、行业发展前景佳、影响力强的服务外包领先企业。

培育重点：

（一）基于数字能力的服务外包

信息技术服务外包（ITO）

1. 从事信息技术外包的企业；

2. 具有较高的市场竞争力和服务能力，与服务外包发包商签订提供中长期服务外包业务合同；

3. 取得相关领域国际认证；

4. 上年度提供服务外包业务额不低于 50 万美元，其中向境外最终客户提供服务外包业务额占本企业服务外包业务额 50％以上；或不低于 500 万美元，占比 35％以上；或不低于 1 000 万美元，占比 20％以上；

5. 商务部服务外包企业重点培育标准为上年度信息技术外包出口额 1 000 万美元以上；上海市服务外包企业重点培育标准为上年度信息技术外包出口额 500 万美元以上；区服务外包企业重点培育标准为上年度信息技术外包出口额 100 万美元以上；

6. 企业大专及以上学历员工占员工总数的 50％以上，对促进就业有较大贡献。

业务流程服务外包（BPO）

1. 从事业务流程服务外包的企业；

2. 具有较高的市场竞争力和服务能力，与服务外包发包商签订提供中长期服务外包业务合同（1年以上）；

3. 取得相关领域国际认证；

4. 上年度提供服务外包业务额不低于50万美元，其中向境外最终客户提供服务外包业务额占本企业服务外包业务额50％以上；或不低于500万美元，占比35％以上；或不低于1 000万美元，占比20％以上；

5. 商务部服务外包企业重点培育标准为上年度业务流程外包出口额500万美元以上；上海市服务外包企业重点培育标准为上年度业务流程外包出口额300万美元以上；区服务外包企业重点培育标准为上年度业务流程外包出口额50万美元以上；

6. 企业大专及以上学历员工占员工总数的50％以上，对促进大学生就业有较大贡献。

（二）基于知识能力的服务外包

知识流程服务外包（KPO）

1. 从事知识流程服务外包的企业；

2. 具有较高的市场竞争力和服务能力，与服务外包发包商签订中长期提供服务外包业务合同（1年以上）；

3. 取得相关领域国际认证；

4. 上年度提供服务外包业务额不低于50万美元，其中向境外最终客户提供服务外包业务额占本企业服务外包业务额50％以上；或不低于500万美元，占比35％以上；或不低于1 000万美元，占比20％以上；

5. 商务部服务外包企业重点培育标准为上年度知识流程外包出口额500万美元以上；上海市服务外包企业重点培育标准为上年度知识流程外包出口额200万美元以上；区服务外包企业重点培育标准为上年度知识流程外包出口额50万美元以上；

6. 企业大专及以上学历员工占员工总数的50％以上，对促进大学生就业有较大贡献。

十、服务贸易示范基地

促进目标：根据《上海市服务贸易发展中长期规划纲要》要求，培育一批具有较好服务贸易发展基础，并集聚一定数量服务贸易重点领域企业的开发区和园区，不断优化服务贸易重点领域的空间布局，突出重点区域信息集聚、要素集聚和资源集聚的优势，加强贸易和产业的联动发展。

培育重点：

（一）具有完整的发展规划和鲜明的产业特色及定位，具有明显的区位优势，纳入区域产业布局的整体规划和推进方案，在服务贸易方面有较强的竞争力，企业集聚度较高；

（二）集聚10家及以上特定领域的服务贸易企业（注册在该区域），实现该领域的服务贸易进出口总额超过500万美元，具备一定的规模效应，对全市服务贸易重点领域的发展起到较为显著的拉动作用；

（三）由市场化主体进行开发和运营，在环境保护、劳工标准、建筑标准、土地规划等方面符合国家相关法律和规定。

第四部分

数据表组

表1：1980—2017年全球服务贸易进出口额

（单位：亿美元）

年份	进 出 口				出 口				进 口			
	总额	运输	旅游	其他	总额	运输	旅游	其他	总额	运输	旅游	其他
1980	7 675	3 022	2 117	2 536	3 650	1 344	1 035	1 271	4 025	1 678	1 082	1 265
1981	7 919	3 132	2 086	2 701	3 740	1 370	1 039	1 331	4 179	1 762	1 047	1 370
1982	7 674	2 908	2 019	2 747	3 646	1 278	1 012	1 356	4 028	1 630	1 007	1 391
1983	7 372	2 738	1 974	2 662	3 543	1 207	1 006	1 331	3 829	1 531	968	1 331
1984	7 619	2 778	2 170	2 671	3 656	1 227	1 099	1 330	3 963	1 551	1 071	1 341
1985	7 827	2 760	2 284	2 783	3 816	1 247	1 158	1 411	4 011	1 513	1 126	1 372
1986	9 058	2 923	2 809	3 327	4 478	1 332	1 430	1 717	4 580	1 591	1 379	1 610
1987	10 744	3 386	3 467	3 900	5 314	1 541	1 757	2 016	5 439	1 845	1 710	1 884
1988	12 260	3 891	4 057	4 311	6 003	1 783	2 028	2 192	6 257	2 108	2 029	2 119
1989	13 421	4 241	4 397	4 782	6 566	1 930	2 207	2 428	6 855	2 311	2 190	2 354
1990	16 011	4 861	5 292	5 858	7 805	2 233	2 648	2 924	8 206	2 628	2 644	2 934
1991	16 754	4 980	5 481	6 294	8 244	2 287	2 764	3 194	8 510	2 593	2 717	3 100
1992	18 709	5 321	6 332	7 056	9 238	2 440	3 188	3 610	9 471	2 881	3 144	3 446
1993	19 009	4 315	6 318	7 375	9 413	2 435	3 230	3 748	9 595	2 879	3 091	3 625
1994	20 770	5 813	6 870	8 088	10 332	2 658	3 511	4 164	10 438	3 155	3 359	3 924
1995	23 864	6 664	7 905	9 295	11 849	3 037	4 077	4 735	12 015	3 627	3 828	4 560
1996	25 407	6 764	8 420	10 222	12 710	3 101	4 386	5 222	12 697	3 663	4 034	5 000
1997	26 259	6 901	8 469	10 889	13 203	3 174	4 414	5 616	13 056	3 727	4 055	5 273
1998	26 853	6 824	8 533	11 496	13 503	3 143	4 434	5 927	13 350	3 681	4 099	5 569
1999	27 939	7 030	8 859	12 051	14 056	3 253	4 593	6 210	13 883	3 777	4 266	5 841
2000	29 718	7 683	9 197	12 838	14 922	3 485	4 778	6 659	14 796	4 198	4 419	6 179
2001	29 886	7 565	9 000	13 323	14 945	3 450	4 668	6 828	14 941	4 115	4 332	6 495
2002	31 807	7 776	9 461	14 569	16 014	3 605	4 889	7 520	15 793	4 171	4 572	7 049
2003	36 363	8 898	10 454	17 011	18 340	4 089	5 371	8 880	18 023	4 809	5 083	8 131
2004	43 123	10 955	12 284	19 884	21 795	5 056	6 339	10 400	21 328	5 899	4 945	9 484
2005	47 760	12 268	13 453	22 039	24 147	5 632	6 977	11 358	23 613	6 636	6 476	10 501
2006	53 304	13 722	14 292	25 288	27 108	6 259	7 371	13 477	26 196	7 463	6 921	11 811

续　表

年份	进　出　口				出　口				进　口			
	总额	运输	旅游	其他	总额	运输	旅游	其他	总额	运输	旅游	其他
2007	63 164	16 124	16 441	30 598	32 573	7 420	8 620	16 530	30 591	8 703	7 818	14 070
2008	72 003	19 094	17 977	34 932	37 313	8 727	9 472	19 114	34 690	10 367	8 505	15 818
2009	64 261	15 305	16 343	32 612	33 116	7 035	8 543	17 538	31 145	8 270	7 800	15 074
2010	71 790	17 430	17 860	36 500	36 640	7 830	9 360	19 450	35 150	9 600	8 500	17 050
2011	81 250	19 600	20 150	41 000	41 700	8 600	10 650	22 400	39 550	11 000	9 500	18 600
2012	85 000	20 350	21 050	43 100	43 500	8 900	11 100	23 450	41 500	11 450	9 950	19 650
2013	90 050	20 650	22 450	46 300	46 250	9 000	11 750	25 450	43 800	11 650	10 700	20 850
2014	97 200	21 800	24 050	51 400	49 400	9 550	12 400	27 450	47 800	12 250	11 650	23 950
2015	93 650	19 650	24 450	49 550	47 550	8 750	12 300	26 450	46 100	10 900	12 150	23 100
2016	92 263	18 772	24 040	49 451	46 417	8 526	12 055	25 836	45 846	10 246	11 985	23 615
2017	103 539	20 343	25 973	54 160	52 794	9 315	13 095	28 546	50 745	11 028	12 878	25 614

数据来源：WTO 国际贸易统计数据库。

表 2：1982—2017 年中国服务贸易进出口额

（单位：亿美元）

年份	中国出口额	中国出口占世界比重(%)	中国进口额	中国进口占世界比重(%)	中国进出口额	中国进出口占世界比重(%)
1982	25	0.7	19	0.5	44	0.6
1983	25	0.7	18	0.5	43	0.6
1984	28	0.8	26	0.7	54	0.7
1985	29	0.8	23	0.6	52	0.7
1986	36	0.8	20	0.4	56	0.6
1987	42	0.8	23	0.4	65	0.6
1988	47	0.8	33	0.5	80	0.7
1989	45	0.7	36	0.5	81	0.6
1990	57	0.7	41	0.5	98	0.6
1991	69	0.8	39	0.5	108	0.6
1992	91	1	92	1	183	1
1993	110	1.2	116	1.2	226	1.2
1994	164	1.6	158	1.5	322	1.6
1995	184	1.6	246	2.1	430	1.8
1996	206	1.6	224	1.8	430	1.7
1997	245	1.9	277	2.1	522	2
1998	239	1.8	265	2	503	1.9
1999	262	1.9	310	2.2	571	2
2000	301	2	359	2.4	660	2.2
2001	329	2.2	390	2.6	719	2.4
2002	394	2.5	461	2.9	855	2.7
2003	464	2.5	549	3	1 012	2.8
2004	621	2.8	716	3.4	1 337	3.1
2005	739	3.1	832	3.5	1 571	3.3
2006	914	3.4	1 003	3.7	1 917	3.6
2007	1 216	3.7	1 293	4.2	2 509	3.9
2008	1 465	3.9	1 580	4.5	3 045	4.2
2009	1 286	3.9	1 581	5.1	2 867	4.5

续　表

年份	中国 出口额	中国出口占 世界比重(%)	中国 进口额	中国进口占 世界比重(%)	中国进 出口额	中国进出口 占世界比重(%)
2010	1 702	4.6	1 922	5.5	3 624	5.1
2011	1 821	4.4	2 370	6	4 191	5.2
2012	1 905	4.4	2 801	6.7	4 706	5.6
2013	2 106	4.4	3 291	7.6	5 396	6.0
2014	2 222	4.6	3 821	8.1	6 043	6.3
2015	2 850	6	4 660	10.1	7 510	8
2016	2 073	4.31	4 498	9.58	6 571	7.12
2017	2 281	4.32	4 676	9.21	6 957	6.72

数据来源：WTO 国际贸易统计数据库。

附录

2004—2017年 蓝皮书目录

附 1:《2004 上海国际服务贸易发展研究报告集》目录

前言

第一部分　总报告

上海国际服务贸易发展研究总报告

第二部分　统计报告

分报告一:国际服务贸易的概念和统计指标体系研究

分报告二:上海国际服务贸易(BOP)统计分析报告

分报告三:上海国际服务贸易(FATS)统计分析报告

第三部分　行业分报告

分报告四:上海运输国际服务贸易发展研究报告

分报告五:上海旅游国际服务贸易发展研究报告

分报告六:上海国际工程承包及劳务输出发展研究报告

分报告七:上海文化广电领域国际服务贸易发展研究报告

分报告八:上海国际教育服务贸易发展研究报告

分报告九:上海金融国际服务贸易发展研究报告

分报告十:上海保险国际服务贸易发展研究报告

分报告十一:上海体育国际服务贸易发展研究报告

附 2:《2005 上海国际服务贸易发展研究报告集》目录

前言

第一部分　总报告

上海国际服务贸易发展研究总报告

第二部分　专题研究

分报告一:上海发展国际服务贸易的影响因素分析

分报告二:服务贸易发展的国际比较研究

分报告三:我国入世过渡期承诺对上海国际服务贸易发展的影响

分报告四:发展服务外包,促进上海国际服务贸易发展

分报告五:财税对于推动上海国际服务贸易发展的若干思考

分报告六:上海国际服务贸易发展中的人才培训对策研究

分报告七:上海服务业利用外资的现状及发展思路研究

分报告八:外国附属机构服务贸易统计 FATS 统计分析报告
第三部分 行业分报告
分报告一:上海港航运输国际服务贸易发展研究
分报告二:上海旅游国际服务贸易发展研究
分报告三:上海金融保险国际服务贸易发展研究
分报告四:上海国际工程承包及劳务输出发展研究
分报告五:上海计算机与信息国际服务贸易发展研究
分报告六:上海中介咨询国际服务贸易发展研究
分报告七:上海专利国际服务贸易发展研究
分报告八:上海通信国际服务贸易发展研究
分报告九:上海教育国际服务贸易发展研究
分报告十:上海文化领域国际服务贸易发展研究
分报告十一:上海体育国际服务贸易发展研究

附 3:《2006 上海服务贸易发展研究报告集》目录

第一部分 总报告
2005 年上海服务贸易发展总报告
第二部分 统计报告
2005 年上海服务贸易 BOP 统计报告
2005 年上海服务贸易 FATS 统计报告
附录:服务贸易的概念和统计指标体系研究
第三部分 专题研究
上海服务外包发展研究报告
上海运输项目 BOP 统计长期逆差的实证分析
推动特殊监管区域政策整合和功能拓展,促进服务贸易加快发展
上海"十一五"服务业与服务贸易发展趋势研究
"走出去"与上海服务贸易发展研究
上海服务外包人才培训与开发研究
中国服务贸易发展和参与多哈谈判的情况(服务贸易论坛讲稿)
从统计角度看欧盟与中国的服务贸易(服务贸易论坛讲稿)

附 4:《2007 上海服务贸易发展报告》目录

第一部分　总报告

2006 年上海服务贸易发展总报告

第二部分　统计报告

2006 年上海服务贸易 BOP 统计报告

2006 年上海服务贸易 FATS 统计报告

第三部分　专题报告

上海服务贸易竞争力研究

服务贸易统计国际比较研究

上海软件与信息技术外包竞争力分析报告

上海与香港服务贸易比较研究

关于大力发展上海内外中转物流产业的思考与建议

离岸服务外包:发展现状和展望

第四部分　政策文件

《国务院关于加快发展服务业的若干意见》(国发〔2007〕7 号)

《关于上海加速发展现代服务业的若干政策意见》(沪府〔2005〕102 号)

《商务部关于推进服务贸易发展的若干意见》(商服贸发〔2007〕27 号)

《商务部关于实施服务外包"千百十工程"的通知》(商资发〔2006〕556 号)

《关于促进上海服务外包发展若干意见的通知》(沪府发〔2006〕26 号)

附 5:《2008 上海服务贸易发展报告》目录

第一部分　总报告

2007 年上海服务贸易发展总报告

第二部分　统计报告

2007 年上海服务贸易国际收支 BOP 统计报告

2007 年上海服务贸易外国附属机构 FATS 统计报告

第三部分　专题报告

上海服务贸易发展战略研究

主要服务贸易国家竞争力比较和上海的现实选择

服务贸易技术性壁垒对上海服务贸易的影响

上海服务外包发展的目标和政策举措研究

长三角联动发展软件外包的思考与实践

促进上海文化出口研究

国际航空运输服务贸易：发展现状和政策问题

我国航空运输服务贸易发展现况与对策思考

全球专利权利使用费和特许费国际贸易情况

我国专利权利使用费和特许费国际贸易的现况与发展

第四部分　政策文件

《国务院办公厅关于加快发展服务业若干政策措施的实施意见》（国办发〔2008〕11 号）

商务部关于印发《服务贸易发展"十一五"规划纲要》的通知（商服贸发〔2007〕466 号）

《商务部关于 2008 年服务贸易工作的意见》（商服贸发〔2008〕90 号）

《商务部、统计局关于印发国际服务贸易统计制度的通知》（商服贸发〔2007〕464 号）

《财政部、商务部关于支持承接国际服务外包业务发展相关财税政策的意见》（财企〔2008〕32 号）

《商务部、公安部、财政部、人民银行、国资委、海关总署、税务总局、证监会、外汇局关于支持会计师事务所扩大服务出口的若干意见》（商服贸发〔2007〕507 号）

第五部分　数据表组

1990—2007 年世界服务贸易进出口额

1997—2007 年中国服务贸易进出口额

2000—2007 年上海服务贸易进出口额

附录　2004—2007 年蓝皮书目录

附 6：《2009 上海服务贸易发展报告》目录

第一部分　总报告

2008 年上海服务贸易发展总报告

第二部分　统计报告

2008 年上海服务贸易国际收支 BOP 统计报告

2008 年上海服务贸易外国附属机构 FATS 统计报告

第三部分　专题报告

上海服务贸易发展趋势研究

上海服务贸易综合评估体系研究

上海服务贸易发展与产业结构转型升级研究

上海服务贸易管理体制现状及改革路径研究

基于现代服务业机群市郊的上海服务贸易发展研究

上海服务贸易发展要素研究

上海服务贸易发展模式研究

上海服务贸易发展战略定位研究

关于上海国际教育服务贸易发展的政策建议

关于加快推进上海国际物流发展的研究报告

我国会计师事务所发展战略研究

第四部分 政策文件

国务院关于推进上海加快发展现代服务业和先进制造业、建设国际金融中心和国际航运中心的意见(国发〔2009〕19 号)

商务部关于做好 2009 年服务贸易工作的指导意见(商服贸发〔2009〕156 号)

上海市人民政府关于印发《上海服务贸易中长期发展规划纲要》的通知(沪府发〔2009〕48 号)

上海市人民政府印发关于促进上海服务贸易全面发展实施意见的通知(沪府〔2009〕48 号)

第五部分 数据表组

1990—2008 年世界服务贸易进出口额

1997—2008 年中国服务贸易进出口额

2000—2008 年上海服务贸易进出口额

2000—2008 年上海服务贸易出口分项目情况

2000—2008 年上海服务贸易进口分项目情况

附录 2004—2008 年蓝皮书目录

附 7:《2010 上海服务贸易发展报告》目录

第一部分 总报告

2009 年上海服务贸易发展总报告

第二部分 专题报告

上海服务贸易"十二五"发展规划研究

上海专业服务贸易现状、存在问题和促进政策研究

国际技术贸易发展动态及我国技术贸易的发展思考

服务贸易与货物贸易协调发展的基本规律研究

旅游产业应成为上海发展服务经济的先导产业

上海中医药国际服务贸易发展研究

上海市服务外包人力资源现状分析

第三部分 政策文件

上海市人民政府办公厅关于转发市商务委、市发展改革委、市财政局制定的《上海市服务贸易发展专项资金使用和管理试行办法》的通知(沪府办发〔2009〕36 号)

上海市商务委员会 上海市发展和改革委员会 上海市财政局关于做好 2010 年度服务贸易发展专项资金申报工作的通知(沪商服贸〔2010〕646 号)

财政部 海关总署 国家税务总局关于支持文化企业发展若干税收政策问题的通知(财税〔2009〕31 号)

商务部 文化部 广电总局 新闻出版总署 中国进出品银行关于金融支持文化出口的指导意见(商服贸发〔2009〕191 号)

国务院办公厅关于促进服务外包产业发展问题的复函(国办函〔2009〕9 号)

财政部 国家税务总局 商务部关于示范城市离岸服务外包业务免征营业税的通知(财税〔2010〕64 号)

财政部 商务部关于做好 2010 年度支持承接国际服务外包业务发展资金管理工作的通知(财企

〔2010〕64 号）

财政部 国家税务总局 商务部 科技部 国家发展改革委关于技术先进型服务企业有关企业所得税政策问题的通知（财税〔2010〕65 号）

上海市科学技术委员会 上海市商务委员会 上海市财政局 上海市国家税务局 上海市地方税务局 上海市发展和改革委员会关于修订《上海市技术先进型服务企业认定管理试行办法》的通知（沪科合〔2010〕19 号）

上海市人民政府办公厅关于转发市商务委、市发展改革委、市财政局制定的《关于做好 2010 年度促进服务外包产业发展专项资金使用和管理试行办法》的通知（沪府办发〔2009〕49 号）

第四部分 数据表组

表 1：1980—2009 年全球服务贸易进出口额

表 2：1982—2009 年中国服务贸易进出口额

附录 2004—2009 年蓝皮书目录

附 8：《2011 上海服务贸易发展报告》目录

第一部分 总报告

2010 年上海服务贸易发展总报告

第二部分 专题报告

服务业、服务贸易和服务经济

京津沪渝服务贸易发展比较研究

利用出口信用保险政策促进服务贸易出口

上海服务外包"十二五"发展规划研究

关于国际物流（货代）企业物流外包服务业务认定的思考

发展文化产业应做好四大设计

加快浦东新区服务贸易发展，为建设"四个中心"核心功能区作贡献

国际服务贸易统计手册 2010 年版解读

第三部分 政策文件

● 商务部等 34 个部门关于联合发布《服务贸易发展"十二五"规划纲要》的通知（商服贸发〔2011〕340 号）

● 财政部、国家税务总局关于印发《营业税改征增值税试点方案》的通知（财税〔2011〕110 号）

● 财政部、国家税务总局关于在上海市开展交通运输业和部分现代服务业营业税改征增值税试点的通知（财税〔2011〕111 号）

● 财政部 商务部关于做好 2011 年度技术出口贴息资金申报工作的通知（财企〔2011〕51 号）

● 财政部、商务部关于做好 2011 年度支持承接国际服务外包业务发展资金管理工作的通知（财企〔2011〕69 号）

● 上海市关于鼓励服务外包产业加快发展及简化外资经营离岸呼叫中心业务试点审批程序的通知（沪通信管市字〔2011〕32 号）

● 财政部、商务部关于做好 2011 年度支持承接国际服务外包业务发展资金管理工作的通知（财

企〔2011〕69 号)

●商务部办公厅、中国人民银行办公厅关于服务外包企业人民币跨境贸易结算有关问题的通知
(商办财函〔2010〕1439 号)

●关于上海市境内机构对外支付服务贸易项下代垫、分摊费用有关问题的通知(上海汇发〔2010〕
192 号)

第四部分 数据表组

表 1:1980—2010 年全球服务贸易进出口额

表 2:1982—2010 年中国服务贸易进出口额

附录 2004—2010 年蓝皮书目录

附 9:《2012 上海服务贸易发展报告》目录

第一部分 总报告

2011 年上海服务贸易发展总报告

第二部分 专题报告

国际贸易中心城市货物贸易与服务贸易比较研究

客观认识上海服务贸易的国际竞争力与政策安排

关于国家服务外包交易促进平台的可行性调研报告

上海技术进口发展的若干思考

做强国际工程承包引领上海货物、服务出口

上海中医药服务贸易发展现状分析

搭建平台,完善体系,全力推进以贸易为引领的现代服务业

非政府组织促进服务贸易工作之案例分析

美国服务贸易促进体系探究

第三部分 政策文件

●商务部等 10 部门联合发布文化产品和服务出口指导目录(公告 2012 年第 3 号)

●财政部 商务部关于做好 2012 年度承接国际服务外包业务发展资金管理工作的通知(财企
〔2012〕165 号)

●商务部 中国进出口银行关于"十二五"期间金融支持服务贸易发展的意见(商服贸发〔2012〕
86 号)

●商务部 统计局关于印发《国际服务贸易统计制度》的通知(商服贸函〔2012〕655 号)

●上海市知识产权局 上海市商务委员会等关于印发《关于加强本市服务外包产业知识产权工
作的若干意见》的通知(沪知局〔2012〕73 号)

●上海市商务委员会关于发布《上海市服务外包专业园区认定管理办法》的通知(沪商服贸
〔2012〕141 号)

●上海市商务委员会关于印发《上海市服务外包重点企业认定管理办法》的通知(沪商服贸
〔2012〕143 号)

●上海市商务委员会 上海市经济和信息化委员会关于发布《上海市软件和信息技术服务出

重点企业认定管理办法》的通知(沪商服贸〔2012〕497号)

● 上海市商务委员会　上海市卫生局　上海市中医药发展办公室关于发布《上海市中医药服务贸易试点单位(试点项目)认定及管理暂行办法》的通知(沪商服贸〔2012〕609号)

● 上海市商务委员会关于发布《上海市国际物流(货代)行业重点企业认定管理办法》的通知(沪商服贸〔2011〕227号)

● 上海市商务委员会关于印发《上海市软件出口(创新)园区认定和管理办法》的通知(沪商服贸〔2011〕477号)

第四部分　数据表组

表1:1980—2011年全球服务贸易进出口额

表2:1982—2011年中国服务贸易进出口额

附录　2004—2011年蓝皮书目录

附10:《2013上海服务贸易发展报告》目录

第一部分　2012年上海服务贸易发展总报告

第二部分　专题研究

服务化水平评估与比较——以OECD主要国家和金砖五国为例

新谈判方式下服务业进一步开放的重点和难点

浅析营改增对上海服务贸易发展的影响

全球外包浪潮与我国城市转型升级——我国扩大服务贸易的路径

上海法律服务外包发展现状和潜力

实施文化走出去的战略意义

上海文化国际贸易发展政策研究

着力打造服务贸易产业高地　加快提升黄浦服务经济综合能级

从服务贸易协定的视角看中小企业在服务贸易中的角色

打造"21世纪全面高标准的自由贸易协定"

——从TPP谈判看美国服务贸易政策动向

第三部分　政策文件

● 财政部　商务部关于做好2013年度承接国际服务外包业务发展资金管理工作的通知(财企〔2013〕52号)

● 上海市人民政府办公厅关于转发市商务委等三部门制定的《上海市服务贸易发展专项资金使用和管理办法》的通知(沪府办发〔2012〕64号)

● 上海市人民政府办公厅关于转发市商务委等三部门制定的《上海市促进服务外包产业发展专项资金使用和管理办法》的通知(沪府办发〔2012〕66号)

● 市商务委关于发布《上海服务外包人才实训基地认定管理办法》的通知(沪商服贸〔2013〕747号)

● 市商务委关于发布《上海服务外包人才培训基地认定管理办法》的通知(沪商服贸〔2013〕748号)

● 上海市文化产品和进出口综合统计报表制度

第四部分　数据表组

附录　2004—2012年蓝皮书目录

附 11:《2014 上海服务贸易发展报告》目录

第一部分　总报告

2013 年上海服务贸易发展总报告

第二部分　专题报告

中国(上海)自由贸易试验区和服务贸易创新研究

增强上海服务业研发创新能力的思考

促进上海国际技术贸易发展的分析与建议

新形势下上海软件和信息服务业国际化发展战略探讨

上海旅游服务贸易发展现状与分析

文化生产数字化对国际文化贸易的影响

我国动画产业"走出去"的十年回顾

美国文化产业和文化贸易推进体系

中国高端金融服务外包的现状与发展

突出重点,提升能级,加快推动嘉定服务贸易发展

关于全球价值链背景下国际贸易统计方法改革对中国服务贸易统计影响的研究

2013 年上海市服务贸易外国附属机构(FATS)统计分析课题报告

第三部分　政策文件

● 国务院关于加快发展对外文化贸易的意见(国发〔2014〕13 号)

● 教育部　商务部关于创新服务外包人才培养机制提升服务外包产业发展能力的意见(教高〔2014〕2 号)

● 上海市人民政府关于加快发展本市对外文化贸易的实施意见(沪府发〔2014〕71 号)

● 市商务委　市委宣传部　市经济信息化委　市司法局　市财政局　市卫生计生委　市旅游局关于印发《上海市服务贸易促进指导目录(2014 年版)》的通知

● 市商务委关于印发《上海市服务贸易示范基地和示范项目认定管理暂行办法》的通知

第四部分　数据表组

表 1:1980—2013 年全球服务贸易进出口额

表 2:1982—2013 年中国服务贸易进出口额

附录　2004—2013 年蓝皮书目录

附 12:《2015 上海服务贸易发展报告》目录

第一部分　总报告

2014 年上海服务贸易发展总报告

第二部分　专题报告

附 13：《2016 上海服务贸易发展报告》目录

第三部分　政策文件
- 国务院关于同意开展服务贸易创新发展试点的批复(国函〔2016〕40 号)
- 上海市人民政府关于印发《上海市服务贸易创新发展试点实施方案》的通知(沪府发〔2016〕82 号)
- 上海市人民政府办公厅关于转发市商务委等三部门制订的《上海市服务贸易发展专项资金使用和管理办法》的通知(沪府办〔2016〕75 号)
- 市商务委　市委宣传部　市文广局　市新闻出版局　市经信委关于组织申报 2016—2017 年度上海市文化出口重点企业和重点项目的通知(沪商服贸〔2016〕259 号)
- 上海市商务委员会关于印发《上海市服务贸易示范基地和示范项目认定管理办法》的通知(沪商服贸〔2016〕266 号)

第四部分　数据表组
表 1：1980—2015 年全球服务贸易进出口额
表 2：1982—2015 年中国服务贸易进出口额
附录　2004—2015 年蓝皮书目录

附 14：《2017 上海服务贸易发展报告》目录

第一部分　总报告
2016 年上海服务贸易发展总报告
第二部分　专题报告
全球服务贸易规则重构研究
全球价值链重构下上海服务贸易创新发展对策
"一带一路"倡议下的中国服务业"走出去"——机遇、挑战与路径选择
国际服务贸易规则的新发展与中国服务贸易立法的完善
上海软件出口企业人力资源现状及对策研究
上海对外文化贸易竞争力提升对策研究
优化贸易发展结构　发展"静安特色"服务贸易——上海市静安区服务贸易发展调研报告
2016 年上海服务贸易外国附属机构(FATS)统计分析报告
第三部分　政策文件
- 商务部　国家统计局关于印发《国际服务贸易统计监测制度》的通知(2016 年 12 月 20 日)
- 商务部等 13 部门关于印发《服务贸易发展"十三五"规划》的通知(2017 年 3 月 2 日)
- 商务部等 5 部门关于印发《国际服务外包产业发展"十三五"规划》的通知(2017 年 4 月 28 日)
- 市商务委、市委宣传部、市经济信息化委、市司法局、市财政局、市卫生计生委、市旅游局、市体育局关于印发《上海市服务贸易促进指导目录(2016 年版)》的通知(2016 年 12 月 29 日)
- 上海市人民政府印发《关于本市进一步鼓励软件产业和集成电路产业发展的若干政策》的通知(2017 年 4 月 17 日)

第四部分　数据表组
表 1：1980—2016 年全球服务贸易进出口额
表 2：1982—2016 年中国服务贸易进出口额
附录　2004—2016 年蓝皮书目录

图书在版编目(CIP)数据

2018 上海服务贸易发展报告/上海市商务委员会编
.—上海:上海社会科学院出版社,2018
ISBN 978 - 7 - 5520 - 2541 - 5

Ⅰ.①2… Ⅱ.①上… Ⅲ.①服务贸易-贸易发展-
研究报告-上海-2018 Ⅳ.①F752.68

中国版本图书馆 CIP 数据核字(2018)第 300143 号

2018 上海服务贸易发展报告

编　　者:上海市商务委员会
责任编辑:袁钰超
封面设计:吴　言
出版发行:上海社会科学院出版社
　　　　　上海顺昌路 622 号　邮编 200025
　　　　　电话总机 021 - 63315900　销售热线 021 - 53063735
　　　　　http://www.sassp.org.cn　E-mail:sassp@sass.org.cn
照　排:南京理工出版信息技术有限公司
印　刷:上海龙腾印务有限公司
开　本:889×1194 毫米　1/16 开
印　张:14.5
插　页:2
字　数:410 千字
版　次:2018 年 12 月第 1 版　2018 年 12 月第 1 次印刷

ISBN 978 - 7 - 5520 - 2541 - 5/F · 563　　　　定价:88.00 元